24,90

ACCESO GRATIS ***a la Lectura en la Nube***

Para visualizar el libro electrónico en la nube de lectura envíe junto a su nombre y apellidos una fotografía del código de barras situado en la contraportada del libro y otra del ticket de compra a la dirección:

ebooktirant@tirant.com

En un máximo de 72 horas laborables le enviaremos el código de acceso con sus instrucciones.

La visualización del libro en **NUBE DE LECTURA** excluye los usos bibliotecarios y públicos que puedan poner el archivo electrónico a disposición de una comunidad de lectores. Se permite tan solo un uso individual y privado.

EL DERECHO DE LA FUNCIÓN PÚBLICA EN LA UNIÓN EUROPEA

Procedimiento de selección de originales, ver página web:
www.tirant.net/index.php/editorial/procedimiento-de-seleccion-de-originales

EL DERECHO DE LA FUNCIÓN PÚBLICA EN LA UNIÓN EUROPEA

Carlos Francisco Molina del Pozo
Catedrático de derecho administrativo
Catedrático Jean Monnet "ad personam" de Derecho de la Unión Europea
Universidad de Alcalá

tirant lo blanch
Valencia, 2024

En caso de erratas y actualizaciones, la Editorial Tirant lo Blanch publicará la pertinente corrección en la página web www.tirant.com.

© TIRANT LO BLANCH
EDITA: TIRANT LO BLANCH
C/ Artes Gráficas, 14 - 46010 - Valencia
TELFS.: 96/361 00 48 - 50
FAX: 96/369 41 51
Email: tlb@tirant.com
www.tirant.com
Librería virtual: www.tirant.es
DEPÓSITO LEGAL: V-2105-2024
ISBN: 978-84-1071-137-2

Si tiene alguna queja o sugerencia, envíenos un mail a: *atencioncliente@tirant.com*. En caso de no ser atendida su sugerencia, por favor, lea en *www.tirant.net/index.php/empresa/politicas-de-empresa* nuestro procedimiento de quejas.

Responsabilidad Social Corporativa: http://www.tirant.net/Docs/RSCTirant.pdf

Agradecimientos

El autor quiere manifestar su agradecimiento por el apoyo recibido en la preparación de esta obra, a las siguientes personas:
Roberto Gutiérrez Cantos y Coral Villacañas Jorge, graduados en derecho y colaboradores de mi Cátedra Jean Monnet "ad personam" de derecho de la unión europea, así como a Jennifer Senent Serrano, graduada en dade e investigadora del Instituto Eurolatinoamericano de Estudios para la Integración y, de manera especial, a Nuria Puentes Ruiz, doctoranda en derecho, máster universitario en cooperación internacional al desarrollo: gestión y dirección de proyectos e Investigadora del Instituto Eurolatinoamericano de Estudios para la Integración, por su importante tarea de coordinación de este proyecto de investigación.

Dedicatoria

Con mi recuerdo entrañable y siempre vivo, así como con mi agradecimiento permanente a mis maestros, quienes me ACERCARON Y MOSTRARON LOS ENTRESIJOS Y VIRTUDES DEL derecho administrativo y me encauzaron hacia el aprendizaje prematuro, AUNQUE PROFUNDO, del derecho comunitario europeo. TODOS ellos DEDICARON UNA PARTE DE SU TIEMPO A ENSEÑARME LA GRANDEZA Y EXIGENCIAS DE LA CIENCIA JURÏDICA. LOS MAESTROS A LO LARGO DE MI VIDA fueron los siguientes profesores doctores: d. Antonio Mesa-Moles Segura (UNIVERSIDAD DE GRANADA), d. José Torné-Dombidau y Jiménez (UNIVERSIDAD DE GRANADA), d. José Antonio García Trevijano y Fos (UNIVERSIDAD COMPLUTENSE DE MADRID), d. Fernando Garrido Falla (UNIVERSIDAD COMPLUTENSE DE MADRID), d. Mariano Baena del Alcázar (UNIVERSIDAD COMPLUTENSE DE MADRID), d. Martín Bassols Coma (UNIVERSIDAD DE ALCALÁ), d. Renato Alessi (UNIVERSIDAD DE BOLONIA), d. Jean Buchman (UNIVERSIDAD CATÓLICA DE LOVAINA), d. Alan Plantey (COLEGIO DE EUROPA DE BRUJAS), d. Alexander Marc (CETRO INTERNACIONAL de Formación Europea de Niza), y d. Dusan Sidjansky (Colegio de Europa de Brujas).

Índice

Capítulo I.
Las fuentes del derecho europeo de la Función Pública

1. LOS TRATADOS Y EL ESTATUTO DE LOS FUNCIONARIOS

Los Tratados constitutivos de las Comunidades Europeas no contemplaron originariamente una regulación material del régimen del personal de las nuevas organizaciones. No obstante, el Tratado de París constitutivo de la Comunidad Europea del Carbón y del Acero[1] (CECA) había previsto en su art. 78 que, una Comisión formada por cuatro Presidentes (el presidente del Tribunal, el presidente de la Alta Autoridad, el presidente de la Asamblea y el presidente del Consejo) fijarían "*el número de agentes, las escalas de sus sueldos, dietas y pensiones*".

Siguiendo esta previsión, la mencionada Comisión adoptó un primer Estatuto de Funcionarios de la CECA el 28 de enero de 1956, entrando en vigor el 1 de julio de ese mismo año. Este Estatuto creó un Fondo de pensiones en beneficio de su personal, aportando dicho personal un tercio de la cuantía total del Fondo y correspondiendo al presupuesto de la CECA los otros dos tercios restantes.

Por su parte, el art. 212 del Tratado de Roma constitutivo de la Comunidad Económica Europea de 1957[2] (TCEE) y el art. 186 del otro Tratado de Roma constitutivo de la Comunidad Europea de la Energía Atómica[3] (TCEEA), se limitaron a prever que:

> "el Consejo, por unanimidad, en colaboración con la Comisión y previa consulta a las demás instituciones interesadas, establecería el Estatuto de los fun-

---

1 Tratado constitutivo de la Comunidad Europea del Carbón y del Acero, de 18 de abril de 1951.

2 Tratado constitutivo de la Comunidad Económica Europea, de 25 de marzo de 1957.

3 Tratado constitutivo de la Comunidad Europea de la Energía Atómica, de 25 de marzo de 1957 (TOL5.863.982).

> cionarios y el régimen aplicable a los otros agentes de la Comunidad. funcionarios y el régimen aplicable a los otros agentes de la Comunidad".

Así pues, los Tratados conocidos como fundacionales de las Comunidades Europeas, optaron por adoptar el modelo estatutario inspirado en el Derecho Administrativo francés, cuya base radicaba en la existencia de un cuerpo de funcionarios al servicio exclusivo de las instituciones europeas, bajo el principio de unidad[4].

Continuando con la previsión de los Tratados fundacionales, se aprobó el Reglamento n.º 31 (CEE) y 11 (CEEA), de 18 de diciembre de 1961, que entró en vigor el 1 de enero de 1962, adoptando la CEE y la CEEA un único Estatuto para el conjunto de todos sus funcionarios.

El paso decisivo hacia una Administración y Función Pública únicas comenzó con el Tratado de Bruselas, de 8 de abril de 1965[5] (conocido como Tratado de fusión de los ejecutivos), por el que las tres Comunidades Europeas emprendieron la fusión institucional al adoptar un Consejo único y una Comisión única, lo que se añadía a la ya prevista unificación de la Asamblea y el Tribunal de Justicia que figuraba en la Convención relativa a ciertas instituciones comunes a las tres Comunidades Europeas, anexa al Tratado de Roma que establecía la Comunidad Económica Europea (CEE), de 25 de marzo de 1957.

El art. 24 del Tratado disponía que:

> "Los funcionarios y otros agentes de la Comunidad Europea del Carbón y del Acero, de la Comunidad Económica Europea y de la Comunidad Europea de la Energía Atómica pasarán a ser, a partir de la fecha de entrada en vigor del presente Tratado, funcionarios y otros agentes de las Comunidades Europeas y formarán parte de la administración única de dichas Comunidades. El Consejo, por mayoría cualificada, a propuesta de la Comisión y previa consulta a las demás instituciones interesadas, establecerá el Estatuto de los funcionarios de las Comunidades Europeas y el régimen aplicable a los otros agentes de estas Comunidades".

---

4 MANGENOT M. : La revendication d'une paternité : Les hauts fonctionnaires français et le "style" administratif de la Commission européenne (1958-1988), *Pôle Sud*, 2001, vol. 15, nº. 1, pp. 33-46.

5 Tratado de Bruselas por el que se constituye un Consejo único y una Comisión única de las Comunidades Europeas, de 8 de abril de 1965, *DOUE 152* de 13.7.1967, p. 2/17.

En virtud de este mandato, el Consejo adoptó mediante el Reglamento 259/68 del Consejo, de 29 de febrero de 1968[6], un nuevo Estatuto para todo el personal al servicio de las tres Comunidades Europeas, que se mantiene en vigor en la actualidad.

El Tribunal de Justicia ha señalado que, el Estatuto fue aprobado por un reglamento emanado del Consejo, concretamente el Reglamento n.º 259/68, que, con arreglo al artículo 288 del TFUE, párrafo segundo, tiene alcance general, por lo que es obligatorio en todos sus elementos y directamente aplicable en cada Estado miembro. De ello se deduce que, aparte de los efectos que despliega en el orden interno de la Administración de la Unión, el Estatuto vincula también a los Estados miembros en la medida en que la participación de estos sea necesaria para su aplicación (véase, en este sentido la sentencia de 10 de septiembre de 2015, *Wojciechowski*, C-408/14, EU:C:2015:591, apartados 36 y 41, TOL5.420.445).

No obstante, conviene precisar que, no mucho tiempo después de su adopción, ya se hizo patente la necesidad de llevar a cabo una reforma del Estatuto que nos ocupa, en concreto, durante la década de los 70. La estructura de la Función Pública comunitaria derivada de los Tratados constitutivos desprendía la necesidad de una adaptación, dados los avances técnicos y políticos que empezaban a caracterizar al proceso de integración europea[7]. Pese a la existencia de diversas iniciativas y programas

---

6 Reglamento (CEE, EURATOM, CECA) n.º 259/68 del Consejo, de 29 de febrero de 1968, por el que se establece el Estatuto de los Funcionarios de las Comunidades Europeas y el régimen aplicable a los otros agentes de estas Comunidades y por el que se establecen medidas específicas aplicables temporalmente a los funcionarios de la Comisión, *DOUE L 56* de 4.3.1968, p. 1/7. Asimismo, vid. MOLINA DEL POZO C.F.: Régime juridique des fonctionnaires publiques dans les pays de la Communauté Européenne, Memoria de final del Máster en Altos Estudios Europeos del Colegio de Europa de Brujas (Bélgica), trabajo de investigación elaborado con una beca postdoctoral de dos años en el Institut d`Etudes Européennes de la Université Catholique de Louvain. 1979. También, vid. MOLINA DEL POZO C.F.: "Acceso a la Función Pública en los países de la C.E.E.". Ponencia presentada en el III Congreso Nacional de la Asociación Nacional de Academias Privadas. Madrid, marzo, 1987; MOLINA DEL POZO C.F.: "Diversos aspectos de la Función Pública en las Comunidades Europeas", en Documentación Administrativa, n.º 185, Págs. 261-294; MOLINA DEL POZO C.F.: Europa y los Funcionarios, Edita Fundación Universidad-Empresa. Madrid, 1988.

7 En este sentido, el *Informe Spierenburg* (denominado así por el diplomático neerlandés y antiguo Presidente de la Alta Autoridad de la CECA), presentado el 24 de septiembre de 1979, puso de manifiesto la descoordinación e ineficacia de las políticas internas de recursos humanos, el sistema de promociones, la movilidad

de reforma[8], y de numerosas reformas parciales de menor calado hasta la actualidad (más de ochenta), no se acometería una primera gran reforma estructural del Estatuto hasta el año 2004[9].

La reforma emprendida por el Reglamento n.° 723/2004 afrontó importantes desafíos, tales como la reorganización del anticuado sistema de carrera, facilitando las posibilidades de promoción de los funcionarios más capacitados o que reunieran los mayores méritos individuales.

En segundo lugar, se buscó afrontar una reducción del ingente gasto burocrático destinado a la función pública en aquel momento. Igualmente, se abordaron problemáticas como la necesaria conciliación con la vida familiar y privada, la mejora de la regulación de los conflictos de interés y la creación de la figura de los agentes contractuales.

Las reformas emprendidas permitieron afrontar la entonces inminente ampliación de Estados miembros de la Unión con una importante contención de los gastos administrativos.

Tres años más tarde, el Tratado de Lisboa introdujo una nueva redacción en el actual art. 336 del Tratado de Funcionamiento de la Unión Europea[10] (TFUE):

> "El Parlamento Europeo y el Consejo establecerán, mediante reglamentos adoptados con arreglo al procedimiento legislativo ordinario y previa consulta a las demás instituciones interesadas, el Estatuto de los funcionarios de la Unión Europea y el régimen aplicable a los otros agentes de la Unión".

---

interna o el desarrollo de las estructuras administrativas. No obstante, las necesarias propuestas de reformas de las que se hizo eco no encontraron suficientes apoyos en aquel momento.

[8] Entre ellas, podríamos destacar el Programa *Sound and Efficient Management (Gestión sana y eficaz)* lanzado por la Comisión presidida por Jacques Santer en 1995, que pretendió abordar una reforma de la gestión de las políticas de recursos humanos, y especialmente, el Libro Blanco de Reforma Administrativa presentado por la Comisión en el año 2000, que serviría como base de inicio para las negociaciones que desembocarían en la primera reforma en profundidad del Estatuto en el año 2004.

[9] Reglamento (CE, EURATOM) n.° 723/2004 del Consejo, de 22 de marzo de 2004, por el que se modifica el Estatuto de los Funcionarios de las Comunidades Europeas y el régimen aplicable a otros agentes de las Comunidades Europeas, *DOUE L 124*, de 27 de abril de 2004, p. 1

[10] Versión consolidada del Tratado de Funcionamiento de la Unión Europea, *DOUE C 326*, de 26 de octubre de 2012, p. 47/390 (TOL3.711.558).

Del artículo transcrito se extrae que, el instrumento normativo que debe regular el régimen jurídico de la Administración y Función Pública de la Unión es el reglamento. No obstante, la adopción de directivas y otros instrumentos normativas han sido admitidos como fuentes del Derecho de la Función Pública de la Unión, como se estudiará posteriormente.

Para finalizar esta evolución histórica, debemos hacer referencia a la última importante reforma del Estatuto acometida en el año 2014[11]. Entre las principales novedades introducidas destacan la adopción de un índice de medición del coste de la vida para evitar la pérdida de poder adquisitivo de los funcionarios mediante la actualización anual de las retribuciones.

De igual manera, se produjo una importante reorganización de los grupos de funcionarios y del sistema de evaluación de méritos y la progresión automática de escalones funcionariales.

2. PROTOCOLOS

Debe partirse de que los protocolos se encuentran adjuntos a los Tratados y en ellos se estipulan medidas o acciones detalladas sobre una parte específica de ese tratado en cuestión, y constituyen, consecuentemente, fuentes de Derecho originario.

El art. 51 del TUE es claro al señalar que, tanto los protocolos, como los anexos, son parte integrante de los Tratados (antiguos arts. 207 del Tratado CEEA y 84 del Tratado CECA).

Las consecuencias más directas de lo manifestado consisten en que, su violación abre la posibilidad de incurrir en una falta que podría motivar el planteamiento de un recurso por incumplimiento ante el Tribunal de Justicia de la Unión Europea (arts. 258 y 260 del TFUE), y que, además, constituye una disposición del Derecho originario sólo susceptible de ser modificado o derogado mediante los mecanismos de revisión previstos por

---

11 Reglamento (UE, EURATOM) n.º 1023/2013 del Parlamento Europeo y del Consejo, de 22 de octubre de 2013, por el que se modifica el Estatuto de los funcionarios de la Unión Europea y el régimen aplicable a los otros agentes de la Unión Europea. Asimismo, vid. MOLINA DEL POZO C.F.: Tratado de Derecho de la Unión Europea, vol. III, cap. 1, "La Función Pública en la Unión Europea", Editorial Juruá, Lisboa, 2015, págs. 45 a 96. MOLINA DEL POZO C.F.: Manual de Derecho de la Comunidad Europea, 4ª edición, Edita Dijusa, Madrid, 2002, págs. 577 a 614.

los propios Tratados para los Tratados que conforman el mencionado Derecho originario.

En todo caso, tal y como resaltó el Tribunal de Justicia en su célebre Sentencia de 12 de julio de 2001, *Jippes y otros c. Comisión*, asunto C-189/01 (apartado 73), en caso de contradicción entre lo dispuesto por los Protocolos y el contenido de los Tratados, prevalecerá lo que se dispone por estos últimos.

En relación con el Derecho europeo de la Función Pública, es oportuno destacar, por ejemplo, el Protocolo sobre Privilegios e Inmunidades de la Unión Europea, de 8 de abril de 1965[12], que constituye un anexo de los Tratados de la Unión y de Funcionamiento de la Unión Europea.

El Protocolo reseñado recoge una serie de privilegios e inmunidades que se conceden a los funcionarios y agentes europeos con la finalidad de facilitarles sus servicios (arts. 11 a 16). El citado Protocolo establece una diferencia entre tres tipos de inmunidades y privilegios, a saber:

i. inmunidad de jurisdicción;

ii. inmunidad financiera;

iii. inmunidad frente a las normas de migración.

En primer lugar, el Protocolo determina la inmunidad de jurisdicción respecto de los actos de funcionarios y agentes, realizados con carácter oficial, inclusive una vez cesadas sus funciones.

En segundo lugar, respecto de la inmunidad financiera, se reconocen, entre otras, la exención en el pago de los impuestos nacionales (con ciertas limitaciones) o el derecho a importar en franquicia su mobiliario y efectos personales al asumir por primera vez sus funciones en el Estado al que hayan sido destinados.

Por último, hay que precisar el hecho de que, tanto los funcionarios como sus cónyuges y familiares no se hallan sujetos a las limitaciones recogidas en disposiciones normativas de migración, disponiendo de salvoconductos los jefes de unidad, los destinados fuera de territorio de la Unión y demás previstos en el Protocolo que nos ocupa.

Los Estados miembros se hallan vinculados por estas inmunidades señaladas, pudiendo los funcionarios y agentes comunicarlo a la autoridad

---

[12] Protocolo anejo al Tratado constitutivo de la Comunidad Europea y al Tratado constitutivo de la Comunidad Europea de la Energía Atómica - Protocolo (n.º 36) sobre los privilegios y las inmunidades de las Comunidades Europeas (1965), *DOUE C 321 E de 29/12/2006, p. 0318 - 0324*

administrativa competente, o demandar ante los órganos jurisdiccionales nacionales en el supuesto de violación de los mismos.

3. OTRAS FUENTES DEL DERECHO DE LA FUNCIÓN PÚBLICA: LA CARTA DE LOS DERECHOS FUNDAMENTALES DE LA UNIÓN EUROPEA (CDFUE) Y EL CONVENIO EUROPEO PARA LA PROTECCIÓN DE LOS DERECHOS HUMANOS Y LAS LIBERTADES FUNDAMENTALES (CEDH)

Por lo que se refiere a la Carta de los Derechos Fundamentales de la Unión Europea[13] (CDFUE), tal como fue adaptada el 12 de diciembre de 2007 por el Parlamento Europeo en Estrasburgo, hay que advertir con rotundidad que, tiene el mismo valor jurídico que los Tratados, según reza el art. 6 del TUE y, por tanto, constituye, asimismo, una fuente obligatoria del Derecho originario de la Unión Europea.

Procede recordar que, el ámbito de aplicación de la Carta, por lo que hace referencia a la acción de los Estados miembros, se define en su art. 51.1, según el cual, las disposiciones de la Carta se dirigen a los Estados miembros únicamente cuando apliquen el Derecho de la Unión.

De este modo, dicho artículo de la Carta confirma la jurisprudencia del Tribunal de Justicia relativa a la medida en la que la acción de los Estados miembros debe ser acorde con las exigencias derivadas de los derechos fundamentales garantizados en el ordenamiento jurídico de la Unión.

En efecto, conforme a reiterada jurisprudencia del Tribunal de Justicia, en esencia, los derechos fundamentales garantizados en el ordenamiento jurídico de la Unión Europea deben ser aplicados en todas las situaciones reguladas por el Derecho de la Unión, pero no fuera de ellas. El Tribunal de Justicia ya ha indicado que, por este motivo, no puede apreciar, a la luz del contenido de la Carta, una normativa nacional que no se inscriba en el marco del Derecho de la Unión.

Por el contrario, cuando una normativa nacional está comprendida en el ámbito de aplicación del Derecho de la Unión, el Tribunal de Justicia debe proporcionar, en el marco de una remisión prejudicial, todos los elementos de interpretación necesarios para que el órgano jurisdiccional na-

---

13 Carta de los Derechos Fundamentales de la Unión Europea, *DOUE C 202 de 7.6.2016, p. 389/405*

cional pueda apreciar la conformidad de dicha normativa con los derechos fundamentales cuyo cumplimiento debe garantizar[14].

La siguiente fuente que, inicialmente, destacábamos no es otra que el Convenio Europeo para la Protección de los Derechos Humanos y las Libertades Fundamentales (CEDH). En este mismo orden de ideas, conviene resaltar que, el art. 6.2 del TUE, dispone lo siguiente:

> "la Unión se adherirá al Convenio Europeo para la Protección de los Derechos Humanos y de las Libertades Fundamentales. Esta adhesión no modificará las competencias de la Unión que se definen en los Tratados".

A este respecto, el art. 218 del TFUE, apartado 6, párrafo segundo, letra a), inciso ii), prevé que, el Consejo adoptará la decisión de celebración del acuerdo de adhesión de la Unión al CEDH previa aprobación del Parlamento Europeo. Además, el apartado 8 de ese mismo artículo precisa que, para ello, el Consejo se pronunciará por unanimidad y que su decisión entrará en vigor después de haber sido aprobada por los Estados miembros, de conformidad con sus respectivas normas constitucionales.

Durante los últimos años, se han producido negociaciones que deberían desembocar en la esperada adhesión de la Unión al Convenio. Sin embargo, existen ciertos aspectos que han impedido hasta ahora que ello suceda.

Principalmente, la adhesión implicaría la posibilidad de recurrir ante el Tribunal Europeo de Derechos Humanos (TEDH) por causa de posibles incumplimientos del Convenio por parte de la Unión Europea. En este sentido, el Tribunal de Justicia de la Unión Europea tuvo la oportunidad de analizar, en su Dictamen 2/13, de 18 de diciembre de 2014, la compatibilidad del Proyecto de Acuerdo de Adhesión, concluido el 5 de abril de 2013, entre la Comisión Europea y el Consejo de Europa, con los Tratados.

En primer lugar, el TJUE concluyó que el proyecto de acuerdo no permitía la compatibilidad del art. 53 CEDH con el art. 53 de la Carta de los

---

14 Destacamos las siguientes Sentencias del Tribunal de Justicia de la Unión Europea: de 18 de junio de 1991, ERT, C-260/89, Rec. p. I-2925, apartado 42; de 29 de mayo de 1997, *Kremzow*, C-299/95, Rec. p. I-2629, apartado 15; de 18 de diciembre de 1997, *Annibaldi*, C-309/96, Rec. p. I-7493, apartado 13 (TOL4.622.659); de 22 de octubre de 2002, *Roquette Frères*, C-94/00, Rec. p. I-9011, apartado 25 (TOL211.450); de 18 de diciembre de 2008, *Sopropé*, C-349/07, Rec. p. I-10369, apartado 34 (TOL9.920.015); de 15 de noviembre de 2011, *Dereci y otros*, C-256/11, Rec. p. I-11315, apartado 72 (TOL9.917.563), y de 7 de junio de 2012, *Vinkov*, C-27/11, apartado 58 (TOL9.916.121).

Derechos Fundamentales. Ambas disposiciones prevén que el instrumento pertinente no debe interpretarse en el sentido de que afecte negativamente a normas de derechos fundamentales ya concedidas de otro modo por los respectivos Estados miembros.

El Tribunal observó que podría permitirse a los Estados miembros de la Unión mediante el art. 53 CEDH y en ausencia de una disposición de conciliación en el proyecto de acuerdo para elevar el nivel de protección de un derecho fundamental en la medida en que la primacía, la unidad y la eficacia de la legislación de la Unión se vería comprometida[15]. El TJUE concluyó que no se había establecido ninguna disposición en el acuerdo previsto para garantizar tal coordinación.

En consecuencia, habría de regularse que, el aumento del nivel de protección de los derechos fundamentales en virtud del CEDH no afectase ni a la primacía del Derecho de la Unión para los Estados miembros de la Unión, ni tampoco a la unidad y eficacia del Derecho de la Unión (apartado 190).

Con ello, el Tribunal implica y exige que, para que la Unión se adhiera al CEDH, para los Estados miembros, en el ámbito de aplicación del Derecho de la Unión Europea, sólo es relevante la Carta de los Derechos Fundamentales, mientras que el CEDH pasa a un segundo plano en cuanto a su contenido sustantivo. Esto sería comparable, en efecto, a una reserva formulada por un Estado parte del CEDH, que exige que la interpretación de los derechos del CEDH por el TEDH no vaya más allá de la interpretación nacional de los derechos fundamentales.

Ahora bien, lo expresado en el párrafo anterior, parece extremadamente difícil de conciliar con el propio objeto y fin del Convenio, dado que, el objetivo del reiterado Convenio consiste en establecer una nueva capa de protección sobre los derechos fundamentales de las personas.

En segundo lugar, el Tribunal de Justicia consideró como un riesgo para la autonomía del Derecho de la Unión que el proyecto de acuerdo pudiera afectar negativamente al principio de confianza mutua entre los Estados miembros en lo que respecta al respeto de los derechos fundamentales,

---

15 El Tribunal de Justicia había interpretado esta disposición en el sentido de que, la aplicación de estándares nacionales de protección de los derechos fundamentales no debe afectar al nivel de protección previsto por la Carta, ni a la primacía, la unidad y la efectividad del Derecho de la Unión (sentencia *Melloni*, EU:C:2013:107, apartado 60, TOL9.916.561).

que es especialmente relevante en el Espacio de Libertad, Seguridad y Justicia (apartados 191 y siguientes).

El proyecto de acuerdo establecía, según el Tribunal de Justicia, la obligación de los Estados miembros de comprobar la observancia de todos los demás Estados parte, aunque fuesen Estados miembros de la Unión (apartado 194). El Tribunal de Justicia de la Unión Europea consideró que, en la medida en que el CEDH, al imponer que se considere a la Unión y a los Estados miembros como Partes Contratantes, no sólo en sus relaciones con aquellas otras Partes Contratantes que no son Estados miembros de la Unión, sino también en sus relaciones recíprocas, exigiría de un Estado miembro que verificase el respeto de los derechos fundamentales por parte de otro Estado miembro. Pese a que el Derecho de la Unión Europea impone la confianza mutua entre esos Estados miembros, la adhesión podía poner en peligro el equilibrio en que se basa la Unión, así como la autonomía del Derecho de la Unión.

Sin embargo, esta conclusión ha sido objeto de críticas dado que, el control mutuo de la observancia de los derechos fundamentales suele exigirse en la jurisprudencia del TEDH cuando la entrega de personas a otro Estado -por ejemplo, en el marco del sistema de Dublín- provocaría violaciones sustanciales de los derechos del CEDH.

En consecuencia, una desviación del principio de confianza mutua en el Derecho de la Unión Europea sólo suele permitirse en casos de circunstancias extraordinarias, lo que podría decirse que requiere una violación más grave y sistemática de los derechos del Convenio.

Por último, el tercer peligro para la autonomía del Derecho de la Unión Europea consiste, para el Tribunal de Justicia de la Unión Europea, en la posibilidad concedida por el Protocolo n.° 16 del CEDH a los órganos jurisdiccionales de mayor rango de los Estados miembros, de plantear cuestiones sobre la interpretación o la aplicación de los derechos fundamentales al TEDH. El Tribunal de Justicia sostiene que, aunque la adhesión de la Unión Europea al Protocolo n.º 16 no estaba prevista en el proyecto de acuerdo, el CEDH pasaría a formar parte del Derecho de la Unión Europea, con lo que el procedimiento prejudicial del artículo 267 del TFUE podría perder eficacia.

Los órganos jurisdiccionales superiores de los Estados miembros que ratificaron el Protocolo n.° 16, también podrían solicitar al TEDH dictámenes consultivos en el ámbito de los derechos fundamentales de la Unión. Por consiguiente, el Tribunal de Justicia considera necesario un mecanismo que regule la relación entre estos dos mecanismos y garantice la autonomía y la eficacia del procedimiento prejudicial (apartados 196 y siguientes).

En efecto, no puede excluirse que, la entrada en vigor del Protocolo n.° 16 tenga efectivamente consecuencias negativas sobre el papel del Tribunal de Justicia de la Unión Europea. No obstante, debe tenerse en cuenta que, las opiniones emitidas por el TEDH no son vinculantes. Además, como también señaló la Abogada General[16], tales acciones o impactos negativos no serían un efecto de la adhesión de la Unión Europea al Convenio Europeo de Derechos Humanos.

Incluso sin dicha adhesión, los Estados miembros de la Unión que ratificaron el Protocolo pueden solicitar opiniones consultivas al TEDH. Contrariamente a la opinión del Tribunal de Justicia, este problema ya encuentra su solución en los Tratados. Basándose en el art. 267.3 del TFUE, cuando se plantee una cuestión en un asunto pendiente ante un órgano jurisdiccional nacional, cuyas decisiones no sean susceptibles de ulterior recurso judicial de Derecho interno, dicho órgano estará obligado a someter la cuestión al Tribunal de Justicia de la Unión Europea.

Esta obligación goza claramente de primacía sobre las obligaciones de los Estados miembros como partes en el CEDH, ya que podrían derivarse del Protocolo n.° 16[17]. No obstante, si un órgano jurisdiccional nacional de última instancia sometiera una cuestión del ámbito del Derecho de la Unión al TEDH sin estar facultado para ello, podría iniciarse un procedimiento por incumplimiento de los Tratados contra dicho Estado miembro en base al art. 258, apartado f del TFUE.

Del Dictamen del Tribunal de Justicia de la Unión Europea y de la discusión doctrinal respecto a la posición que adoptó dicho Tribunal en las cuestiones analizadas, se extrae que el proceso de adhesión debe sortear todavía importantes obstáculos antes de que sea una realidad.

La Comisión Europea y el Consejo de Europa reanudaron en otoño de 2020 las negociaciones para adoptar un nuevo acuerdo que proporcionara debida satisfacción a las observaciones formuladas por el Tribunal de Justicia de la Unión Europea, y, en marzo de 2023, el Consejo de Europa publicó un nuevo acuerdo revisado, que se espera pueda desembocar a lo largo de este año 2024 en la adhesión final de la Unión al Convenio.

---

[16] Opinión de la Abogada General Kokott, apartado 140

[17] Véase, también, la opinión de la Abogada General Kokott, apartado 141

En todo caso, hay que poner de relieve que, la jurisprudencia del TEDH ha tenido un relevante impacto en las decisiones adoptadas por el desaparecido Tribunal de la Función Pública, avanzando en una interpretación más extensiva de los derechos fundamentales en ciertos asuntos.

4. NORMATIVA INTERINSTITUCIONAL Y DE DESARROLLO

a) Actos típicos vinculantes y no vinculantes

El art. 288 del TFUE dispone que, para ejercer las competencias de la Unión, las instituciones adoptarán reglamentos, directivas, decisiones, recomendaciones y dictámenes:

- El reglamento tendrá un alcance general, siendo obligatorio en todos sus elementos y directamente aplicable en cada Estado miembro.
- La directiva obligará al Estado miembro destinatario en cuanto al resultado que deba conseguirse, dejando, sin embargo, a las autoridades nacionales la elección de la forma y de los medios.
- La decisión será obligatoria en todos sus elementos. Cuando designe destinatarios, sólo será obligatoria para éstos.
- Por su parte, las recomendaciones y los dictámenes no serán vinculantes.

Respecto del reglamento, el Tratado de Lisboa de 2007 ha dado una nueva redacción al ahora artículo 336 del Tratado de Funcionamiento de la Unión Europea, con el siguiente tenor literal: "*el Parlamento Europeo y el Consejo establecerán, mediante reglamentos adoptados con arreglo al procedimiento legislativo ordinario y previa consulta a las demás instituciones interesadas, el Estatuto de los Funcionarios de la Unión Europea y el régimen aplicable a los otros agentes de la Unión*".

Este artículo, en primer lugar, especifica de forma clara cuál debe ser el instrumento normativo que deben utilizar el Parlamento y el Consejo a la hora de establecer el régimen jurídico del personal de la Unión Europea: el reglamento.

Se trata, en todo caso, de una concreción ciertamente innecesaria, pues obviamente de los dos principales instrumentos normativos de los que dispone la Unión Europea, reglamento y directiva, ésta última, por sus características intrínsecas y por ser los Estados miembros sus destinatarios, no es la norma más adecuada para establecer el régimen jurídico de la

Administración Europea, en general, y de la Función Pública de la Unión, en particular.

Por su parte, la jurisprudencia ha admitido que las directivas pueden ser fuente del Derecho de la Función Pública europea. Las disposiciones de una Directiva pueden, en primer lugar, vincular indirectamente a una institución si constituyen la expresión de un principio general del Derecho comunitario que, en tal caso, incumbe a dicha institución aplicar como tal[18].

En segundo lugar, una directiva puede vincular a una institución cuando ésta, en el marco de su autonomía organizativa y dentro de los límites del Estatuto de los Funcionarios, haya tenido la intención de dar cumplimiento a una obligación específica establecida por una directiva; o cuando un propio acto de alcance general para fines internos se refiera expresamente a medidas adoptadas por el legislador comunitario en virtud de los Tratados (véase la sentencia *Aayhan y otros c. Parlamento,* apartado 116).

En tercer lugar, como declaró el Tribunal de Primera Instancia en la sentencia *Aayhan y otros c. Parlamento* (apartado 118), las instituciones deben, en virtud del deber de lealtad, tener en cuenta, en su comportamiento como empleadores, las disposiciones legislativas adoptadas a nivel comunitario que impongan requisitos mínimos para mejorar las condiciones de vida y de trabajo de los trabajadores en los Estados miembros mediante la aproximación de las legislaciones y prácticas nacionales.

Respecto de las decisiones, esta medida legislativa carece de alcance general, por lo que habrá que definir quién es su destinatario en cada caso concreto. Por ello, hay que distinguir cuándo va dirigida a un particular, lo que sería un acto administrativo, de cuándo va dirigida a un Estado o varios Estados miembros. Las decisiones pueden tener un efecto directo si designan un Estado miembro como destinatario. En tal caso, el Tribunal de Justicia reconoce un efecto directo únicamente vertical[19].

---

18 Sentencia del Tribunal de Justicia en el asunto C-25/02, Rinke, Rec. 2003, p. I-8349, apartados 25 a 28 (TOL307.655), relativa a la Directiva 76/207/CEE del Consejo, de 9 de febrero de 1976, relativa a la aplicación del principio de igualdad de trato entre hombres y mujeres en lo que se refiere al acceso al empleo, a la formación y a la promoción profesionales, y a las condiciones de trabajo, DO L 39, p. 1976. 40; véase también la Sentencia del Tribunal General de 30 de abril de 2009, Aayhan y otros c. Parlamento, F-65/07, RecFP pp. I-A-1-0000 y II-A-1-0000, apartado 113 (TOL9.921.491).

19 Sentencia del Tribunal de Justicia de 10 de noviembre de 1992, Hansa Fleisch Ernst Mundt GmbH & Co. KG contra Landrat des Kreises Schleswig-Flensburg. Petición de decisión prejudicial: Schleswig-Holsteinisches Verwaltungsgericht -

De igual manera, el TFUE faculta a la Comisión para elaborar actos delegados (art. 290 del TFUE) y actos de ejecución (art. 291 del TFUE).

En este sentido, el art. 290 del TFUE dispone que un acto legislativo podrá delegar en la Comisión los poderes para adoptar actos no legislativos de alcance general que completen o modifiquen determinados elementos no esenciales del acto legislativo. Los actos legislativos delimitarán de forma expresa los objetivos, el contenido, el alcance y la duración de la delegación de poderes. La regulación de los elementos esenciales de un ámbito estará reservada al acto legislativo y, por lo tanto, no podrá ser objeto de una delegación de poderes.

Por su parte, el art. 291 del TFUE señala que, los Estados miembros adoptarán todas las medidas de Derecho interno necesarias para la ejecución de los actos jurídicamente vinculantes de la Unión. Cuando se requieran condiciones uniformes de ejecución de los actos jurídicamente vinculantes de la Unión, éstos conferirán competencias de ejecución a la Comisión o, en casos específicos debidamente justificados y en los previstos en los artículos 24 y 26 del Tratado de la Unión Europea, al Consejo. El Parlamento Europeo y el Consejo establecerán previamente, mediante reglamentos adoptados con arreglo al procedimiento legislativo ordinario, las normas y principios generales relativos a las modalidades de control, por parte de los Estados miembros, del ejercicio de las competencias de ejecución por la Comisión.

Respecto de los actos típicos no vinculantes, recomendaciones y decisiones, el Tribunal de Justicia ha señalado que no pueden ser considerados como carentes en absoluto de efectos jurídicos. Efectivamente, los jueces nacionales están obligados a tener en cuenta las recomendaciones a la hora de resolver los litigios de que conocen, sobre todo cuando aquellas ilustran acerca de la interpretación de disposiciones nacionales adoptadas con el fin de darles aplicación, o también cuando tienen por objeto completar las disposiciones comunitarias dotadas de fuerza vinculante[20].

La recomendación puede ser utilizada como instrumento prelegislativo y paralegislativo. Estas situaciones suelen plantearse ante la ausencia de voluntad por parte de la Comisión de adoptar una propuesta legislativa o ante la imposibilidad por parte de las instituciones de recurrir a un acto

---

Alemania. Control sanitario - Tasa - Directiva 85/73/CEE - Decisión 88/408/CEE - Efecto directo; en el asunto C-156/91, apartados 15-17.

20 Sentencia del Tribunal de Justicia de 13 de diciembre de 1989, *Grimaldi*, en el asunto C 322/88 (TOL5.740.988).

legislativo. También una recomendación puede estar simplemente justificada tras la negativa de algún Estado miembro para proceder a una armonización de tipo legislativo en un ámbito en cuestión.

Por su parte, los dictámenes son actos que permiten a las instituciones pronunciarse de manera no obligatoria, es decir, sin imponer una obligación jurídica a sus destinatarios. Su objetivo es establecer el punto de vista de una institución sobre una cuestión.

Sin embargo, al igual que en el caso de las recomendaciones, no por ser la expresión de una opinión sobre una cuestión determinada los dictámenes carecen de efectos jurídicos.

b) Actos atípicos o "sui generis"

Son actos atípicos o "sui generis" aquellos que no pertenecen a las categorías de acto jurídico previstas en el Tratado de Funcionamiento de la Unión Europea (artículos 288, 289, 290, 291 o 292).

Entre ellos, podemos citar a los reglamentos de régimen internos de las distintas instituciones de la Unión, las decisiones de carácter general que no tienen un destinatario determinado, las resoluciones o las declaraciones, los acuerdos interinstitucionales, los libros verdes, los libros blancos y los programas de acción común.

5. PRINCIPIOS GENERALES DEL DERECHO DE LA UNIÓN

El Abogado General Roemer consideró en sus Conclusiones del asunto *Fonzi c. Comisión CEEA*, que las lagunas existentes en el Estatuto podían ser rellenadas "*teniendo en cuenta los principios esenciales en los que se inspira el Estatuto, así como los principios generales aplicables en el Derecho nacional de la Función Pública*" [21]. Así pues, podemos sostener que, los principios generales del Derecho de la Unión constituyen una importante fuente del Derecho europeo de la Función Pública.

Mención destacada merecen los derechos fundamentales, señalando el art. 6.3 del TUE que, "*los derechos fundamentales que garantiza el Convenio Europeo para la Protección de los Derechos Humanos y de las Libertades Fundamentales*

---

[21] Conclusiones al asunto *Fonzi c. Comisión CEEA*, 8 julio 1965 (27,30/64), Rec. XI, p. 723.

y los que son fruto de las tradiciones constitucionales comunes a los Estados miembros formarán parte del Derecho de la Unión como principios generales".

En este sentido, la jurisprudencia del Tribunal de Justicia de la Unión Europea muestra, igualmente, que el respeto de los derechos humanos constituye un requisito de legalidad de los actos comunitarios (Dictamen 2/94, apartado 34) y que no pueden admitirse en la Comunidad medidas incompatibles con el respeto de los derechos humanos (sentencia de 12 de junio de 2003, *Schmidberger*, C-112/00, Rec. p. I-5659, apartado 73).

Por ello, no cabe establecer excepciones a los principios de libertad, democracia y respeto de los derechos humanos y de las libertades fundamentales, consagrados como bases de la Unión en el art. 6.1 del TUE[22]. En especial, debemos hacer referencia al célebre asunto *Erich Stauder c. Stadt Ulm Sozialamt23* como punto de partida del reconocimiento de los derechos fundamentales de la persona subyacentes en los Principios Generales del Derecho Comunitario, cuyo respeto garantiza el Tribunal de Justicia de la Unión Europea.

A continuación, pasamos a desgranar algunos de los principios generales del Derecho de la Unión que pueden considerarse más relevantes en esta materia de la función pública. En este mismo sentido, habremos de reseñar los siguientes: no discriminación; igualdad de trato; protección de la confianza legitima; buena administración; y, deber de asistencia y protección.

a) No discriminación

El art. 1 *quinquies* del Estatuto de los Funcionarios prohíbe toda discriminación y, en particular, la ejercida por razón de sexo, raza, color, orígenes étnicos o sociales, características genéticas, lengua, religión o convicciones, opiniones políticas o de cualquier otro tipo, pertenencia a una minoría nacional, patrimonio, nacimiento, discapacidad, edad u orientación sexual.

No obstante, es jurisprudencia reiterada la que pone de relieve que, el principio de no discriminación sólo se aplica a las personas que se encuentran en la misma situación o en una situación similar y que, además, exige que las diferencias de trato entre las distintas categorías de funcionarios

---

[22] Sentencia del Tribunal de Justicia de 3 de septiembre de 2008, *Kadi c. Consejo y Comisión,* asuntos acumulados C-402/05 P y C-415/05 P, ECLI:EU:C:2008:461.

[23] Sentencia del Tribunal de Justicia de 12 de noviembre de 1969, *Erich Stauder c. Stadt Ulm Sozialamt,* C-29/69, ECLI:EU:C:1969:57 (TOL599.809).

o de agentes temporales estén justificadas por criterios objetivos y razonables y que la diferencia sea proporcionada a la finalidad perseguida por el trato diferenciado (sentencia del Tribunal de Primera Instancia de 14 de diciembre de 1994, *Huet c. Tribunal de Cuentas,* T-8/93, Rec. p. II-103, apartado 45).

b) Igualdad de trato

La jurisprudencia ha reiterado, asimismo, de manera insistente que, se vulnera el principio de igualdad de trato establecido en el citado art. 1 *quinquies* del Estatuto cuando dos categorías de personas, cuyas situaciones de hecho y de derecho no difieren esencialmente, reciben un trato diferente (véase la sentencia del Tribunal de Primera Instancia de 15 de septiembre de 1991, *Tagaras,* asuntos acumulados T-18/89 y T-24/89, Rec. p. 11-53, apartado 68). Para comprobar si existe una diferencia de trato, es necesario comparar la asistencia dispensada a dos categorías de personas cuyas situaciones de hecho y de derecho no presentan diferencias esenciales.

Por su parte, la plena igualdad entre hombres y mujeres en la vida laboral constituye un elemento esencial en la aplicación de todas las disposiciones del Estatuto. Por ello, la Administración puede establecer medidas de discriminación positiva destinadas a facilitar al sexo menos representado el ejercicio de actividades profesionales o a evitar o compensar desventajas en sus carreras profesionales (art. 1 *quinquies* del Estatuto, en aplicación de la Directiva 2006/54/CE del Parlamento Europeo y del Consejo, de 5 de julio de 2006, relativa a la aplicación del principio de igualdad de oportunidades e igualdad de trato entre hombres y mujeres en asuntos de empleo y ocupación)[24]. En todo caso, las actuaciones de la Administración encaminadas, por ejemplo, a dar preferencia a las mujeres a la hora de proveer

---

[24] El principio de igualdad de trato entre hombres y mujeres está consagrado en el art. 157 TFUE (antiguo art. 141 CE), y en la Carta Comunitaria de los Derechos Sociales Fundamentales de los Trabajadores, adoptada por el Consejo Europeo el 9 de diciembre de 1989 (art. 23), que también alude a la discriminación positiva. Además, este principio ha sido consagrado por la jurisprudencia como principio fundamental del Derecho comunitario [sentencias del Tribunal de Justicia de 15 de junio de 1978, Defrenne, 149/77, Rec. 1978, p. 1365, y de 20 de marzo de 1984, Razzouk y Beydoun/Comisión, 75/82 y 117/82, Rec. 1984, p. 1509]

vacantes sólo se pueden aplicar en caso de igualdad de méritos entre los candidatos[25].

Mención especial merece el supuesto de las mujeres embarazadas. El art. 1 *sexies,* apartado 2 del Estatuto dispone que, a los funcionarios en servicio activo se les concederán condiciones de trabajo que se ajusten a normas sanitarias y de seguridad apropiadas y, como mínimo, equivalentes a los requisitos mínimos aplicables con arreglo a las medidas adoptadas en estos ámbitos en virtud de los Tratados.

Pues bien, la Directiva 92/85 tiene por objeto mejorar el medio laboral reforzando la protección de la salud y la seguridad de las trabajadoras embarazadas. Por tanto, esta Directiva vincula a las instituciones en la medida en que, en el marco de su autonomía organizativa y en el marco del Estatuto, deben garantizar a las trabajadoras embarazadas una protección equivalente a la protección mínima ofrecida por la Directiva (véase la sentencia del Tribunal de 30 de abril de 2009, Aayhan y otros/Parlamento, F-65/07, apartado 116).

Sin embargo, el extinto Tribunal de la Función Pública en el asunto *BG c. Defensor del Pueblo26* señaló que, el artículo 10 de la Directiva 92/85[27] no puede interpretarse en el sentido de que prohíba todo despido de una trabajadora embarazada. En efecto, una decisión de separación del servicio adoptada en el período comprendido entre el comienzo del embarazo y el final del permiso de maternidad por razones no relacionadas con el embarazo de la demandante en el litigio principal no sería contraria a dicho art. 10, a condición de que el empleador proporcione por escrito motivos justificados de separación del servicio y de que la separación del servicio de la interesada esté admitida por la legislación y/o práctica nacional en cuestión, conforme a lo dispuesto en el art. 10, puntos 1 y 2, de esta Directiva

---

25 Sentencias *Hectors c. Parlamento,* de 23 enero de 2003 (T-181/01), RecFP., p. II-103 (TOL4.688.729); *Mancini c. Comisión,* de 3 febrero de 2005 (T-137/03), RecFP., p. II-27 (TOL4.626.592); *Tzirani c. Comisión,* de 22 octubre de 2008 (F-46/07) (TOL9.930.427).

26 Sentencia de 17 de julio de 2012, *BG c. Defensor del Pueblo,* F-54/11, ECLI:EU:F:2012:114 (TOL9.917.246).

27 Directiva 92/85/CEE del Consejo, de 19 de octubre de 1992, relativa a la aplicación de medidas para promover la mejora de la seguridad y de la salud en el trabajo de la trabajadora embarazada, que haya dado a luz o en período de lactancia (décima Directiva específica con arreglo al apartado 1 del artículo 16 de la Directiva 89/391/CEE) (TOL971.987).

(véase la sentencia del Tribunal de Justicia de 11 de noviembre de 2010, *Danosa,* C-232/09, apartado 63).

Por último, el apartado 5 del mismo art. 1 *quinquies* recoge el principio de la carga de la prueba, señalando que, cuando alguna de las personas a las que se aplique el presente Estatuto se considere perjudicada por no haberle sido aplicado el principio de igualdad de trato antes enunciado, y exponga hechos que permitan presumir que se ha cometido una discriminación directa o indirecta, corresponderá a la institución probar que no ha habido violación del principio de igualdad de trato.

c) Protección de la confianza legítima

El principio de protección de la confianza legítima forma parte de los principios fundamentales de la Comunidad (véase, en particular, la sentencia de 5 de mayo de 1981, *Dürbeck,* C-112/80, Rec. p. 1095, apartado 48).

Asimismo, se desprende de la jurisprudencia emanada del Tribunal de Justicia de la Unión Europea que, todo particular tiene el derecho a invocar dicho principio cuando se encuentre en una situación de la que se desprenda que la Administración comunitaria, al darle seguridades concretas, le hizo concebir esperanzas fundadas [sentencias de 16 de diciembre de 1987, *Delauche c. Comisión,* C-111/86, Rec. p. 5345, apartado 24; de 25 de mayo de 2000; *Kögler c. Tribunal de Justicia,* C-82/98 P, Rec. p. I-3855, apartado 33 (TOL4.626.275)]. Además, las garantías dadas deben ser conformes con las normas aplicables (en este sentido, sentencias de 20 de junio de 1985, *Pauvert c. Tribunal de Cuentas,* C-228/84, Rec. p. 1969, apartados 14 y 15, y de 6 de febrero de 1986; *Vlachou c. Tribunal de Cuentas,* C-162/84, Rec. p. 481, apartado 6).

El derecho a reclamar la protección de la confianza legítima exige que concurran tres requisitos:

1. En primer lugar, la Administración de la Unión debe haber dado al interesado garantías precisas, incondicionales y concordantes, procedentes de fuentes autorizadas y fiables.
2. En segundo lugar, estas garantías deben ser de tal naturaleza que puedan suscitar una esperanza legítima en el ánimo de aquel a quien se dirigen.
3. En tercer lugar, las garantías dadas deben ser conformes con las normas aplicables.

Dado que estos tres requisitos tienen carácter acumulativo, el incumplimiento de uno de ellos basta para denegar el derecho a la protección de la confianza legítima [Auto del Tribunal de la Función Pública (Sala Tercera) de 30 de junio de 2016, F-69/15, *Sandra Kaufmann c. Comisión;* Sentencia de 15 de noviembre de 2005, *Righini c. Comisión*, T-145/04, Rec. FP pág. II-1547, apartados 130 a 131 y 140 (TOL4.626.463)].

El principio de confianza legítima puede ser invocado por todo particular que se encuentre en una situación de la que se desprenda que la Administración comunitaria le hizo concebir seguridades concretas o garantías precisas[28], debiendo puntualizarse que, nadie puede invocar la vulneración del citado principio a falta de garantías precisas, incondicionales y concordantes, procedentes de fuentes autorizadas y fiables, que le haya dado la Administración (sentencia *Kuwait Petroleumea. c. Comisión*, de 27 septiembre de 2012, T-370/06).

No constituye, en cambio, medio apto para generar tales garantías ni el silencio de la Administración (sentencia *Dm-DrogerieMarkt c. OAMI*, de 9 septiembre de 2011, T-36/09), ni tampoco declaraciones vagas que simplemente dejen entender la posición de la Administración [sentencia *Visa c. Comisión*, de 14 de abril 2011, T-461/07 (TOL9.919.374)].

d) Buena administración

La influencia ejercida por la Carta de Derechos Fundamentales de la Unión Europea ha resultado de gran importancia para el Derecho europeo de la Función Pública, entre otras causas, por cuanto su art. 41 consagra el derecho a una buena administración.

Esta disposición va dirigida, no a los Estados miembros, sino únicamente a las instituciones, órganos y organismos de la Unión Europea [sentencia de 13 de septiembre de 2018, *UBS Europe y otros*, C-358/16, EU:C:2018:715, apartado 28 (TOL6.789.967)]. Refleja un principio general del Derecho de la Unión según el cual, el derecho a una buena administración encierra la obligación para la Administración de motivar sus decisiones [sentencia de 17 de julio de 2014, *YS y otros*, C-141/12 y C-372/12, EU:C:2014:2081, apartado 68 (TOL9.914.999)].

---

[28] Conclusiones de los Abogados Generales Capotorti en *Guglielmi c. Parlamento*, 1 octubre 1981 (C-268/80), Rec. 1981, p. 2295 y Warner en *Dautzenber c. Tribunal de Justicia*, 28 octubre 1980 (C-2/80), Rec. 1980, p. 3107; Sentencia *Chomel c. Comisión*, 27 marzo 1990 (T-123/89), Rec. 1990, p. II-131.

Este derecho comprende la obligación de la institución competente de examinar, detenida e imparcialmente, todos los elementos oportunos del asunto de que se trata, y forma parte de los principios generales del Estado de Derecho comunes a las tradicionales constitucionales de los Estados miembros.

A este respecto, procede recordar que, el art. 41, apartado 2, letra a), de la Carta, que reconoce "el derecho de toda persona a ser oída antes de que se adopte cualquier medida individual que le afecte negativamente", es de aplicación general (véase la sentencia de 13 de julio de 2013, *L. c. Parlamento*, T-317/10 P, EU: T:2013:413, apartado 81). El respeto del derecho a ser oído implica que el interesado debe tener la posibilidad, antes de la adopción de la decisión que le perjudica, de dar a conocer su punto de vista sobre la realidad y la pertinencia de los hechos y circunstancias en virtud de los cuales se adoptó dicha decisión (sentencia *L c. Parlamento*, T-317/10 P, citada supra, apartados 80 y 81).

La obligación que incumbe a la Administración de motivar sus decisiones, consagrada en el art. 41, apartado 2, letra c), de la Carta y, por lo demás, recogida también en el artículo 25, párrafo segundo, del Estatuto de los Funcionarios, constituye un principio esencial del Derecho de la Unión Europea que sólo puede ser exceptuado por razones imperiosas.

Esta obligación tiene por objeto, por una parte, proporcionar al interesado una indicación suficiente sobre si la decisión está fundada o si adolece de un vicio que permita impugnar su legalidad y, por otra parte, permitir al Tribunal de Justicia de la Unión Europea controlar la legalidad de la decisión impugnada [asunto C-195/80, *Michel c. Parlamento*, EU: C:1981:284, apartado 22, y *Neirinck c. Comisión*, C-17/07 P, EU:C:2008:134, apartado 50 (TOL4.626.941)].

Asimismo, se cumple cuando el acto controvertido se ha producido en un contexto conocido por el funcionario afectado y que le permite comprender el alcance de la medida adoptada contra él (sentencias de 16 de octubre de 1990, *Hecq c. Comisión*, C-116/88 y C-149/88, EU:C:1990:98, apartados 26 y 27, y de 15 de julio de 2001; *Chamoli c. Comisión*, T-100/00, EU: T:2001:75, apartado 53).

e) Deber de asistencia y protección

El apartado primero del art. 24 del Estatuto de Funcionarios dispone que, la Unión asistirá a los funcionarios, en especial mediante la persecución contra los autores de amenazas, ultrajes, injurias, difamaciones o atentados contra la persona y los bienes, de que el funcionario, o los miembros de su familia, sean objeto por su condición de tales o como consecuencia del ejercicio de sus funciones.

Antes de nada, debe subrayarse que, el citado artículo 24 del Estatuto, que impone a las Comunidades un deber de asistencia para con sus funcionarios, está comprendido en el Título II, relativo a los «derechos y obligaciones del funcionario».

De ello se infiere que, en todas las situaciones en que se cumplan los requisitos fácticos exigidos, dicho deber de asistencia corresponde a un derecho reconocido por el Estatuto al funcionario afectado [sentencia de 26 de octubre de 1993, *Caronna c. Comisión*, T-59/92, Rec. p. II-1129, apartado 58 (TOL6.294.399)].

Según reiterada jurisprudencia, en virtud del deber de asistencia, previsto en el reiterado artículo 24, párrafo primero, del Estatuto, la Administración debe, ante un incidente incompatible con el orden y la serenidad del servicio, intervenir con toda la energía necesaria y responder con la rapidez y la solicitud exigidas por las circunstancias del caso, con el fin de esclarecer los hechos y extraer de ellos las consecuencias apropiadas con pleno conocimiento de causa.

A tal efecto, es suficiente con que el funcionario que reclame la protección de su institución aporte un principio de prueba de la realidad de los ataques de los que afirme ser objeto. Si se dan tales elementos, corresponde a la institución afectada tratar de adoptar las medidas apropiadas, concretamente ordenando una investigación administrativa para establecer los hechos que motivan la denuncia, en colaboración con el autor de ésta (véanse, en este sentido, la sentencia del Tribunal de Justicia de 26 de enero de 1989, *Koutchoumoff c. Comisión*, C-224/87, Rec. p. 99, apartados 15 y 16), sin lo cual no podrá adoptar una posición definitiva, en particular, sobre la cuestión de si la denuncia ha de ser archivada sin más o si ha de incoarse un procedimiento disciplinario y, en su caso, si procede adoptar sanciones disciplinarias (véanse, en este sentido, las sentencias del Tribunal de Justicia de 11 de julio de 1974, *Guillot c. Comisión*, C-53/72, Rec. p. 791, apartados 3, 12 y 21, y de 9 de noviembre de 1989, *Katsoufros c. Tribunal de Justicia*, C-55/88, Rec. p. 3579, apartado 16).

Además, cuando un funcionario dirige a la Administración una solicitud de asistencia, con arreglo al artículo 24, párrafo primero, del Estatuto, ésta también está obligada, en virtud del deber de protección que este artículo le impone (sentencia del Tribunal de Justicia de 14 de junio de 1979, *V. c. Comisión*, C-18/78, Rec. p. 2093, apartado 16), a adoptar las medidas preventivas apropiadas, tales como un cambio de destino o el traslado provisional de la víctima, con objeto de protegerla frente a una repetición del comportamiento denunciado durante la tramitación de la investigación administrativa (véase, en este sentido, sentencia de 5 de diciembre de 2000, *Campogrande c. Comisión*, T-136/98, RecFP pp. I-A-267 y II-1225, apartado 55 (TOL4.689.093)).

Por su parte, el apartado segundo del art. 24 del Estatuto señala que la Unión reparará solidariamente los daños sufridos por el funcionario por esta causa siempre que éste no los haya originado, intencionadamente o por negligencia grave y no haya podido obtener resarcimiento por parte del autor.

La admisibilidad del recurso interpuesto por un funcionario solicitando una indemnización al amparo del art. 24, párrafo segundo, del Estatuto queda al agotamiento de las vías de recurso nacionales, siempre y cuando éstas garanticen de forma eficaz la protección de las personas interesadas y puedan conducir a la consecución de la reparación del daño alegado.

El régimen especial de responsabilidad instaurado por el artículo 24, párrafo segundo, del Estatuto se basa en el deber de la Administración de proteger la salud y la seguridad de sus funcionarios y agentes contra los ataques o malos tratos procedentes de terceros o de otros funcionarios, de los que pueden ser víctimas en el ejercicio de sus funciones, en particular, en forma de acoso psicológico, en el sentido del art. 12 bis, apartado 3, del Estatuto.

Se trata de un régimen de responsabilidad objetiva, que se distingue del régimen de Derecho común de responsabilidad de la Unión en el ámbito de la función pública, que exige que el funcionario que pretende obtener una reparación de la Comunidad demuestre haber sufrido un perjuicio como consecuencia de un comportamiento ilícito de una institución (véanse, en este sentido, la sentencia del Tribunal de 26 de octubre de 1993, *Caronna c. Comisión*, T-59/92, Rec. p. II-1129, apartados 25 y 68 (TOL6.294.399)).

Asimismo, este régimen especial de responsabilidad objetiva ha de distinguirse del régimen indemnizatorio aplicable a las enfermedades contraídas por los funcionarios o a los accidentes de que han sido víctimas en el ejercicio de sus funciones, o al agravamiento de dichas enfermedades, en virtud del art. 73 del Estatuto y de la Reglamentación común relativa a la cobertura de los riesgos de accidente y de enfermedad profesional de los funcionarios adoptada sobre la base de dicho artículo.

En efecto, de la inexistencia de una disposición expresa en este sentido en la Reglamentación relativa a la cobertura de los riesgos de accidente y de enfermedad profesional de los funcionarios no puede deducirse que la misma excluya el derecho del funcionario y de sus derechohabientes a solicitar una indemnización complementaria cuando la institución esté obligada a una reparación, bien con arreglo al Derecho común, en el caso de que tenga responsabilidad por un accidente o enfermedad de dicho funcionario, bien al amparo del art. 24, párrafo segundo, del Estatuto, en el caso de que ese accidente o esa enfermedad estuvieran causados por ataques de terceros o de otros funcionarios relacionados con el ejercicio, por parte de dicho funcionario, de sus funciones al servicio de las Comunidades y de que las prestaciones del régimen estatutario no bastaran para garantizar la plena reparación del perjuicio sufrido (véase, en este sentido, la sentencia del Tribunal de Justicia de 8 de octubre de 1986, *Leussink-Brummelhuis c. Comisión,* C-169/83 y C-136/84, Rec. p. 2801, apartados 11 y 12).

6. ACUERDOS INTERNACIONALES ALCANZADOS POR LA UNIÓN EUROPEA Y SU IMPACTO EN EL DERECHO DE LA FUNCIÓN PÚBLICA

Los acuerdos internacionales constituyen una de las categorías de actos jurídicos de la Unión Europea con importantes repercusiones jurídicas en el Derecho interno de la Unión y también en el de los Estados miembros, generando derechos y obligaciones, tanto para las instituciones europeas como para los Estados miembros. Los mencionados acuerdos internacionales se incorporan al ordenamiento jurídico europeo en la fecha de su entrada en vigor o en aquella que haya sido prevista a tal fin.

En la sentencia *Demirel,* del 30 de septiembre de 1987, sobre una cuestión prejudicial planteada por el *Verwaltungsgericht* (Tribunal contencioso administrativo) de Stuttgart, el Tribunal de Justicia reconoce un efecto directo a determinados acuerdos en función de los mismos criterios que se desprenden de la sentencia *Van Gend en Loos.*

El Tribunal de Justicia comunitario reconoció que, una disposición de un acuerdo celebrado por la Comunidad Europea con terceros países debe considerarse directamente aplicable si contiene una obligación clara y precisa, cuya ejecución y cuyos efectos no se subordinan a la adopción de ningún acto ulterior. Los acuerdos que cumplan estos requisitos constituyen normas del Derecho Comunitario directamente aplicables en el ordenamiento interno de los Estados miembros.

Respecto de la aplicación directa de un acuerdo internacional en las disposiciones del Estatuto, cabe mencionar importantes ejemplos, como la Conclusión 074/82 aprobada por los jefes de la Administración en su 141 reunión el 5 de octubre de 1982, en vigor desde el 1 de noviembre de 1982, relativo al régimen aplicable a los apátridas y refugiados cuando el Estatuto se remite al Derecho nacional. El aludido ejemplo que cita dicha Conclusión hace referencia a la aplicación del artículo 2, párrafo 4, del anexo VII, relativo a la asimilación de hijo a cargo y la existencia de una obligación alimentaria legal.

De igual manera, cabría destacar, el supuesto del empleo de trabajadores con alguna discapacidad que el propio Estatuto recoge, dado que prohíbe toda discriminación y, en particular, la ejercida por razón de sexo, raza, color, orígenes étnicos o sociales, características genéticas, lengua, religión o convicciones, opiniones políticas o de cualquier otro tipo, pertenencia a una minoría nacional, patrimonio, nacimiento, discapacidad, edad u orientación sexual.

7. LA JURISPRUDENCIA DEL TRIBUNAL DE JUSTICIA DE LA UNIÓN EUROPEA EN MATERIA DE FUNCIÓN PÚBLICA

Con independencia del tradicional debate respecto de la consideración de la jurisprudencia del Tribunal de Justicia como fuente del Derecho de la Unión, es innegable el impacto decisivo de los pronunciamientos en materia de función pública que, en numerosas ocasiones, ha actuado con una capacidad integradora que ha determinado tanto el modelo de Función Pública europea como su operatividad práctica.

Así, en presencia de los contratos anteriores al Estatuto, "el Tribunal de Justicia fue llamado a construir un sistema de garantías en beneficio de los funcionarios, fundándose en los principios generales aplicables a los contratos administrativos"[29].

El Tribunal de Justicia ha declarado en múltiples ocasiones que, el Estatuto creó un equilibrio de derechos y obligaciones recíprocos en las relaciones entre la autoridad pública y los agentes del servicio público y ha considerado que, cuando la autoridad facultada para proceder a los nom-

---

[29] BASTID, S. : "La nature réglementaire ou contractuelle du lien des fonctionnaires et des Institutions des Communautés Européennes", en Rivista di diritto europeo, IV (2), 1964, p. 142.

bramientos decide sobre la situación de un funcionario, especialmente en relación con su adscripción a un puesto de trabajo, debe tener presente al conjunto de los factores susceptibles de determinar su decisión, y, al actuar de esta forma, tener en cuenta no solamente el interés del servicio, sino también el del funcionario de que se trate (sentencia de 28 de mayo de 1980, *Kuhner c. Comisión,* 33 y 75/79, Rec. 1980, p. 1677).

De igual manera, la jurisprudencia ha reconocido que el Estatuto de los Funcionarios fue establecido por el Reglamento n.° 259/68 del Consejo, de 29 de febrero de 1968, que contiene todos los atributos definidos en el art. 288 del TFUE, con arreglo al cual el Reglamento tiene un alcance general, siendo obligatorio en todos sus elementos y directamente aplicable en cada Estado miembro. De ello se desprende que, al margen de los efectos que produce en el ordenamiento interno de la Administración comunitaria, él Estatuto obliga, asimismo, a los Estados miembros en toda la medida en que su concurso sea necesario para su aplicación. Asimismo, de esto se deduce, también, que, en caso de que una disposición del Estatuto requiera medidas de aplicación a nivel nacional, los Estados miembros están obligados a adoptar todas las medidas generales o particulares apropiadas (Sentencia de 20 de octubre de 1981, *Comisión c. Bélgica,* asunto, 137/80).

En consecuencia, cabe concluir que, los Tribunales europeos se han erigido, en consecuencia, en auténticos protagonistas del Derecho de la Función Pública europea. Su jurisprudencia ha estado siempre inspirada en asegurar la viabilidad de un régimen jurídico del que era, en última instancia, su único garante.

Para ello, se ha esforzado en observar un delicado equilibrio entre las necesidades de la Administración y los derechos del personal. Así, mientras respecto a éste último los Tribunales de Luxemburgo se han caracterizado por ejercer una jurisdicción tuitiva en lo que concierne a sus derechos (v.gr. retribuciones, carrera, garantías jurídicas), frente a las exigencias derivadas de las potestades administrativas a la hora de gestionar el personal, en cambio, la jurisprudencia ha sido sumamente flexible, limitándose en su control de la discrecionalidad administrativa y bendiciendo prácticas y técnicas de gestión que bordean, en más de un caso, la legalidad estatutaria (v.gr., la disociación de grado y puesto de trabajo, la admisión paraestatutaria de técnicas de provisión de puestos de trabajo basadas en la potestad de organización, etc.).

Capítulo II.
El Estatuto del Funcionario. Disposiciones generales

1. ADMINISTRADORES (ADMINISTRATORS, AD)

El art. 5.2 del Estatuto dispone que, el grupo de funciones de administradores (en adelante, AD) comprenderá doce grados correspondientes a funciones de dirección, de concepción y de estudio, así como a funciones lingüísticas o científicas.

En primer lugar, en lo que respecta a los grados 5 y 6 del grupo de funciones AD se requiere: (i) un nivel de educación correspondiente a estudios universitarios completos de una duración mínima de tres años y acreditados por un título; o, (ii) cuando esté justificado en interés del servicio, formación profesional de nivel equivalente.

Por otra parte, en lo que respecta a los grados 7 a 16 del grupo de funciones AD se requiere:

1. un nivel de educación correspondiente a estudios universitarios completos acreditados por un título, cuando la duración normal de la enseñanza universitaria sea de cuatro años o más;
2. un nivel de educación correspondiente a estudios universitarios completos acreditados por un título y una experiencia profesional adecuada de un año, como mínimo, cuando la duración normal de la enseñanza universitaria sea como mínimo de tres años, o;
3. cuando esté justificado en interés del servicio, formación profesional de nivel equivalente.

2. ASISTENTES (ASSISTANTS, AST)

El art. 5.2 del Estatuto señala que el grupo de funciones de asistentes (en adelante, AST) comprenderá once grados correspondientes a funciones técnicas y de ejecución.

Para acceder al grupo de funciones AST se requiere:

i. un nivel de estudios superiores acreditado por un título;
ii. un nivel de educación secundaria acreditado por un título que dé acceso a los estudios superiores, así como una experiencia profesional adecuada de tres años como mínimo; o,
iii. cuando esté justificado en interés del servicio, formación profesional o experiencia profesional de nivel equivalente.

3. PERSONAL DE SECRETARÍA Y OFICINA (SECRETARIES, AST/SC)

El art. 5.2 del Estatuto dispone que el grupo de funciones de personal de secretaría y de oficina (en lo sucesivo, AST/SC) comprenderá seis grados correspondientes a funciones de secretaría y de oficina. Presenta los mismos requisitos de acceso que el grupo AST:

i. un nivel de estudios superiores acreditado por un título;
ii. un nivel de educación secundaria acreditado por un título que dé acceso a los estudios superiores, así como una experiencia profesional adecuada de tres años como mínimo; o,
iii. cuando esté justificado en interés del servicio, formación profesional o experiencia profesional de nivel equivalente.

4. CLASES Y MODALIDADES DE CONCURSO

El art. 28 del Estatuto dispone que, solo podrán ser nombrados funcionarios las personas que hayan superado un concurso, una oposición o un concurso-oposición, en las condiciones previstas en el Anexo III del Estatuto, sin perjuicio de lo dispuesto en el apartado 2 del artículo 29 (concursos internos para altos funcionarios).

El art. 1 del Anexo III del Estatuto indica que, la convocatoria de concurso será aprobada por la autoridad facultada para proceder a los nombramientos, previa consulta a la Comisión paritaria. La convocatoria deberá especificar:

1. la clase de concurso (*concurso interno en la institución, concurso interno en las instituciones, concurso general, común, en su caso, a dos o más instituciones*);
2. las modalidades (*concurso, oposición o concurso-oposición*);
3. la clase de funciones y atribuciones correspondientes a los puestos de trabajo que deban proveerse, así como el grupo de funciones y el grado propuestos;
4. los títulos y otros diplomas o el grado de experiencia exigido para los puestos de trabajo que deban proveerse;
5. en su caso, los conocimientos lingüísticos exigidos para la clase de puestos de trabajo que deban proveerse;
6. si hubiese, el límite de edad y la ampliación del límite de edad para los agentes de la Unión que hayan completado al menos un año de servicio; y,
7. la fecha límite de recepción de candidaturas.

En caso de concurso general, común a dos o varias instituciones, la convocatoria de concurso será aprobada por la autoridad facultada para proceder a los nombramientos, previa consulta a la Comisión paritaria común. En todo caso, la convocatoria de los concursos generales deberá publicarse en el Diario Oficial de la Unión Europea (DOUE) al menos un mes antes de la fecha límite prevista para la admisión de candidaturas y, en su caso, dos meses antes de la fecha de celebración de las pruebas. De igual manera, todos los concursos serán objeto de publicidad en las instituciones de la Unión Europea, en los mismos plazos.

Los candidatos deberán rellenar un formulario cuyos términos serán establecidos por la autoridad facultada para proceder a los nombramientos. También deberán presentar los documentos o informaciones complementarias que se les requieran.

Por su parte, el tribunal constituido al efecto de seleccionar a los candidatos estará compuesto por un presidente designado por la autoridad facultada para proceder a los nombramientos y varios miembros designados a partes iguales por la autoridad facultada para proceder a los nombramientos y por el Comité de personal. En caso de concurso general, común a dos o varias instituciones, el tribunal estará formado por un presidente designado por la autoridad facultada para proceder a los nombramientos y por miembros designados por la autoridad facultada para proceder a los nombramientos mencionada, a propuesta de las instituciones, así como por miembros designados de común acuerdo, sobre una base paritaria, por los Comités de personal de las instituciones. El tribunal podrá ser asistido, en ciertas pruebas, por asesores cuya actuación tendrá carácter consultivo. Los miembros del tribunal, elegidos entre los funcionarios, deberán ser de un grupo de funciones y un grado al menos igual al de los puestos de trabajo a proveer. No obstante, si un tribunal se compone de más de cuatro miembros, comprenderá al menos dos miembros de cada sexo.

La autoridad facultada para proceder a los nombramientos establecerá la lista de candidatos que reúnan las condiciones previstas en los párrafos a), b) y c), del artículo 28 del Estatuto y la trasladará al presidente del tribunal acompañada de los expedientes personales de los candidatos. Tras examinar estos expedientes, el tribunal establecerá la lista de candidatos que reúnan las condiciones exigidas por la convocatoria. En caso de oposición, los candidatos que figuren en esta lista serán admitidos a las pruebas. Si se tratare de concurso, el tribunal establecerá los criterios que hayan de servir de base para apreciar los méritos de los candidatos y procederá a examinar los méritos de los candidatos que figuren en la lista a que se refiere el párrafo anterior. En caso de concurso-oposición, el tribunal seleccionará, de entre los que figuren en la lisa, los que sean admitidos a la celebración de las pruebas.

Al término de sus actuaciones, el tribunal establecerá la lista de aptitud prevista en el artículo 30 del Estatuto, y en la medida de lo posible esta lista deberá contener un número de candidatos al menos doble del número de puestos de trabajo sacados a concurso. El tribunal comunicará a la autoridad facultada para proceder a los nombramientos la lista de aptitud de candidatos acompañada de un informe motivado del tribunal que contenga en su caso las observaciones de sus miembros. En todo caso, las actuaciones del tribunal serán secretas.

En este punto, debe recordarse que, las instituciones de la Unión disponen de una amplia facultad de apreciación para determinar las modalidades de organización de una oposición y corresponde al juez de la Unión censurar estas modalidades únicamente en la medida necesaria para garantizar la igualdad de trato de los candidatos y la objetividad de la elección realizada entre ellos [véase la sentencia de 13 de enero de 2021, *Helbert c. EUIPO*, T-548/18, EU: T:2021:4, apartado 30 (TOL8.259.509)]. Además, la jurisprudencia reconoce una amplia facultad de apreciación, con los mismos límites, al tribunal calificador, cuando este se encuentra ante irregularidades o errores cometidos en el desarrollo de una oposición general con numerosos participantes, que no pueden subsanarse, en virtud de los principios de proporcionalidad y de buena administración, mediante la repetición de las pruebas de la oposición [véase, en este sentido, la sentencia de 2 de mayo de 2001, *Giulietti y otros c. Comisión*, T-167/99 y T-174/99,

EU:T:2001:126, apartado 58 (TOL4.624.180)]. La misma amplia facultad de apreciación debe reconocerse al tribunal calificador cuando se enfrenta a casos de fuerza mayor.

Incumbe al tribunal calificador velar rigurosamente por el respeto del principio de igualdad de trato de los candidatos a lo largo del desarrollo de la oposición. Aunque el tribunal calificador disfruta de una amplia facultad de apreciación en lo relativo a las modalidades y al contenido de las pruebas, corresponde, no obstante, al juez de la Unión ejercer su control en la medida necesaria para garantizar la igualdad de trato entre los candidatos y la objetividad de la elección que el tribunal calificador lleve a cabo entre ellos [sentencia de 12 de marzo de 2008, *Giannini c. Comisión*, T-100/04, EU: T:2008:68, apartado 132 (TOL4.628.888)]. En este marco, corresponde igualmente a la autoridad facultada para proceder a los nombramientos, como organizadora de la oposición, y al tribunal calificador actuar para que todos los candidatos a la misma oposición realicen la misma prueba en las mismas condiciones. De este modo, corresponde al tribunal calificador velar por que las pruebas presenten, en la medida de lo posible, el mismo grado de dificultad para todos los candidatos[30].

Además, para asegurar la igualdad entre los candidatos, la congruencia de la calificación y la objetividad de la evaluación, el tribunal calificador está obligado a garantizar la aplicación congruente de los criterios de evaluación a todos los candidatos. Este requisito se impone especialmente en las pruebas orales, puesto que, por naturaleza, están menos uniformizadas que las pruebas escritas [sentencia de 13 de enero de 2021, *Helbert c. EUIPO*, T-548/18, EU: T:2021:4, apartado 33 (TOL8.259.509)]. La amplia facultad de apreciación de que disponen las instituciones de la Unión en lo que atañe a la organización de sus servicios y, en particular, a la determinación de los criterios de capacidad exigidos por los puestos que deban proveerse y, en función de dichos criterios y en interés del servicio, de las condiciones y de las modalidades de organización del concurso, está delimitada imperativamente por el artículo 1 quinquies del Estatuto, de modo que las diferencias de trato solo pueden admitirse si están objetivamente justificadas y son proporcionadas a las necesidades reales del servicio [véase, en este sentido, la sentencia de 6 de julio de 2022, *MZ c. Comisión*, T-631/20, EU:T:2022:426, apartado 63 y jurisprudencia citada (TOL9.108.069)].

---

30 Véanse, en este sentido, las sentencias de 24 de marzo de 1988, *Goossens y otros c. Comisión*, 228/86, EU:C:1988:172, apartado 15, y de 12 de febrero de 2014, *De Mendoza Asensi c. Comisión*, F-127/11, EU: F:2014:14, apartado 44 y jurisprudencia citada (TOL9.915.462).

Es muy relevante que, en virtud del artículo 1, apartado 1, letra e), del anexo III del Estatuto, la convocatoria deberá especificar, para las oposiciones, la clase de los exámenes y su respectiva puntuación [sentencia de 21 de marzo de 2013, *Taghani c. Comisión*, F-93/11, EU: F:2013:40, apartado 65 (TOL9.917.465); véase también, en este sentido, la sentencia de 14 de julio de 1983, *Detti c. Tribunal de Justicia*, 144/82, EU:C:1983:211, apartado 27]. Además, si bien el tribunal calificador dispone de una amplia facultad de apreciación para fijar las condiciones de un concurso, se encuentra vinculado por el texto de la convocatoria tal como ha sido publicado. Los términos de la convocatoria constituyen tanto el marco de la legalidad como el marco de la libertad de apreciación para el tribunal calificador (véase, en este sentido, la sentencia de 21 de octubre de 2004, *Schumann c. Comisión*, T-49/03, EU: T:2004:314, apartado 63 y jurisprudencia citada).

Más recientemente, se han suscitado dudas sobre la legalidad de la realización de las pruebas por medios electrónicos. En este sentido, el Tribunal General comprobó el cumplimiento de las normas jurídicas aplicables, es decir, las normas, en particular, de procedimiento, establecidas por el Estatuto y la convocatoria de oposición, y las que presiden las actuaciones del tribunal calificador, en particular, el deber de imparcialidad del tribunal calificador y el respeto por este de la igualdad de trato de los candidatos, así como la inexistencia de desviación de poder [sentencia de 6 de julio de 2022, *JP c. Comisión*, T-179/20, EU:T:2022:423, apartado 67 (TOL9.108.072)].

Según la jurisprudencia, el principio de igualdad de trato exige que no se traten de manera diferente situaciones que son comparables, salvo que este trato esté justificado objetivamente y responda a objetivos legítimos de interés general en el marco de la política de personal. Además, corresponde al tribunal calificador, obligado a garantizar la aplicación coherente de los criterios de evaluación a todos los candidatos, actuar con el fin de que todos los candidatos a una misma oposición realicen la misma prueba en las mismas condiciones y asegurarse de que las pruebas presenten notablemente el mismo grado de dificultad para todos los candidatos. Esta exigencia se impone especialmente en las pruebas orales. Por otra parte, de la jurisprudencia se desprende que toda oposición entraña, con carácter general y de manera inherente, un riesgo de desigualdad de trato. Así, tan solo podrá considerarse que existe violación del principio de igualdad de trato cuando, al elegir las pruebas, el tribunal calificador no haya circunscrito el riesgo de desigualdad de oportunidades al riesgo inherente, con carácter general, a todo examen [véase, en este sentido, la sentencia de 12 de marzo de 2008, *Giannini c. Comisión,* T-100/04, EU: T:2008:68, apartado 133 (TOL4.628.888)].

Por consiguiente, la decisión de no incluir a un candidato en una lista de reserva debe anularse si se demuestra que la oposición se organizó de modo que generara un riesgo de desigualdad de trato superior al inherente a toda oposición, sin que el candidato de que se trate deba aportar la prueba de que determinados candidatos hayan obtenido efectivamente una ventaja [sentencia de 12 de febrero de 2014, *De Mendoza Asensi c. Comisión,* F-127/11, EU: F:2014:14, apartado 46 (TOL9.915.462)]. El cambio de las modalidades de las pruebas es el resultado de la necesidad, ante la pandemia de COVID-19, que supuso un caso de fuerza mayor, garantice la continuación del procedimiento de selección en condiciones igualitarias para todos los candidatos, adaptando al mismo tiempo, de manera proporcionada, las modalidades de las pruebas con el fin de limitar los posibles efectos perjudiciales derivados de la suspensión o de la reanudación del procedimiento, tanto para los candidatos como para la institución que seleccionaba. Por lo tanto, si bien candidatos en situaciones comparables en la oposición fueron tratados de manera diferente a la hora de realizar las pruebas debido a las distintas modalidades de desarrollo de estas, tal trato estaba objetivamente justificado y respondía a un objetivo legítimo de interés general en el marco de la política de personal.

Asimismo, en el transcurso de las pruebas de cada candidato, si bien los criterios de evaluación eran idénticos para todos los candidatos cualquiera que fuese la modalidad de las pruebas, los examinadores disponían de una amplia facultad de apreciación en cuanto a la dirección de las entrevistas, a los temas y a los ámbitos abordados en la convocatoria de oposición, así como a las preguntas formuladas. En efecto, las apreciaciones que realiza el tribunal calificador de un concurso al evaluar los conocimientos y las aptitudes de los candidatos constituyen la expresión de un juicio de valor sobre el desenvolvimiento de cada candidato en la prueba y se incardinan en la amplia facultad de apreciación del tribunal calificador. Tales apreciaciones tan solo pueden estar sujetas al control del juez en caso de infracción manifiesta de las normas que presiden las tareas del tribunal calificador. En efecto, no incumbe al Tribunal General sustituir la valoración del tribunal calificador del concurso por la suya propia [sentencia de 12 de marzo de 2008, *Giannini c. Comisión,* T-100/04, EU: T:2008:68, apartado 275 (TOL4.628.888)].

Procede recordar al respecto la jurisprudencia reiterada del Tribunal de Justicia según la cual, con el fin de solventar las dificultades prácticas que se presentan en un concurso en el que participan muchos candidatos, el tribunal del concurso puede, en una primera fase, comunicar a los candidatos solo los criterios y el resultado de la selección, sin perjuicio de dar después explicaciones individuales a los candidatos que lo soliciten expresamente[31]. No obstante, es cierto que las apreciaciones de naturaleza comparativa que lleva a cabo el tribunal calificador al examinar las aptitudes de los candidatos están amparadas por el secreto inherente a dichas actuaciones. Sin embargo, la verificación de las candidaturas con respecto a los requisitos establecidos para participar en la oposición en cuestión se hace con arreglo a datos objetivos y además conocidos por cada uno de los candidatos en lo que a ellos les atañe. Por eso, la observancia del secreto que ampara las actuaciones del tribunal no se opone a que se comuniquen dichos datos objetivos y, en particular, los criterios de selección que sirven de base para seleccionar las candidaturas, de modo que las personas cuyas candidaturas han sido rechazadas puedan reconocer los posibles motivos de su eliminación (véase, en este sentido, la sentencia de 4 de julio de 1996, *Parlamento c. Innamorati*, C-254/95 P, EU:C:1996:276, apartados 26 a 28 y jurisprudencia citada).

Otro aspecto profusamente analizado por la jurisprudencia ha sido la necesidad de motivación de la desestimación de solicitud de un puesto o vacante. En este sentido, reiterada jurisprudencia, la Autoridad Facultada para Proceder a los Nombramientos (en adelante, AFPN) está obligada a motivar, al menos en la fase de desestimación de la reclamación presentada por el candidato rechazado contra la decisión por la que se deniega su candidatura o contra la de nombramiento de otro candidato. La motivación de la decisión expresa por la que se desestima una reclamación presentada con arreglo al artículo 90, apartado 2, del Estatuto se considera coincidente con la motivación de la decisión contra la que se dirige la reclamación [véase la sentencia de 7 de febrero de 2019, *Duym c. Consejo*, T-549/17, EU:T:2019:72, apartado 24 y jurisprudencia citada (TOL7.020.198)].

Esta disposición implica necesariamente, en efecto, que la autoridad llamada a pronunciarse sobre la denuncia no está obligada por la sola motivación, en su caso insuficiente, o incluso inexistente en el caso de una decisión implícita de rechazo, de la decisión por la que se objetó de la denun-

---

[31] Sentencias de 26 de noviembre de 1981, *Michel c. Parlamento*, 195/80, EU:C:1981:284, apartado 27; de 9 de junio de 1983, *Verzyck c. Comisión*, 225/82, EU:C:1983:165, apartado 16; de 8 de marzo de 1988, *Sergio y otros c. Comisión*, 64/86, 71/86 a 73/86 y 78/86, EU:C:1988:119, apartado 50, y de 28 de febrero de 1989, *Basch y otros c. Comisión*, 100/87, 146/87 y 153/87, EU:C:1989:97, apartado 10).

cia (véase la sentencia de 7 de febrero de 2019, *Duym c. Consejo*, T-549/17, EU:T:2019:72, apartado 25 y jurisprudencia citada (TOL7.020.198)]. Por otra parte, una simple falta de precisión en la motivación aportada en el marco del procedimiento administrativo previo no es tal que justifique la anulación de la decisión adoptada cuando la Administración en curso proporciona detalles adicionales [véase, a ese efecto, sentencia de 11 de julio de 2007, *Konidaris c. Comisión*, T-93/03, EU: T:2007:209, apartado 43 y jurisprudencia citada (TOL4.629.045)]. La suficiencia de la motivación debe apreciarse en función de las circunstancias concretas del caso, en particular del contenido del acto, la naturaleza de los motivos invocados y el interés que el destinatario pueda tener en recibir explicaciones [véase sentencia de 9 de julio de 2019, *VY c. Comisión*, T-253/18, no publicada, EU: T:2019:488, apartado 49 y jurisprudencia citada (TOL7.378.607)].

En estos casos procede comprobar si la AFPN no pudo realizar un examen comparativo de las solicitudes con cuidado e imparcialidad, en interés del servicio y de conformidad con los principios seguridad jurídica, buena administración e igualdad de trato de los funcionarios, y comprobar si el interesado no fue informado de los criterios para el análisis comparativo de méritos que fueron aplicados por el Comité Consultivo durante las entrevistas con los candidatos. En definitiva, se ha de comprobar si estos mismos criterios han sido aplicados en las distintas etapas del procedimiento de selección.

En primer lugar, el respeto del principio de igualdad de trato en el curso de un procedimiento de selección de funcionarios exige que se establezcan criterios de análisis comparativo antes de la contratación de que se trate (véase, en este sentido, la sentencia de 3 de marzo de 1993, *Booss y Fischer c. Comisión*, T-58/91, EU: T:1993:15, apartado 67, 112). En segundo lugar, es importante subrayar que, los criterios para el análisis comparativo del fondo no deben cambiar durante el procedimiento de selección. En efecto, es necesario prevenir el riesgo de que dichos criterios puedan adaptarse en función de las solicitudes recibidas. En tercer lugar, los criterios para el análisis comparativo de méritos deben ser transmitidos a la AFPN a fin de permitirle conocer y comprender la forma en que se evaluaron los méritos de los candidatos tanto en la primera etapa, es decir, durante la selección de candidatos a ser invitado a una entrevista, únicamente durante la segunda etapa del procedimiento de selección, es decir, durante las entrevistas de los candidatos a efectos de su clasificación según un orden de preferencia. En efecto, de la jurisprudencia se desprende que el informe de un comité de preselección no puede limitarse a contener la indicación del nombre del candidato o candidatos seleccionados por dicho comité, una declaración sobre la adopción por unanimidad o no del dictamen del comité de preselección, o un recordatorio del procedimiento y los criterios de evaluación seguidos.

Este informe deberá contener todos los elementos de valoración necesarios para que la AFPN pueda ejercer correctamente, al final del procedimiento de selección, sus amplias prerrogativas en materia de nombramiento con estricto cumplimiento de las normas y condiciones que ella misma se haya fijado. Un informe así redactado debe permitir a la AFPN comprender la valoración realizada por el comité de selección de los candidatos seleccionados y proceder ella misma, tras un examen comparativo, a la elección del candidato más idóneo para el desempeño de las funciones a que se refiere los anuncios de vacante, traslado o contratación [véase, en este sentido, la sentencia de 17 de octubre de 2013, *BF c. Cour des comptes*, F-69/11, EU: F: 2013:151, apartado 44 (TOL9.917.484)]. Pese a las amplias prerrogativas en materia de nombramientos, debe existir un estricto cumplimiento de las normas y condiciones que se han fijado.

La Autoridad Facultada para Proceder a los Nombramientos no respeta este marco de legalidad si sólo tiene conocimiento de los requisitos específicos exigidos para cubrir el puesto que debe cubrirse una vez publicado el anuncio de vacante, a la vista de los candidatos que se han presentado, y si toma en consideración, al examinar las candidaturas, requisitos distintos de los que figuran en los anuncios de vacante, de traslado y de contratación. En efecto, tal enfoque privaría a dichos anuncios de la función esencial que deben desempeñar en el procedimiento de selección, a saber, informar a los interesados de la manera más precisa posible sobre la naturaleza de las condiciones de provisión del puesto de que se trate (véase la sentencia *Contargyris c. Consejo*, T-6/96, EU: T:1997:76, apartado 98 y jurisprudencia citada).

Además, es importante recordar que, según la jurisprudencia, tanto las condiciones generales indicadas en el resumen de las convocatorias para proveer plaza vacante, traslado o contratación, como las condiciones específicas indicadas relativas al puesto de que se trate, constituyen las condiciones exigidas en dichas convocatorias (véase, en este sentido, la sentencia de 13 de diciembre de 2019, *Duym c. Consejo*, T-549/17, EU: T:2019:72, apartado 60, y jurisprudencia citada (TOL7.020.198)].

Según reiterada jurisprudencia, la AFPN dispone, en particular cuando el puesto que debe cubrirse es de alto nivel, de una amplia facultad de apreciación a la hora de comparar los méritos de los candidatos a dicho puesto [véase la sentencia T-158/01, *Tilgenkamp c. Comisión*, EU:T:2002:180, apartado 50 y jurisprudencia citada (TOL4.688.733)]. El ejercicio de esta amplia facultad de apreciación en materia de nombramientos exige que la autoridad facultada para proceder a los nombramientos examine detenida e imparcialmente las candidaturas y observe escrupulosamente los requisitos establecidos en las convocatorias de vacante, traslado o contratación a las que se presenten los candidatos, de modo que está obligada a rechazar a todo candidato que no cumpla dichos requisitos. Dichas convocatorias relativas al puesto que debe cubrirse constituyen el marco jurídico que la AFPN se impone a sí misma y que debe respetar escrupulosamente[32].

Corresponde al Tribunal de Justicia examinar si, habida cuenta de las consideraciones que pudieron llevar a la Administración a su apreciación, ésta se mantuvo dentro de límites razonables y no hizo uso de su facultad de manera manifiestamente errónea. Por tanto, el Tribunal no puede sustituir la apreciación de la autoridad facultada para proceder a los nombramientos por la suya propia sobre las cualificaciones de los candidatos. Asimismo, el Tribunal de Justicia ha declarado a este respecto que, la inexistencia de motivación puede declararse incluso aunque la decisión controvertida incluya determinadas explicaciones. Así pues, una motivación contradictoria o incomprensible equivale a la inexistencia de motivación [sentencias de 29 de septiembre de 2011, *Elf Aquitaine c. Comisión*, C-521/09 P, EU:C:2011:620, apartados 151, 168 y 170 (TOL9.918.254), y de 27 de octubre de 2016, *Debonair Trading Internacional c. EUIPO*, C-537/14 P, no publicada, EU:C:2016:814, apartado 36 (TOL5.856.436)]. Lo mismo ocurre cuando las explicaciones que figuran en la decisión en cuestión son tan deficientes que, en modo alguno, permiten a su destinatario, en el contexto en el que se adoptó dicha decisión, entender el razonamiento de su autor. Por eso, la existencia de un inicio de motivación es objeto de una apreciación detallada por parte del juez de la Unión, cuando este debe decidir si una motivación complementaria es admisible durante el procedimiento [sentencia de 28 de febrero de 2008, *Neirinck c. Comisión*, C-17/07 P, no publicada, EU:C:2008:134, apartados 54 y 55 (TOL4.626.941)].

En conclusión, debe recalcarse que, si bien la Administración goza de una amplia discrecionalidad en cuanto a los métodos de organización del procedimiento de selección, corresponde al juez de la Unión ejercer su control en la medida necesaria para garantizar la igualdad de los candida-

---

32 Véanse, en este sentido, las sentencias del Tribunal de Primera Instancia de 18 de diciembre de 2002, *Tilgenkamp c. Comisión*, T-158/01, EU: T:2002:180, apartado 51 y jurisprudencia citada (TOL4.688.733), y de 12 de diciembre de 2019, *Duym c. Consejo*, T-549/17, EU: T:2019:72, apartado 56 y jurisprudencia citada (TOL7.020.198).

tos y la objetividad de la elección entre ellos realizada por la Administración [véase, en este sentido, la sentencia de 12 de marzo de 2008, *Giannini c. Comisión*, T-100/04, EU:T:2008:68, apartados 132 y 133 y jurisprudencia citada (TOL4.628.888)].

Por su parte, previa consulta al Comité del Estatuto, las instituciones encomendarán a la Oficina Europea de Selección de Personal el cometido de adoptar las medidas necesarias para garantizar la aplicación de normas uniformes en los procedimientos de selección de funcionarios de la Unión y en los procedimientos de evaluación y examen a que se refieren los artículos 45 y 45 bis del Estatuto. En este mismo sentido, cabe afirmar que, la mencionada Oficina Europea de Selección de Personal tiene por misión llevar a cabo las actividades siguientes:

i. organizar, a instancia de las distintas instituciones, oposiciones generales;
ii. proporcionar, a instancia de las distintas instituciones, apoyo técnico para los concursos internos por ellas organizados;
iii. determinar el contenido de todos los exámenes organizados por las instituciones, a fin de garantizar una aplicación armonizada y coherente de los requisitos de la letra c) del apartado 1 del artículo 45 bis del Estatuto; y,
iv. asumir la responsabilidad general de la definición y organización de la evaluación de la capacidad lingüística, con el fin de garantizar que se cumplan los requisitos del apartado 2 del artículo 45 del Estatuto de un modo armonizado y coherente.

La citada Oficina podrá, a instancia de las distintas instituciones, desempeñar otras funciones vinculadas a la selección de funcionarios, y prestará su asistencia a las diferentes instituciones, a instancia de éstas, a efectos de la selección de agentes temporales y contractuales, en particular mediante la definición del contenido de las pruebas y la organización de los procedimientos de selección en el marco de los artículos 12 y 82 del régimen aplicable a otros agentes.

5. CONSEJOS Y COMITÉS PREVISTOS EN EL ART. 9 DEL REGLAMENTO QUE CONTIENE EL ESTATUTO DEL FUNCIONARIO

a) Comité de Personal

El art. 9 del Estatuto señala que, en cada institución, existirá un Comité de Personal, el cual, en su caso, se dividirá en las secciones que correspondan a cada lugar de destino del personal.

Su función es representar los intereses del personal ante la institución y asegurar el contacto permanente entre ésta y el personal, y cooperar al buen funcionamiento de los servicios facilitando la manifestación y expresión de la opinión del personal.

Asimismo, pondrá en conocimiento de los órganos competentes de la institución las dificultades de alcance general referentes a la interpretación y aplicación del Estatuto.

La Comisión Europea puede ser consultada sobre todo asunto de esta naturaleza, y someterá a los órganos competentes de la institución sugerencias relativas a la organización y funcionamiento de los servicios, así como propuestas que tengan por finalidad la mejora de las condiciones de trabajo del personal o de sus condiciones de vida en general. A su vez, el Comité de personal participará en la gestión y control de los órganos de carácter social creados por la institución en interés del mismo personal. De conformidad con la institución, también podrá crear cualquier servicio de esta naturaleza.

Cabe remarcar que, el Comité o Comités paritarios podrán ser consultados por la autoridad facultada para proceder a los nombramientos o por el Comité de personal sobre cualquier asunto de carácter general que estimen oportuno someter a su consideración.

Por su parte, la composición y convocatoria se regulan en el art. 1 del Anexo II del Estatuto. El Comité de Personal estará compuesto por miembros titulares y, en su caso, suplentes, cuyo mandato tendrá una duración de tres años. No obstante, la autoridad facultada para proceder a los nombramientos de cada institución podrá establecer una duración menor sin que ésta pueda ser inferior a un año. En cualquier supuesto, todos los funcionarios de la institución podrán ser electores y elegibles.

Las condiciones de elección para el Comité de Personal que no esté dividido en secciones locales o, en el caso de que esté dividido en secciones locales, para las secciones locales, se determinarán por la Asamblea general de los funcionarios de la institución en que presten servicio en el lugar de destino de que se trate. No obstante, la autoridad facultada para proceder a los nombramientos de cada institución podrá decidir que las condiciones de elección se determinen según la preferencia expresada por el personal de la institución consultado por referéndum. Las elecciones se celebrarán mediante votación secreta.

Ahora bien, cuando el Comité de Personal esté dividido en secciones locales, las condiciones de designación, para cada lugar de destino, de los miembros del Comité central se determinarán por la Asamblea general de funcionarios de la institución, que presten servicio en el lugar de destino de que se trate. Solo podrán ser designados miembros del Comité central los miembros de la respectiva sección local. La composición del Comité de Personal que no esté dividido en secciones locales o, en el caso de que esté dividido en secciones locales, la composición de la sección local deberá garantizar la representación de los tres grupos de funciones, y el de los agentes a que se refiere el párrafo primero del artículo 7 del régimen aplicable a los otros agentes de la Unión.

El Comité central de un Comité de Personal dividido en secciones locales estará válidamente constituido en el momento en que haya sido designada la mayoría de sus miembros. La validez de las elecciones para el Comité de Personal que no esté dividido en secciones locales o, cuando esté dividida en secciones locales, para la sección local, quedará subordinada a la participación de los dos tercios de los electores. No obstante, si no se consiguiera quorum, las elecciones serán válidas, en segunda vuelta, en el caso de que participe la mayoría de los electores.

Por último, las funciones asumidas por los miembros del Comité de Personal y por los funcionarios que formen parte, por delegación de la Comisión, de un órgano estatutario o creado por la institución, serán consideradas como parte de los servicios que están obligados a prestar en su institución. El interesado no podrá sufrir perjuicios derivados del ejercicio de estas funciones.

A este respecto, debe recordarse que, en materia de contenciosos electorales relativos, en particular, a los comités de personal, el juez de la Unión Europea es competente para pronunciarse sobre la base de las disposiciones generales del Estatuto relativas a los recursos de funcionarios, establecidas en virtud del artículo 270 del TFUE. Este control jurisdiccional se ejerce en el marco de los recursos interpuestos contra la institución interesada que tengan por objeto los actos u omisiones de la AFPN a los que dé lugar el ejercicio del control administrativo que garantiza en la materia[33]. En efecto, según reiterada jurisprudencia, las instituciones deben garantizar a sus funcionarios la posibilidad de designar a sus representantes con total libertad respetando las reglas establecidas[34].

En consecuencia, tienen el deber de prevenir o censurar las irregularidades manifiestas cometidas por los órganos responsables del desarrollo de los comicios, como un comité de personal, o, como en el caso de autos, un colegio de escrutadores. A este respecto, la Administración, por un lado, puede verse obligada a adoptar decisiones de carácter obligatorio[35], y, por otro, en todo caso sigue estando obligada a adoptar sus decisiones en esta materia en el marco del procedimiento establecido por los artículos 90 y 91 del Estatuto.

Entre las decisiones incluidas en las prerrogativas de la AFPN en materia electoral que pueden ser objeto de un recurso con arreglo al artículo 270 del TFUE y del artículo 91 del Estatuto figuran, en particular, las relativas a una omisión, por parte de la AFPN de controlar la regularidad de las decisiones adoptadas por los órganos estatutarios (sentencia *White c. Comisión,* T-65/91, EU:T:1994:3, apartado 91), las consistentes en una orden conminatoria a una sección local de un comité de personal para que adopte un determinado comportamiento[36], las que tienen por objeto anular las decisiones de los órganos responsables de organizar las elecciones, las que tienen por objeto ordenar a un colegio de escrutadores que corrija errores [sentencia *Loukakis y otros c. Parlamento,* F-82/11, EU:F:2013:139, apartado 94 (TOL9.917.472)], o incluso las que consisten en la disolución de tales órganos (sentencia *White c. Comisión,* EU:T:1994:3, apartado 100).

Sin embargo, están excluidas del control jurisdiccional del juez de la Unión las negativas de la AFPN a actuar cuando no es competente para adoptar las medidas que le solicitan, lo que es el caso en relación con la regularidad de las decisiones de un comité local de personal relativas a la

---

33 Véanse las sentencias *Dapper y otros c. Parlamento,* 54/75, EU:C:1976:127, apartados 8 y 24; *Diezler y otros c. CES,* EU:C:1987:457, apartado 5, y *Grynberg y Hall c. Comisión,* T-534/93, EU: T:1994:86, apartado 20).

34 Sentencias de *Dapper y otros c. Parlamento,* EU:C:1976:127, apartado 22, y *Maindiaux y otros c. CES,* T-28/89, EU: T:1990:18, apartado 32

35 Sentencias *Maindiaux y otros c. CES,* EU: T:1990:18, apartado 32, y *Milella y Campanella c. Comisión,* F-71/05, EU: F:2007:184, apartado 71 (TOL9.930.474).

36 Sentencia *Milella y Campanella c. Comisión,* EU: F:2007:184, apartados 62 y 70 (TOL9.930.474), y el Auto *Klar y Fernández c. Comisión,* F-114/13, EU: F:2014:192, apartado 66.

composición de su directiva [sentencia *Hecq y SFIE c. Comisión*, T-35/98, EU:T:1999:23, apartados 28 a 41 (TOL4.624.237)], o las decisiones que no son imputables a la AFPN, sino al comité de personal o a otro órgano [sentencia *Milella y Campanella c. Comisión*, EU:F:2007:184, apartado 43 (TOL9.930.474)]. De este modo, el juez de la Unión es competente únicamente respecto de actos lesivos que emanan de la AFPN[37].

En particular, en los litigios en materia electoral relativos a la designación de los comités de personal, procede recordar que los actos adoptados por un órgano, estatuario o no y al que la AFPN no le ha delegado competencias, como un comité de personal, una mesa electoral o un colegio de escrutadores, no son, en principio, actos emanados en sentido propio de la AFPN, que puedan, sobre esta base, ser objeto de un recurso autónomo ante el juez de la Unión [véase la sentencia Milella y Campanella/Comisión, EU:F:2007:184, apartados 42 y 43 (TOL9.930.474)]. En efecto, el juez de la Unión Europea puede sólo, con carácter, en su caso, incidental, en el marco del control jurisdiccional de los actos u omisiones de la AFPN en relación con su obligación de garantizar la regularidad de las elecciones, habida cuenta de la congruencia de los actos sucesivos que conforman los comicios y del procedimiento complejo en el que se producen, verse llevado a examinar si los actos adoptados por un colegio de escrutadores, que están estrechamente vinculados a la decisión impugnada procedente de la AFPN, adolecen en su caso de ilegalidad[38]. No obstante, tal control jurisdiccional presupone la existencia de una decisión de la AFPN.

Cabe concluir que si bien los tribunales comunitarios son competentes en materia electoral en lo que respecta al nombramiento de los miembros de los comités de personal, sobre la base de las disposiciones del Estatuto relativas a los recursos de los funcionarios, este control jurisdiccional sólo se ejerce en el contexto de los recursos interpuestos contra la institución de que se trate en relación con las acciones u omisiones de la AFPN resultantes del ejercicio del control que ejerce en la materia (véanse las sentencias del Tribunal de 29 de septiembre de 1976, *De Dapper y otros c. Parlamento*, 54 /75, ECR 1381, punto 24, y de 27 de octubre de 1987, *Diezler y otros c. CES*, 146/85 y 431/85, ECR 4283, punto 5; sentencia del Tribunal de Primera Instancia de 24 de septiembre de 1996, *Marx Esser y Del Amo Martínez c. Parlamento*, T-182/94, Rec. SC, pág. I-A-411 y II-1197, apartados 29 y 30).

---

37 Véase, a título de ejemplo, la sentencia *Venus y Obert C. Comisión y Consejo*, 783/79 y 786/79, EU:C:1981:245, apartado 22.

38 Sentencias *Marx Esser y del Amo Martinez c. Parlamento*, T-182/94, EU: T:1996:130, apartado 37, y *Chew c. Comisión*, T-28/96, EU: T:1997:97, apartado 20

Asimismo, según reiterada jurisprudencia, en lo que respecta a los órganos de representación de los funcionarios, todo elector tiene interés en que los representantes de su organización sean elegidos en las condiciones y sobre la base de un sistema electoral que cumpla con las disposiciones legales a las que se refiere el procedimiento de elección. a este respecto. En los litigios relativos a estos órganos, un funcionario obtiene de su condición de elector un interés suficiente para justificar la admisibilidad de su recurso[39]. También es importante recordar que, según reiterada jurisprudencia, las instituciones tienen el deber de garantizar que sus funcionarios tengan la posibilidad de designar a sus representantes con total libertad y de conformidad con las normas establecidas (véase, al respecto, sentencia de 29 de septiembre de 1976, *Dapper y otros c Parlamento,* antes citada, apartado 22; *Maindiaux y otros c. CES,* antes citada, apartado 32), y que se acreditaría una infracción de las normas esenciales en el caso de que los votantes hubieran sido sometido a presiones unilaterales (sentencia de 9 de marzo de 1977, *Dapper y otros c. Parlamento,* 54/75, Rec. p. 471, apartado 26). Únicamente para prevenir o censurar irregularidades manifiestas, la Administración está obligada a adoptar decisiones vinculantes (*Maindiaux y otros c. CES,* apartado 32).

En consecuencia, del poder de organización que cada institución ejerce en el ámbito de sus competencias y de su deber de garantizar a sus funcionarios la posibilidad de designar a sus representantes libremente y con arreglo a normas democráticas, se desprende que las instituciones tienen no sólo el derecho, sino también la obligación de intervenir de oficio, en caso de duda, sobre la regularidad de la elección del Comité de personal, y que, también, están obligadas a pronunciarse sobre las reclamaciones que se les presenten a este respecto en el marco del procedimiento previsto en los artículos 90 y 91 del Estatuto y bajo el control del juez comunitario. Este deber de las instituciones de intervenir de oficio para garantizar la regularidad de las elecciones incluye también el deber de crear condiciones de seguridad jurídica y de resolver las cuestiones dudosas con efecto vinculante, sin que la institución tenga que esperar a que se plantee un litigio más grave al respecto.

---

39 Sentencia Diezler y otros c. CES, antes citada, apartado 9; sentencias del Tribunal de Primera Instancia de 9 de enero 1996, Blanchard c. Comisión, T-368/94, Rec. II-41, apartado 35, de 14 de julio de 1998, Lebedef/Comisión, T-192/96, Rec. SC, págs. 27, y de 22 de noviembre de 2005, Vanhellemont c. Comisión, T-396/03, Rec. SC, págs. I-A-355 y II-1587, apartado 29 (TOL4.626.499).

Los poderes conferidos a las instituciones en virtud de su deber de garantizar la regularidad de las elecciones incluyen, por tanto, la facultad de adoptar medidas preventivas. Así, una vez informada por la oficina electoral de la existencia de una impugnación de la organización de un recuento, corresponde a la institución de que se trate velar por que la oficina electoral adopte y, en su caso, adopte, en cumplimiento de su obligación de intervenir de oficio, las medidas necesarias para garantizar que no se destruya ninguna papeleta antes de que se hayan agotado las vías de recurso administrativas y, en su caso, contenciosas de que dispone la persona que presenta la impugnación [sentencia de 22 de noviembre de 2005, *Vanhellemont c. Comisión* (T-396/03, Rec. p. II-1587, apartados 52 a 54 y 61 (TOL4.626.499)].

No obstante, el hecho de que un sistema electoral no refleje los resultados de unas elecciones de manera proporcional no constituye en sí mismo una violación de los principios de democracia y equidad. De hecho, incluso un sistema de mayoría simple satisface esos principios, aunque no refleje el resultado de las elecciones de manera proporcional. La misma conclusión se aplica *a fortiori* a un sistema de voto mixto que combina los sistemas proporcional y mayoritario [sentencia de 22 de abril de 2004 en el asunto T-343/02, *Schintgen c. Comisión*, Rec. 2004, p. II-605, apartados 42 y 43 (TOL4.686.296)].

b) Comisión paritaria

El art. 9 del Estatuto dispone que, en cada institución, existirá una Comisión paritaria, o varias comisiones paritarias si el número de funcionarios en los lugares de destino lo hiciera necesario.

Por su parte, el art. 9.1 bis del Estatuto contempla que, para la aplicación de determinadas disposiciones del presente Estatuto, podrá constituirse, en dos o más instituciones, una Comisión paritaria común. Además de las funciones que les atribuye el Estatuto, el Comité o Comités paritarios podrán ser consultados por la autoridad facultada para proceder a los nombramientos o por el Comité de personal sobre cualquier asunto de carácter general que estimen oportuno someter a su consideración.

Por su parte, los arts. 2 a 3 bis del Anexo II del Estatuto regulan su composición y convocatoria.

La Comisión o Comisiones paritarias de una institución se componen por un presidente nombrado anualmente por la autoridad facultada para proceder a los nombramientos, los miembros titulares y suplentes designados en la misma fecha y en igual número por la autoridad facultada para proceder a los nombramientos y por el Comité de personal.

En cambio, la Comisión paritaria común a dos o más instituciones estará compuesta por un presidente nombrado por la autoridad facultada para proceder a los nombramientos, los miembros titulares y suplentes designados en igual número por las autoridades facultadas para proceder a los nombramientos de las instituciones representadas en la Comisión paritaria común y por los Comités de personal. En todo caso, las modalidades de constitución se adoptarán mediante acuerdo de las instituciones representadas en la Comisión paritaria común, previa consulta de su Comité de personal, y los miembros suplentes sólo votarán en ausencia de los titulares.

La Comisión paritaria se reunirá, previa convocatoria, de la autoridad facultada para proceder a los nombramientos o a petición del Comité del personal, y únicamente se constituirá válidamente con la asistencia de todos sus miembros titulares o suplentes en su caso.

Ahora bien, el presidente de la Comisión no tomará parte en las decisiones salvo en cuestiones de procedimiento, y su informe será comunicado por escrito a la autoridad competente para el nombramiento de personal y a la Comisión del Personal en los cinco días siguientes a su deliberación. Debe destacarse que cualquier miembro de la Comisión podrá exigir que en el informe conste su opinión particular.

La Comisión paritaria común se reunirá a petición de la autoridad facultada para proceder a los nombramientos o de un Comité de personal de una de las instituciones representadas en dicha Comisión. Esta sólo se considerará válidamente constituida si se hallan presentes todos sus miembros titulares o sus suplentes.

Al igual que el presidente de una Comisión paritaria simple, el de la común no podrá tomar decisiones salvo en cuestiones de procedimiento. El informe de la Comisión paritaria común se comunicará por escrito a la autoridad facultada para proceder a los nombramientos, a las restantes autoridades facultadas para proceder a los nombramientos y a sus respectivos Comités de personal, dentro de los cinco días siguientes a la deliberación. Cualquier miembro de la Comisión paritaria común podrá exigir que en el informe conste su opinión particular.

Debe destacarse la importancia de la comisión paritaria, puesto que la autoridad facultada para proceder a los nombramientos puede hacer intervenir durante la fase preparatoria de sus decisiones en materia de promoción un órgano paritario consultivo como el comité paritario de promoción. Asimismo, puede prever que éste sea asistido por otro órgano, también paritario, cuyos borradores de dictamen motivado puede tomar en consideración aquélla.

Pues bien, al interponer sus recursos, los funcionarios que pueden ser seleccionados para la promoción por sus directores generales y jefes de servicio. Para ello, tienen, en el marco del procedimiento de recurso, la ocasión de llamar la atención de la autoridad facultada para proceder a los nombramientos sobre su caso obligándole, sobre la base de sus objeciones, de dichos borradores de dictamen motivado y, en su caso, de las recomendaciones del comité paritario de promoción.

A continuación, llevan a cabo un examen pormenorizado de sus respectivas situaciones en el marco del examen comparativo de los méritos de todos los funcionarios que pueden ser promovidos que aquélla efectúa, en último lugar, al término del procedimiento de promoción en vista de la adopción de las decisiones en materia de promoción[40]. En todo caso, en el marco del sistema de promoción adoptado por la Comisión, el grupo paritario intermedio, órgano consultivo, al igual que el comité paritario de promoción no están necesariamente obligados a justificar en detalle sus posturas[41].

c) Comisión de invalidez

El art. 9 del Estatuto prevé la posibilidad de que exista en las instituciones una Comisión de invalidez. Los arts. 7 a 9 del Anexo II del Estatuto desarrollan su regulación.

La Comisión de Invalidez estará compuesta por tres médicos, designados:

---

40 Sentencia del Tribunal de Justicia de 4 de febrero de 1987, *Bouteiller c. Comisión*, 324/85, EU:C:1987:59, apartado 11; Sentencia del Tribunal de Primera Instancia de 30 de noviembre de 1993, *Tsirimokos c. Parlamento*, T-76/92, EU:T:1993:106, apartado 17; Sentencias del Tribunal de la Función Pública de 22 de septiembre de 2015, *Silvan c. Comisión*, F-83/14, EU:F:2015:106, apartados 48 y 50 y jurisprudencia citada (TOL5.431.869), y de 15 de diciembre de 2015, *Bonazzi c. Comisión*, F-88/15, EU:F:2015:150, apartados 83 y 89 y jurisprudencia citada (TOL5.584.879).

41 Sentencia del Tribunal de Primera Instancia de 19 de octubre de 2006, *Buendía Sierra c. Comisión*, T-311/04, EU: T:2006:329, apartado 143 (TOL9.931.866); y, Sentencia del Tribunal de la Función Pública de 11 de mayo de 2010, *Nanopoulos c. Comisión*, F-30/08, EU: F:2010:43, apartado 108 y jurisprudencia citada (TOL9.919.458).

- el primero, por la institución en la que el funcionario preste sus servicios;
- el segundo, por el interesado;
- el tercero, por común acuerdo de los dos médicos ya designados.

En caso de incomparecencia del funcionario interesado, el Presidente del Tribunal de Justicia de la Unión Europea designará un médico de oficio. En defecto de acuerdo sobre la designación del tercer médico durante un plazo de dos meses a contar desde la designación del segundo médico, el tercer médico será nombrado de oficio por el presidente del Tribunal de Justicia a iniciativa de una de las partes.

Los gastos de la Comisión de invalidez correrán a cargo de la institución a la que pertenezca el interesado. En el caso en que el médico designado por el interesado resida fuera del lugar de destino de éste, el interesado sufragará el coste suplementario de honorarios que esta designación implique salvo los gastos de transporte en primera clase que serán reembolsados por la institución.

Ahora bien, los funcionarios podrán presentar ante la Comisión de invalidez los informes o certificados del médico que le tenga en tratamiento o de cualquier otro que juzgue oportuno consultar. Las conclusiones de la Comisión serán comunicadas a la autoridad facultada para proceder a los nombramientos y al interesado. Debe destacarse que las actuaciones de la Comisión tienen carácter secreto.

Con carácter preliminar, procede recordar que, el objetivo perseguido por las disposiciones del Estatuto relativas a la Comisión de invalidez consiste en confiar a peritos médicos la apreciación definitiva de todas las cuestiones de índole médica, que ninguna AFPN podría llevar a cabo debido a su composición administrativa interna. En este contexto, el control jurisdiccional no puede extenderse a las apreciaciones médicas propiamente dichas, que deben reputarse definitivas una vez que se hayan manifestado en condiciones conformes a Derecho.

Por el contrario, el control jurisdiccional puede ejercerse sobre la conformidad a Derecho de la constitución y el funcionamiento de la Comisión de invalidez, así como de la de los dictámenes que emita. Bajo este aspecto, el Tribunal de Justicia es competente para examinar si el dictamen contiene una motivación que permita enjuiciar las consideraciones sobre las que se basan las conclusiones que contiene, y si ha precisado un vínculo comprensible entre los diagnósticos médicos que incluye y las conclusiones a las que llega la Comisión de invalidez de que se trate [sentencias del Tribunal de Primer Instancia de 27 de febrero de 1992, *Plug c. Comi-*

sión, T-165/89, apartado 75, y de 23 de noviembre de 2004, *O c. Comisión,* T-376/02, apartado 29, y la jurisprudencia citada (TOL4.686.292)].

Debido a la importancia del papel y del mandato que las disposiciones pertinentes del Estatuto confieren a la Comisión de invalidez, el juez de la Unión Europea está llamado a ejercer un estricto control de las normas relativas a la constitución y funcionamiento regular de esta comisión (sentencia del Tribunal de Primera Instancia de 21 de marzo de 1996, *Otten c. Comisión,* T-376/94, apartado 47).

Por lo tanto, la existencia de las condiciones que justifican el nombramiento automático de este médico debe verificarse cuidadosamente, teniendo en cuenta no solo el comportamiento del funcionario en cuestión. Asimismo, el respeto del principio de colegialidad exige, en efecto, que cada uno de los miembros de la comisión de invalidez pueda exponer su punto de vista a los otros dos miembros (sentencia del Tribunal General de 14 de septiembre de 2011, *Hecq c. Comisión,* F- 47/10, párrafo 52) y así tener la oportunidad de influir, en su caso, en sus respectivas opiniones. Por lo tanto, no puede excluirse, en principio, que, si se hubiera designado a otro miembro de la Comisión de invalidez como tercer médico, su punto de vista podría haber llevado a la Comisión de invalidez a adoptar una opinión diferente. Un dictamen emitido por unanimidad por una comisión de nulidad no podrá regularizar válidamente, a posteriori, ninguna irregularidad que afecte a la legalidad de la composición de dicha comisión.

En todo caso, los médicos de una Comisión de invalidez pueden, perfectamente, llegar a conclusiones tras sus debates colegiados y redactar su informe, en su caso, posteriormente, puesto que éste no constituye un requisito esencial para la validez de las deliberaciones de dicha Comisión (véanse, por analogía, las sentencias del Tribunal de Justicia de 10 de diciembre de 1987, *Jänsch c. Comisión,* 277/84, y de 19 de junio de 1992, V./ Parlamento, C-18/91 P, apartado 20). Además, del artículo 9 del anexo II del Estatuto se desprende que, deben comunicarse a la AFPN y al funcionario interesado las conclusiones de la Comisión de invalidez. Sin embargo, las actuaciones de la Comisión de invalidez son secretas debido a su naturaleza, contenido e implicaciones de carácter médico, y no pueden comunicarse ni a la AFPN ni al funcionario afectado[42].

---

[42] Véanse, en este sentido la sentencia del Tribunal de Primera Instancia de 3 de junio de 1997, *H c. Comisión,* T-196/95, apartado 95, la sentencia del Tribunal de la Función Pública de 6 de noviembre de 2012, *Marcuccio c. Comisión,* F-41/06 RENV, apartado 151 (TOL9.917.368).

Según la jurisprudencia emanada de los Tribunales comunitarios, cuando la Administración ha formulado, en su respuesta a la reclamación, motivos explícitos para justificar su decisión relativos al caso individual, ha de entenderse que, tales motivos coinciden con la decisión denegatoria y, por tanto, deben considerarse información pertinente para apreciar la legalidad de dicha decisión [sentencia del Tribunal General de 9 de diciembre de 2009, *Comisión c. Birkhoff*, T-377/08 P, apartados 55 y 56, y la jurisprudencia citada (TOL4.628.188)].

Por último, procede recordar que, cuando se plantean ante la Comisión de invalidez cuestiones de índole médica complejas relativas a la relación de causalidad entre la enfermedad que padece el interesado y el ejercicio de su actividad profesional en una institución, corresponde a ésta, en particular, indicar los elementos del expediente en los que se basa y precisar, en caso de que exista una divergencia significativa, los motivos por los que se aparta de algunos informes médicos, anteriores y pertinentes, más ventajosos para el interesado [sentencia del Tribunal de Primera Instancia de 15 de diciembre de 1999, *Latino c. Comisión*, T-300/97, apartados 77 y 78 (TOL4.624.253); sentencia del Tribunal de la Función Pública de 11 de mayo de 2011, *J c. Comisión*, F-53/09, apartado 92, y la jurisprudencia citada (TOL9.919.733)]. Habida cuenta del control jurisdiccional limitado que corresponde realizar al Tribunal de Justicia cuando se trata de apreciaciones médicas propiamente dichas, una crítica basada en que el dictamen de la Comisión de invalidez adolece de un error manifiesto de apreciación no puede prosperar (sentencia del Tribunal de 14 de septiembre de 2011, *Hecq c. Comisión*, F-47/10, apartado 45, y la jurisprudencia citada)

d) Comité de informes

El art. 9 del Estatuto dispone que, en cada institución existirá, en su caso, un Comité de informes, que deberá emitir dictamen sobre la valoración de los periodos de prueba, y sobre la elaboración de la lista de funcionarios afectados por una medida de reducción del número de puestos de trabajo.

La autoridad facultada para proceder a los nombramientos podrá encomendarle la tarea de velar por la armonización de la calificación del personal en el seno de la institución.

Los arts. 10 y 11 del Anexo II del Estatuto completan su regulación señalando que, sus miembros serán designados anualmente, a partes iguales, por la autoridad facultada para proceder a los nombramientos y por el Comité de personal entre los funcionarios de la institución del grupo de funciones AD. En el mismo modo, el Comité elegirá a su presidente y los miembros de la Comisión paritaria no podrán serlo del Comité de informes.

Por último, cuando el Comité de informes deba formular una recomendación respecto a un funcionario cuyo superior jerárquico directo sea uno de sus miembros, éste no participará en la deliberación. En todo caso, las actuaciones del Comité de informes serán secretas.

Procede recordar, con carácter preliminar, que no corresponde al Tribunal de Justicia sustituir su apreciación por la de las personas encargadas de evaluar el trabajo del evaluado, disponiendo las instituciones de la Unión de una amplia discrecionalidad para evaluar el trabajo de sus funcionarios [sentencia *Faria c. OAMI*, apartado 44, y jurisprudencia citada (TOL9.919.416)]. Así, salvo error de hecho, error manifiesto de apreciación o desviación de poder, no corresponde al Tribunal de Justicia revisar el fondo de la apreciación hecha por la Administración sobre la competencia profesional de un funcionario cuando se trata de valor complejo, sentencias que, por su propia naturaleza, no son susceptibles de verificación objetiva (sentencia del Tribunal de Primera Instancia de 25 de octubre de 2005).

En consecuencia, según reiterada jurisprudencia, sólo en el caso de que el dictamen del Comité de Informes se refiera a circunstancias especiales que puedan suscitar dudas sobre la validez o la procedencia de una apreciación contenida en el informe de calificación, puede surgir una discrepancia entre ese dictamen y el contenido del informe de calificación, podría dar lugar a la anulación del informe de calificación impugnado[43].

De igual manera, la AFPN no puede pronunciarse sobre una reclamación dirigida contra una decisión de otorgamiento de puntos sin haber obtenido previamente el dictamen del Comité de Informes. Sin embargo, AFPN puede apartarse de dicha opinión (véase, en este sentido y por analogía, relativa al Comité Consultivo de Promoción, sentencia *Praskevicius c. Parlamento*, F-81/10, UE: F:2011:120, apartado 56, TOL9.919.654).

---

[43] Véase, por analogía, las sentencias del Tribunal de Primera Instancia de 12 de junio de 2002, *Mellone c. Comisión*, T-187/01, apartado 33, y de 5 de noviembre de 2003 (TOL4.688.726); *Lebedef-Caponi c. Comisión*, T-98/02, apartado 61 (TOL4.686.350); en cuanto a la opinión de la Comisión de Informes del Parlamento, sentencia del Tribunal General de 10 de septiembre de 2009, *Behmer c. Parlamento*, F-124/07, apartado 60 (TOL9.921.471).

e) Comisión paritaria consultiva de incompetencia profesional

El art. 9 del Estatuto recoge que, podrá constituirse una Comisión paritaria consultiva de incompetencia profesional, o varias comisiones paritarias consultivas de incompetencia profesional si el número de funcionarios en los lugares de destino lo hiciera necesario.

A su vez, el art. 12 del Anexo II del Estatuto dispone que, la Comisión paritaria consultiva de incompetencia profesional estará compuesta por un presidente y, al menos, dos miembros, que habrán de ser funcionarios de grado AD 14, como mínimo. El presidente y los miembros serán nombrados por un período de tres años. La mitad de los miembros serán designados por el Comité de personal y la otra mitad por la autoridad facultada para proceder a los nombramientos. El presidente será nombrado por la autoridad facultada para proceder a los nombramientos a partir de una lista de candidatos confeccionada en concertación con el Comité de personal.

Cuando examine el caso de un funcionario de grado AD 14 o inferior, la Comisión paritaria consultiva estará integrada por dos miembros adicionales designados del mismo modo que los miembros permanentes, pertenecientes al mismo grupo de funciones que el funcionario afectado y de su mismo grado. Por su parte, cuando la Comisión paritaria consultiva deba examinar el caso de un alto funcionario, se creará una Comisión paritaria consultiva ad hoc especial, compuesta por dos miembros nombrados por el Comité de personal y dos miembros nombrados por la autoridad facultada para proceder a los nombramientos, cuyo grado será, como mínimo, igual al del funcionario afectado.

En todo caso, la autoridad facultada para proceder a los nombramientos y el Comité de personal acordarán un procedimiento ad hoc para designar a los dos miembros adicionales a que se refiere el párrafo segundo, los cuales examinarán el supuesto de un funcionario destinado en un país fuera de la Unión Europea o de un agente contractual.

6. COMITÉ DEL ESTATUTO

El art. 10 del Estatuto dispone que, se crea un Comité del Estatuto integrado por un número igual de representantes de las autoridades facultadas para proceder a los nombramientos de las instituciones de la Unión y de representantes de los correspondientes Comités de personal.

Las modalidades de composición del Comité serán establecidas por acuerdo conjunto de las instituciones y, las agencias estarán representadas conjuntamente, de conformidad con las normas que se fijen de común acuerdo entre ellas y la Comisión Europea.

La Comisión Europea consultará al Comité del Estatuto sobre cualquier propuesta de revisión del contenido del Estatuto y éste emitirá su dictamen en el plazo fijado por aquélla. Con independencia de las funciones que le atribuye el presente Estatuto, este Comité podrá formular sugerencias para la revisión del Estatuto. Por último, el Comité se reunirá a petición de su presidente, de una institución o del Comité de personal de una institución, y las actas de las sesiones serán remitidas a las autoridades competentes.

Procede recordar que, con arreglo al art. 10 del Estatuto, el Comité del Estatuto debe ser consultado por la Comisión Europea sobre cualquier propuesta de revisión del Estatuto. En efecto, el precepto citado del Estatuto impone a la Comisión Europea una obligación de consulta que se extiende, además de las propuestas formales, a las modificaciones sustanciales de propuestas ya examinadas que efectúe, salvo que, en este último caso, las modificaciones correspondan por lo esencial a aquellas propuestas por el Comité del Estatuto[44].

Tal interpretación viene dictada tanto por la redacción del artículo 10 del Estatuto del Personal como por el papel asumido por el Comité del Estatuto del Personal. En efecto, por un lado, al prever la consulta sin reservas ni excepciones al Comité del Estatuto del Personal sobre cualquier propuesta de revisión del Estatuto del Personal, esta disposición otorga un amplio alcance a la obligación que define. Sus términos son, por tanto, manifiestamente irreconciliables con una interpretación restrictiva de su alcance. Por otra parte, el Comité del Estatuto, como órgano paritario que reúne a los representantes de las Administraciones y del personal, estos últimos democráticamente elegidos, de todas las instituciones, está llamado a tomar en consideración y expresar los intereses de la función pública de la Unión Europea en su conjunto [sentencias de 11 de julio de 2007, *Centeno Mediavilla y otros c. Comisión,* T-58/05, EU: T:2007 (TOL9.930.050)].

De ello se deduce que, cuando la Comisión Europea modifica su propuesta de revisión del Estatuto de los Funcionarios durante el procedi-

---

44 Sentencias de 11 de julio de 2007, *Centeno Mediavilla y otros c. Comisión,* T-58/05, EEU: T2007:218, apartado 35 (TOL9.930.050), y de 15 de septiembre de 2016, *U4U y otros c. Parlamento y Consejo,* T-17/14, inédito, EU: T:2016:489, apartado 129 (TOL5.813.761).

miento legislativo ordinario, tiene la obligación de consultar de nuevo al Comité del Estatuto de los funcionarios antes de la adopción por el Consejo de las disposiciones reglamentarias en cuestión, cuando esta modificación afecta sustancialmente a la estructura de la propuesta [sentencia de 15 de septiembre de 2016, *U4U y otros c. Parlamento y Consejo,* T-17/14, EU:T:2016:489, apartado 135 (TOL5.813.761)].

Parece, pues, evidente que el artículo 10 del Estatuto impone a la Comisión Europea una obligación de consulta que se extiende, además de las propuestas formales, a las modificaciones sustanciales de propuestas ya examinadas que efectúe [sentencia de 11 de julio de 2007, *Centeno Mediavilla y otros c. Comisión,* T-58/05, EU: T:2007:218, apartado 35 (TOL9.930.050)]. Tal interpretación viene dictada tanto por la redacción del artículo 10 del Estatuto del Personal como por el papel asumido por el Comité del Estatuto del Personal.

En efecto, por un lado, al prever la consulta sin reservas ni excepciones al Comité del Estatuto del Personal sobre cualquier propuesta de revisión del Estatuto del Personal, esta disposición -como ya decíamos- otorga un amplio alcance a la obligación que define. Sus términos son, por tanto, manifiestamente irreconciliables con una interpretación restrictiva de su alcance.

Por otra parte, el Comité del Estatuto, como órgano paritario que reúne a los representantes de las Administraciones y del personal, estos últimos democráticamente elegidos, de todas las instituciones, está llamado a tomar en consideración y expresar los intereses de la función pública de la Unión en su conjunto [sentencia de 11 de julio de 2007, *Centeno Mediavilla y otros c. Comisión,* T-58/05, EU: T:2007 (TOL9.930.050)]. En consecuencia, el Tribunal General declaró en la sentencia de 11 de julio de 2007, *Centeno Mediavilla y otros c. Comisión,* que cuando se propusieron modificaciones a una propuesta de revisión del Estatuto introducidas durante la negociación del texto ante el Consejo, existía la obligación de volver a consultar al Comité del Estatuto del Personal antes de la adopción por el Consejo de las disposiciones reglamentarias en cuestión, cuando dichas modificaciones afectaran sustancialmente a la economía de la propuesta.

Así pues, como se ha apuntado, cuando la Comisión Europea modifique su propuesta de revisión del Estatuto de los Funcionarios durante el procedimiento legislativo ordinario, si que tiene obligación de consultar nuevamente al Comité del Estatuto antes de la adopción por el Consejo de las disposiciones reglamentarias de que se trate, cuando esta modificación afecte sustancialmente a la economía de la propuesta.

No obstante, la adopción en primera lectura por el Parlamento Europeo de un texto que altere la propuesta de modificación del Estatuto tampoco puede asimilarse a una modificación por la propia Comisión de su propuesta inicial [véase, en este sentido, la sentencia de 15 septiembre de 2016, *U4U y otros c. Parlamento y Consejo*, T-17/14, inédito, EU: T:2016:489, apartado 139 (TOL5.813.761)]. De cuanto antecede se desprende que, la Comisión Europea no se encuentra obligada a consultar al Comité del Estatuto de los Funcionarios en virtud del art. 10 del Estatuto de los Funcionarios ni tras la conclusión de las negociaciones del diálogo tripartito celebradas en la fase de primera lectura del Parlamento Europeo, ni tras la adopción por este último de su propuesta en primera lectura [véase, en este sentido, la sentencia de 15 de septiembre de 2016, *U4U y otros c. Parlamento y Consejo*, T-17/14, inédita, EU:T:2016: 489, apartado 140 (TOL5.813.761)].

7. ORGANIZACIONES SINDICALES Y PROFESIONALES (OSP)

El art. 24 ter del Estatuto dispone que, los funcionarios gozarán del derecho de asociación, y podrán, en particular, ser miembros de organizaciones sindicales o profesionales de funcionarios europeos. Por su parte, el art. 10 ter señala que, dichas organizaciones sindicales o profesionales a que se refiere el artículo 24 ter, actuarán en interés general del personal, sin perjuicio de las competencias estatutarias de los Comités de personal. En especial, las propuestas de la Comisión Europea a que se refiere el artículo 10, podrán ser objeto de consultas por las organizaciones sindicales y profesionales representativas.

Finalmente, el art. 10 quater dispone que, cada institución podrá celebrar acuerdos relativos a su personal con sus organizaciones sindicales y profesionales representativas. Dichos acuerdos no podrán suponer una modificación del Estatuto de los Funcionarios ni compromisos presupuestarios, y tampoco podrán afectar al funcionamiento de la institución considerada. Las organizaciones sindicales y profesionales representativas signatarias actuarán en cada institución con sujeción a las competencias estatutarias del Comité de personal.

Las instituciones están obligadas a crear las condiciones necesarias para asegurar el ejercicio de las funciones de representación del personal, o incluso de representación sindical y, a este respecto, el funcionario no puede sufrir perjuicio alguno como consecuencia del ejercicio de funciones en los órganos representativos del personal o en sus asociaciones, como un sindicato.

En este sentido, el artículo 1, en el párrafo sexto del anexo II del Estatuto tiene por objeto, en su segunda frase, salvaguardar los derechos de los miembros del Comité de Personal y de los funcionarios que estén sentados por delegación del Comité de Personal en un órgano estatutario o creado por la institución, con el fin de poder protegerlos de cualquier daño que pudieran sufrir como consecuencia de sus actividades estatutarias de representación del personal. Esta es, en particular, la razón por la que las actividades de representación del personal deben tenerse en cuenta al elaborar el informe de calificación de los funcionarios en cuestión[45].

---

[45] Sentencias del Tribunal de Primera Instancia de 26 de septiembre de 1996, *Maurissen c. Tribunal de Cuentas*, T-192/94, EU: T:1996:133, apartados 40 y 41, y jurisprudencia citada, y de 5 de noviembre de 2003, *Lebedef c. Comisión*, T-326/01, EU: T:2003:291, apartado 49 (TOL4.688.696); y Sentencia del Tribunal General de la Unión Europea de 16 de diciembre de 2010, *Lebedef c. Comisión*, T-364/09 P, EU: T:2010:539, apartado 23 (TOL4.630.983).

Capítulo III.
Derechos y Obligaciones del funcionario

1. DEFENSA

El respeto del derecho de defensa es un principio fundamental del Derecho de la Unión Europea en todo procedimiento incoado contra una persona y que pueda dar lugar a un acto lesivo para ésta. Debe garantizarse, incluso, en ausencia de normas relativas al procedimiento de que se trate [sentencia del Tribunal de Primera Instancia de 10 de julio de 1997, *Gaspari c. Parlamento*, T-36/96, RecFP pp. I-A-201 y II-595, apartado 32 (TOL4.624.440)].

Este principio exige que el interesado tenga la posibilidad de dar a conocer su punto de vista sobre los hechos que se le imputan [sentencia del Tribunal de Primera Instancia de 8 de marzo de 2005, *Vlachaki c. Comisión*, T-277/03, RecFP pp. I-A-57 y II-243, apartado 64 (TOL4.626.550)].

El derecho de defensa implica, por regla general, que las partes en un proceso deben haber tenido la oportunidad de expresar su opinión sobre los hechos y documentos en los que se basará una decisión judicial, así como de debatir las pruebas y observaciones presentadas al tribunal y los motivos en los que éste pretende basar su decisión.

Para satisfacer las exigencias del derecho a un proceso equitativo (arts. 47 de la CDFUE y 6 del CEDH), es importante que las partes puedan alegar tanto los hechos como las cuestiones de Derecho decisivas para el resultado del proceso [sentencia del Tribunal de Justicia en el asunto C-197/09 RX-II, *M c. EMEA*, Rec. 2009, p. I-12033, apartado 41 (TOL9.919.866)].

De la jurisprudencia del Tribunal de Justicia se desprende también que, una decisión que afecta al estatuto administrativo de un funcionario, en particular en la medida en que puede afectar a sus perspectivas de carrera y dar lugar a una reducción de su retribución, exige la aplicación del principio del respeto del derecho de defensa, principio fundamental del Derecho de la Unión Europea, incluso en ausencia de normas relativas al procedimiento de que se trate.

Por consiguiente, tal decisión sólo puede adoptarse después de que el interesado haya tenido una oportunidad útil de dar a conocer su punto de vista sobre el proyecto de decisión [véase, en este sentido, la sentencia del Tribunal de Justicia de 29 de marzo de 2006, *Marcuccio c. Comisión*, C-59/06 P, apartados 45 a 47 (TOL9.917.368)].

El Estatuto traslada la garantía del derecho de defensa en su art. 26 al recoger la obligación de un expediente individual confidencial de cada funcionario. El expediente personal de cada funcionario debe contener:

a) los documentos que se refieran a su situación administrativa y los informes sobre su competencia, rendimiento y comportamiento; y,
b) las observaciones formuladas por el funcionario respecto a dichos documentos.

El objetivo final del precepto es garantizar, fundamentalmente, el derecho a ser escuchado, y que toda decisión que pueda afectar a su situación administrativa o carrera no se base en hechos sobre su comportamiento que no se hallen mencionados en su expediente personal. Una decisión que se funde en semejantes datos es contraria a las garantías estatuarias y debe anularse por haberse dictado al término de un procedimiento contrario a Derecho (sentencias de 12 de febrero de 1987, *Bonino c. Comisión*, C-233/85, Rec. 1987, pp. 739, 759; y de 3 de febrero de 1971, *Rittweger c. Comisión*, C-21/70, Rec. 1971, pp. 7, 18).

2. MOTIVACIÓN

El art. 25 del Estatuto dispone que, todas las decisiones que sean lesivas para el funcionario serán motivadas. El precepto no es más que una concreción de la obligación general establecida en el artículo 296 del TFUE. Tiene por objeto, por un lado, proporcionar al interesado una indicación suficiente para apreciar el fundamento del acto lesivo y la oportunidad de interponer un recurso ante el juez de la Unión Europea y, por otro, permitir a este último ejercer su control sobre la legalidad del acto [sentencias de 29 de septiembre de 2005, *Napoli Buzzanca c. Comisión*, T-218/02, EU:T:2005:343, apartado 57 (TOL4.686.328); de 3 de octubre de 2006, *Nijs c. Tribunal de Cuentas*, T-171/05, EU:T:2006:288, apartado 36; y, de 13 de septiembre de 2016, *Pohjanmäki c. Consejo*, T-410/15 P, EU:T:2016:465, apartado 77 (TOL5.810.341)]. De ello se entiende que, tal obligación de motivación constituye un principio esencial del Derecho de la Unión Europea, que sólo puede ser objeto de excepciones en razón de consideraciones imperiosas [sentencias de 29 de septiembre de 2005, Napoli *Buzzanca c. Comisión*, T-218/02, EU: T:2005:343, apartado 57 (TOL4.686.328); de 3 de octubre de 2006, *Nijs c. Tribunal de Cuentas*, T-171/05, EU: T:2006:288, apartado 36; y, de 4 de julio de 2007, *Lopparelli c. Comisión*, T-502/04, EU: T:2007:197, apartado 74 (TOL4.628.686)].

Esta obligación, que forma parte del principio de buena administración, como resulta del art. 41, apartado 2, letra c), de la Carta de los Derechos Fundamentales de la Unión Europea, ha visto reforzada su importancia tras la entrada en vigor del Tratado de Lisboa con la inserción del art. 15 del TFUE, apartado 1, y del art. 298 del TFUE, apartado 1.

En efecto, una Administración europea abierta y eficaz no puede dejar de respetar escrupulosamente las disposiciones del Estatuto. En particular, la motivación de los actos lesivos para los agentes de la Unión constituye un requisito indispensable para la garantía de una labor ecuánime en el seno de la Administración de la Unión, que disipe cualquier sospecha de que la gestión del personal de ésta se base en la arbitrariedad o en el favoritismo.

La jurisprudencia ha reiterado que la motivación de una decisión lesiva para un particular debe permitir al juez ejercer su control sobre la legalidad de la decisión y debe proporcionar al interesado la información necesaria para determinar si la decisión está fundada [sentencia de 17 de julio de 2012, *BG c. Defensor del Pueblo*, F-54/11, EU: F:2012:114, apartado 96 (TOL9.917.246)].

Así pues, la obligación de motivación tiene por objeto permitir el control de la legalidad de las decisiones lesivas y proporcionar a las partes interesadas indicaciones suficientes sobre si dichas decisiones están fundadas o adolecen de un vicio que permita impugnar su legalidad[46].

La exigencia de motivación debe apreciarse a la luz de las circunstancias del caso, en particular, del contenido del acto y de la naturaleza de los motivos invocados (sentencia *Ntouvas c. CECA*, T-94/13 P, EU:T:2016:4, apartado 80).

Para ser conforme a Derecho, basta, en principio, con que el informe de calificación exponga las características más destacadas de la actuación del interesado en términos de rendimiento, competencias y conducta en el servicio [sentencia de 29 de septiembre de 2011, *AJ c. Comisión*, F-80/10, EU:F:2011:172, apartado 58 (TOL9.919.655)].

---

[46] Sentencias de 26 de noviembre de 1981, *Michel c. Parlamento*, 195/80, EU: C:1981:284, apartado 22; de 28 de febrero de 2008, *Neirinck c. Comisión*, C-17/07 P, EU:C:2008:134, apartado 50 (TOL4.626.941), y de 31 de enero de 2007, *Aldershoff c. Comisión*, T-236/05, EU: T:2007:27, apartado 57 (TOL4.628.584).

No obstante, los evaluadores no están obligados a precisar, en el informe de calificación, todos los elementos de hecho y de Derecho pertinentes en apoyo de su apreciación [sentencia de 13 de septiembre de 2011, *Nastvogel c. Consejo*, F-4/10, EU: F:2011:134, apartado 66 (TOL9.919.707)].

3. LIBERTAD DE EXPRESIÓN Y DEBERES DE LEALTAD Y CONFIDENCIALIDAD

El artículo 17 bis del Estatuto dispone que, todo funcionario tendrá derecho a la libertad de expresión, en el debido respeto de los principios de lealtad e imparcialidad.

A su vez, el apartado segundo del precepto señala que, todo funcionario que se proponga publicar o hacer publicar, individualmente o en colaboración, cualquier escrito que se refiera a la actividad de la Unión Europea, lo notificará previamente a la autoridad facultada para proceder a los nombramientos. Si la autoridad facultada para proceder a los nombramientos se halla en condiciones de demostrar que la publicación puede perjudicar gravemente a los intereses legítimos de la Unión Europea, deberá comunicar por escrito su decisión al funcionario en el plazo de treinta días hábiles, a contar desde la recepción de la notificación.

En el supuesto de que no se notifique decisión alguna en el plazo especificado, se considerará que la autoridad facultada para proceder a los nombramientos no se opone a la publicación ni, por tanto, plantea objeción alguna.

A este respecto, procede recordar que, el derecho a la libertad de expresión, consagrado en el artículo 10 del CEDH, es un derecho fundamental que el juez comunitario vela por que se respete y del que gozan, en particular, los funcionarios comunitarios.

No obstante, también es jurisprudencia reiterada, que los derechos fundamentales no son prerrogativas absolutas, sino que pueden ser objeto de restricciones, siempre que éstas respondan efectivamente a objetivos de interés general perseguidos por la Unión y no constituyan, habida cuenta de la finalidad perseguida, injerencias desproporcionadas e intolerables que atenten contra la propia esencia de los derechos así garantizados[47].

---

[47] Sentencias del Tribunal de Justicia de 11 de julio de 1989, *Schräder HS Kraftfutter*, 265/87, Rec. p. 2237, apartado 15, y de 10 de julio de 1994, *X c. Comisión*, C-404/92 P, Rec. p. I-4737, apartado 15

Tal como ha declarado el Tribunal Europeo de Derechos Humanos (TEDH), la libertad de expresión constituye uno de los fundamentos esenciales de una sociedad democrática, así como una de las condiciones primordiales para su progreso y para la realización de cada individuo. Con sujeción al apartado 2 del art. 10 del CEDH, se aplica no sólo a informaciones o ideas acogidas favorablemente o consideradas inofensivas o indiferentes, sino a todas aquellas que ofenden, desconciertan o molestan. Tales son, en efecto, las exigencias del pluralismo, la tolerancia y la amplitud de espíritu sin las cuales no puede haber una sociedad democrática[48].

La libertad de expresión puede ser objeto de las limitaciones previstas en el art. 10.2 del CEDH, en virtud del cual el ejercicio de esta libertad, que incluye deberes y responsabilidades, podrá ser sometido a ciertas formalidades, condiciones, restricciones o sanciones previstas por la Ley, que constituyan medidas necesarias, en una sociedad democrática, para la seguridad nacional, la integridad territorial o la seguridad pública, la defensa del orden y la prevención del delito, la protección de la salud o de la moral, la protección de la reputación o de los derechos ajenos, para impedir la divulgación de informaciones confidenciales o para garantizar la autoridad y la imparcialidad del poder judicial.

Sin embargo, estas limitaciones deben ser siempre objeto de interpretación restrictiva. Según determina el Tribunal Europeo de Derechos Humanos, el adjetivo *necesarias*, en el sentido del art. 10, apartado 2, implica una *necesidad social imperiosa* y, si bien los Estados contratantes disfrutan de un cierto margen de apreciación para declarar la existencia de dicha "necesidad", la injerencia debe *ser proporcionada al objetivo legítimo perseguido y los motivos invocados por las autoridades nacionales para justificarla» deben ser pertinentes y suficientes49.*

En todo caso, el derecho a la libertad de expresión de los funcionarios se encuentra limitado por los arts. 12 y 17 del Estatuto de Funcionarios. Dichos artículos disponen que, el funcionario se abstendrá de todo acto o

---

48 Sentencias del Tribunal Europeo de Derechos Humanos *Handyside* de 7 de diciembre de 1976, serie A n. 24, apartado 49; *Müller y otros* de 24 de mayo de 1988, serie A n. 133, apartado 33, y *Vogt c. Alemania* de 26 de septiembre de 1995, serie A n. 323, apartado 52.

49 Véanse, en particular, la sentencia *Vogt c. Alemania,* § 52; *Wille c. Liechtenstein* de 28 de octubre de 1999, recurso n. 28.396/95, § 61 a 63). Además, cualquier restricción previa requiere un examen concreto (véase la sentencia *Wingrove c. Reino Unido,* de 25 de noviembre de 1996, Recueil des arrêts et décisions 1996-V, p. 1957, § 58 y 60).

comportamiento que pudiera atentar a la dignidad de su función (deber de lealtad, art. 12), y de divulgar sin autorización cualquier información que haya recibido con ocasión de sus funciones, salvo que dicha información se haya hecho ya pública o sea de acceso público, incluso tras el cese de sus funciones (art. 17).

El art. 12 del Estatuto de Funcionarios tiene por objeto, en primer lugar, garantizar que los funcionarios comunitarios presenten, en su comportamiento, una imagen de dignidad conforme con la conducta especialmente correcta y respetable que cabe esperar de los miembros de una función pública internacional. (sentencias del Tribunal de Primera Instancia, de 7 de marzo de 1996, *Williams c. Tribunal de Cuentas*, T-146/94, RecFP p. II-329, apartado 65; *N c. Comisión*, apartado 127, y de 17 de febrero de 1998, *E c. CES*, T-183/96, RecFP p. II-159, apartado 39).

La obligación de lealtad no sólo impone al funcionario de que se trate abstenerse de conductas que atenten contra la dignidad de la función y contra el respeto debido a la institución y a sus autoridades (sentencia del Tribunal de Primera Instancia de 18 de junio de 1996, *Vela Palacios c. CES*, T-293/94, RecFP p. II-893, apartado 43), sino también que dé muestras, en especial, si tiene un grado elevado, de un comportamiento libre de cualquier sospecha, con el fin de que siempre se conserven las relaciones de confianza que mantiene con la institución.

Por su parte, procede destacar que, esta interpretación del art. 12 del Estatuto, no puede ponerse en entredicho por el hecho de que las expresiones manifestadas sucedan durante un período de excedencia voluntaria. A este respecto, del art. 35 del Estatuto se deriva que, la excedencia voluntaria es una de las situaciones en las que puede encontrarse un funcionario, de modo que durante ese período el interesado sigue sujeto a las obligaciones establecidas por el Estatuto, salvo disposición expresa en contrario. Al referirse el art. 12 del Estatuto a todos los funcionarios, sin distinción alguna en función de su situación, dicha circunstancia no podía, por lo tanto, eximir al demandante de las obligaciones que le impone el mencionado artículo, máxime cuando el respeto que el funcionario debe tener por la dignidad de su función no se limita al momento concreto en que ejecuta una u otra tarea específica, sino que se le exige en cualesquiera circunstancias. Lo mismo puede decirse de la obligación de lealtad, que, según la jurisprudencia, no sólo es exigible cuando se realicen tareas específicas, sino que se extiende también al conjunto de las relaciones existentes entre el funcionario y la institución (sentencia *Williams c. Tribunal de Cuentas*, apartado 72).

Respecto del límite impuesto por el art. 17 del Estatuto, no puede deducirse del citado precepto que el régimen de autorización previa que establece permita a la institución de que se trate ejercer, con este pretexto, una censura sin límites.

Por un lado, en virtud de esta disposición, la autorización previa de publicación sólo se exige cuando el texto que el funcionario de que se trate pretenda publicar o cuya publicación pretenda encargar" tenga relación con la actividad de las Unión".

Por otro lado, de esta misma disposición se desprende que, no se establece ninguna prohibición absoluta de publicación, medida que, por sí misma, atentaría contra la propia esencia del derecho a la libertad de expresión. Por el contrario, debe señalarse que, el art. 17, párrafo segundo, última frase, del Estatuto, prevé claramente el principio de concesión de la autorización de publicación, al disponer, de modo expreso, que tal autorización sólo podrá ser denegada en el caso de que la publicación en cuestión pueda comprometer los intereses de la Unión[50].

Además, dicha decisión es susceptible de recurso conforme a los arts. 90 y 91 del Estatuto, por lo que un funcionario, si estima que se le ha denegado la autorización en contra de lo establecido en el Estatuto, puede utilizar los cauces jurídicos que se le ofrecen con el fin de someter al control del Juez comunitario la apreciación de la institución de que se trate.

Procede también destacar que la formalidad exigida en el art. 17, párrafo segundo, del Estatuto, constituye una medida preventiva que permite, por un lado, no poner en peligro los intereses de la Unión Europea y, por otro lado, tal como alega acertadamente la Comisión Europea, evitar que, con posterioridad a la publicación de un texto que comprometa los intereses de la Unión, la institución de que se trate adopte sanciones disciplinarias contra el funcionario que haya ejercido su derecho de expresión de modo incompatible con sus funciones.

---

[50] Sentencias del Tribunal de Justicia *Schräder HS Kraftfutter*, apartado 15, y de 5 de octubre de 1994, *X c. Comisión*, C-404/92 P, Rec. p. I-4737, apartado 18; sentencia del Tribunal de Primera Instancia de 13 de julio de 1995, *K c. Comisión*, T-176/94, RecFP p. II-621, apartado 33).

4. LIBERTAD SINDICAL

El art. 24 ter del Estatuto dispone que, los funcionarios gozarán del derecho de asociación, y podrán, en particular, ser miembros de organizaciones sindicales o profesionales de funcionarios europeos.

La libertad sindical así reconocida implica, según los principios generales del Derecho del trabajo, no únicamente la facultad, para los funcionarios y agentes, de constituir libremente las asociaciones que quieran, sino también la de dichas asociaciones para dedicarse a cualquier actividad lícita en defensa de los intereses profesionales de sus miembros.

De ello se deduce, en primer lugar, que las instituciones y organismos comunitarios no pueden prohibir a sus funcionarios y agentes afiliarse a una organización sindical o profesional o participar en las actividades sindicales, ni penalizarlos en forma alguna debido a su afiliación a dichas actividades.

Asimismo, y en segundo lugar, entendemos que, las instituciones y organismos comunitarios deben aceptar, sin hacer diferencias de trato injustificadas entre las organizaciones sindicales y profesionales, que éstas jueguen el papel que les corresponda, emprendiendo, especialmente, acciones para informar a los funcionarios y agentes, representarlos ante dichas instituciones y organismos y participar en la concertación con dichas instituciones y organismos en todas las materias que afectan al personal[51].

5. RESPETO A LA VIDA PRIVADA Y FAMILIAR DEL FUNCIONARIO

Según la jurisprudencia del Tribunal de Justicia, el derecho al respeto de la vida privada, consagrado por el artículo 8 del CEDH y que tiene su origen en las tradiciones constitucionales comunes de los Estados miembros, constituye uno de los derechos fundamentales protegidos por el ordenamiento jurídico comunitario (sentencia de 8 de abril de 1992, *Comisión c. Alemania,* C-62/90, Rec. p. I-2575, apartado 23).

Este derecho comprende, en particular, el derecho a mantener secreto su estado de salud. Debe recordarse que, el art. 8 CEDH dispone que, toda persona tiene derecho al respeto de su vida privada y familiar, de su domicilio y de su correspondencia. En el mismo sentido, el art. 7 de la CDFUE

[51] Sentencia de 18 de enero de 1990, *Maurissen y Union Syndicale c. Tribunal de Cuentas,* C-193/87 y C-194/87, Rec. p. I-95.

establece que, toda persona tiene derecho al respeto de su vida privada y familiar, de su domicilio y de sus comunicaciones.

En este sentido, el Tribunal Europeo de Derechos Humanos en el asunto *Bester c. Alemania*[52] señaló que, por regla general, las garantías del Convenio se extienden a los funcionarios (...). De ello se desprende que, la condición de funcionario -o, en cualquier caso, de miembro de la función pública-, no priva de la protección que ofrece el art. 8 del Convenio.

El art. 8 del CEDH no contiene una cláusula especial que permita a las autoridades públicas imponer "restricciones legítimas" a la protección de la vida privada y familiar de los funcionarios o de determinadas categorías de éstos (a diferencia del artículo 11). Por consiguiente, las injerencias en la vida privada y familiar de los funcionarios son admisibles si están previstas por la ley, persiguen uno de los objetivos enumerados en el apartado 2 del art. 8 y son proporcionadas al fin perseguido. Los objetivos legítimos reconocidos son la protección de la seguridad nacional, la seguridad pública, el bienestar económico del país, la prevención de desórdenes o delitos, la protección de la salud o de la moral y la protección de los derechos y libertades de los demás.

No obstante, al llevar a cabo un control concreto, el Tribunal Europeo de Derechos Humanos puede tener en cuenta, en particular, la condición de funcionarios de las personas afectadas por la medida controvertida y, en su caso, llegar a una conclusión diferente que si la medida afectara a un empleado privado o a cualquier otro ciudadano. Así, por ejemplo, en el caso *Leander c. Suecia53*, el TEDH incidió en que la autoridad puede establecer criterios de selección y ejercer un poder discrecional en la elección de los titulares de cargos públicos, e indagar sobre determinados aspectos de la vida privada del candidato con el fin de determinar si es apto para el puesto al que opta.

Asimismo, los hechos que forman parte de la vida privada de un funcionario pueden repercutir negativamente en su actividad profesional o en el funcionamiento del servicio en el que trabaja y, por tanto, justificar una sanción disciplinaria. En este sentido, en el caso *J.G. c. Bélgica54*, el TEDH señaló: "*Al ingresar en la función pública (y más concretamente, en el servicio del Ministerio de Asuntos Exteriores), el demandante aceptó ciertas restricciones al ejercicio de su derecho al respeto de su vida privada, restricciones inherentes a sus fun-*

[52] Sentencia del TEDH de 22 de noviembre de 2001, n.° 42358/98.

[53] Sentencia del TEDH de 26 de marzo de 1987, n.°. 9248/81, apartado 81.

[54] Sentencia del TEDH de 13 marzo de 1989, n.°. 12348/86.

ciones como representante de Bélgica en el extranjero". De igual manera, no cabe el acceso a la vivienda de servicio de un funcionario sin el respeto a ciertas formalidades [sentencia del Tribunal de Función Pública de 9 de junio de 2010, *Marcuccio c. Comisión*, F-56/09 (TOL9.917.368)][55].

Por último, se reconoce a los funcionarios el derecho a mantener en secreto su estado de salud. De ello se deriva, que no cabe realizar, en contra de la voluntad de la persona, un examen médico de contratación, si bien, en ese caso, la institución tiene el derecho a no estar obligada a asumir el riesgo de contratarla. La Sentencia de 5 de octubre de 1994, *X. c. Comisión* (C-404/92 P) señaló que, aunque el reconocimiento previo a la contratación sirve a un interés legítimo de las Instituciones comunitarias, que deben hallarse en condiciones de realizar su misión, dicho interés no justifica que se proceda a una prueba contra la voluntad del interesado. Si el interesado, tras haber sido debidamente informado, se niega a dar su consentimiento a una prueba que el médico asesor considera necesaria para evaluar su aptitud para desempeñar las funciones para las cuales presentó su candidatura, dichas Instituciones no pueden ser obligadas a soportar el riesgo de contratarlo.

6. OBLIGACIÓN DE INDEPENDENCIA E IMPARCIALIDAD

Los arts. 11 y 11 bis del Estatuto imponen a los funcionarios una obligación general de independencia, objetividad e imparcialidad en el ejercicio de sus funciones, y constituyen pilares del código de conducta de la función pública comunitaria.

Habida cuenta de la importancia vital que reviste la garantía de la independencia y la integridad de los funcionarios, tanto en lo que se refiere al funcionamiento interno como a la imagen exterior de las instituciones comunitarias, y teniendo en conocimiento la generalidad de los términos del párrafo primero del art. 11 del Estatuto, la norma de conducta establecida por dicha disposición debe entenderse en el sentido de que va más allá de la prohibición de que los funcionarios soliciten o acepten instrucciones

---

55 El Tribunal Europeo de Derechos Humanos ya ha declarado que, la vivienda ocupada por un funcionario debe ser calificada como domicilio, de conformidad con el art. 8 del CEDH, incluso después de la fecha en que el interesado debería haber dejado de trabajar allí debido a su traslado (Sentencia del TEDH *Larkos c. Chipre*, de 18 de febrero de 1999).

de cualquier Gobierno, autoridad, organización o persona ajena a su institución. Exige que el funcionario adopte, en cualquier circunstancia, una actitud guiada exclusivamente por los intereses de la Unión[56].

Por lo tanto, prohíbe, con carácter general, cualquier comportamiento, relacionado o no con la infracción de una norma concreta, que, a la luz de los hechos del caso, demuestre que el funcionario en cuestión pretendía favorecer un interés particular en detrimento del interés comunitario general. En este contexto, la constatación de una infracción del art. 11, párrafo primero, del Estatuto, en caso de incumplimiento de una norma particular presupone que se ha demostrado o, al menos, que puede considerarse razonablemente, a la luz de las circunstancias fácticas del caso, que dicho incumplimiento se inspiró en la persecución de un interés distinto de los intereses de la Unión.

Por su parte, el art. 11 bis del Estatuto impone al funcionario la obligación de informar a la autoridad facultada para proceder a los nombramientos, de cualquier interés personal que pueda menoscabar su independencia en la tramitación o el resultado de un asunto sobre el que deba pronunciarse. Debemos entender el carácter fundamental de los objetivos de independencia e integridad perseguidos por esta disposición, y dado que la obligación establecida consiste, para el funcionario afectado, en informar a la autoridad facultada para proceder a los nombramientos como medida cautelar para que ésta pueda adoptar las medidas adecuadas en función del contexto del caso, y no en renunciar desde el principio a la tramitación o resolución de dicho caso o en apartarse del mismo. Este precepto citado presenta un ámbito de aplicación amplio, que abarca cualquier circunstancia que el funcionario deba entender razonablemente, a la luz de sus funciones y de las circunstancias específicas del caso, que puede parecer a terceros como una posible fuente de injerencia en su independencia.

Debe añadirse que, las obligaciones establecidas en los arts. 11 y 11 bis del Estatuto, se imponen de forma objetiva, en el sentido de que, la constatación de un incumplimiento de dichas obligaciones no está supeditada a la condición de que el funcionario afectado se haya beneficiado de dicho incumplimiento o de que éste haya causado un perjuicio a la institución o

---

56 Sentencia del Tribunal de Primera Instancia de 9 de julio de 2002, *Zavvos c. Comisión*, T-21/01, RecFP p. II-483 (TOL4.688.770).

de que exista una reclamación de una persona que se considere perjudicada por el comportamiento del funcionario[57].

7. OBLIGACIONES EN SITUACIONES DE CONFLICTOS DE INTERÉS

Las disposiciones de los artículos 11, 11 bis, 12, 12 ter, 17 y 17 bis del Estatuto de Funcionarios, constituyen expresiones específicas de la obligación fundamental de lealtad y cooperación del funcionario frente a la Unión Europea y a sus superiores.

En concreto, el art. 11 bis dispone que, en el ejercicio de sus funciones, el funcionario no tramitará ningún asunto en el que tenga, directa o indirectamente, intereses personales, en particular familiares o financieros, que puedan menoscabar su independencia. Todo funcionario en el que recaiga, durante el ejercicio de sus funciones, la tramitación de un asunto de los señalados anteriormente, lo notificará de inmediato a la autoridad facultada para proceder a los nombramientos. Ésta tomará las medidas oportunas y podrá, en particular, eximir al funcionario de sus obligaciones en relación con dicho asunto.

Estos deberes comprenden, en primer lugar, la obligación del funcionario de abstenerse de conductas que atenten contra la dignidad del cargo y el respeto debido a la Unión Europea. Así, en particular, debe demostrar, especialmente si tiene un alto rango, como en el presente caso, un comportamiento por encima de toda sospecha, de manera que los lazos de confianza existentes entre la Unión Europea y dicho funcionario -incluso se mantengan siempre-[58]. Estas normas, que expresan los deberes y responsabilidades que incumben a la función pública europea, encuentran su justificación en las misiones de interés general de las que es responsable la Unión Europea, lo que implica que los ciudadanos de la Unión y de los Estados miembros deben poder tener confianza en el hecho de que las instituciones, a través de sus funcionarios y agentes, velen por el correcto de-

---

[57] Sentencia del Tribunal de Primera Instancia de 3 de julio de 2001, *E c. Comisión*, asuntos acumulados T-24/98 y T-241/99, RecFP p. I-A-149 y II-681, apartado 76 (TOL4.689.038).

[58] Sentencias de 8 de noviembre 2007, *Andreasen c. Comisión*, F-40/05, EU: F:2007:189, apartado 233 y jurisprudencia citada (TOL9.930.519), y de 19 de noviembre de 2014, *EH c. Comisión*, F-42/14, EU: F:2014 :250, apartado 123 (TOL4.631.421).

sarrollo de dichas tareas. Así, tales obligaciones tienen por objeto principal preservar la relación de confianza que debe existir entre la Unión Europea y sus funcionarios o agentes[59].

En vista de la importancia de la relación de confianza existente entre la Unión y el funcionario en lo que se refiere tanto al funcionamiento interno de la Unión como a su imagen en el exterior, y en vista de la generalidad de los términos de las disposiciones de los arts. 11, 12, 12b y 17a del Estatuto de Funcionarios, se refieren a cualquier circunstancia o conducta de la que el funcionario deba comprender razonablemente, habida cuenta de su grado y de las funciones que desempeña, así como de las circunstancias específicas del caso, que es probable que aparezca, a los ojos de terceros, por ser susceptible de causar confusión en cuanto a los intereses perseguidos por la Unión a la que se supone debe servir[60].

Así, por su conducta, los funcionarios y agentes de la Unión deben presentar una imagen de dignidad acorde con la conducta particularmente correcta y respetuosa que es legítimo esperar de los miembros del personal de una organización pública de carácter supranacional.

Por último, el art. 11 bis, apartado 3, del Estatuto, establece, en particular, que un funcionario no podrá conservar, en empresas sujetas a la supervisión de la institución a la que pertenece, intereses de tal naturaleza e importancia que puedan comprometer su independencia en el desempeño de sus funciones. En ese sentido, al evaluar la existencia de un conflicto de intereses, la existencia de relaciones profesionales o familiares entre un funcionario y un tercero no puede, en principio, implicar automáticamente que la independencia de ese funcionario esté comprometida o aparezca como tal cuando se pide a un funcionario que se pronuncie sobre un asunto en el que interviene dicho tercero[61]. Sin embargo, en la medida en que la apreciación de la realidad del conflicto de intereses incumbe a la Administración, el art. 11 bis del Estatuto de Funcionarios no permite que los

---

59 Sentencias de 6 de marzo de 2001, *Connolly c. Comisión*, C-274/99 P, EU:C:2001:127, apartados 44 y 46 (TOL4.626.178), y de 23 de octubre de 2013, *Gomes Moreira c. ECDC*, F-80/11, EU: F:2013:159, apartado 62 (TOL9.917.477).

60 Sentencia de 23 de octubre de 2013, *Gomes Moreira c. ECDC*, F-80/11, EU: F:2013:159, apartado 63 (TOL9.917.477), y de 17 de marzo de 2015, *AX c. ECB*, F-73/13, EU: F:2015:9, apartado 232 (TOL4.765.360).

61 Sentencias de 3 de febrero de 2005, *Mancini c. Comisión*, T-137/03, EU: T:2005:33, apartado 33 (TOL4.626.592), de 12 de julio de 2005, *De Bry c. Comisión*, T-157/04, EU: T:2005:281, apartado 35 (TOL4.626.458), y Auto de 25 de febrero de 2014, *García Domínguez c. Comisión*, F-155/12, EU: F:2014:24, apartado 34 (TOL4.132.571).

funcionarios y agentes realicen por sí mismos tal apreciación y les impone, en caso contrario, declarar a su jerarquía la presencia de un miembro de su familia, tanto más si se trata de un ascendiente, descendiente o colateral directo, dentro de una entidad ajena a la institución que mantenga relaciones directas con ésta y que esté dentro del ámbito de los deberes de dichos funcionarios y servidores.

A este respecto, debe subrayarse que, si bien el art. 11 bis del Estatuto, impone al funcionario interesado la obligación de declarar, la presencia en la institución de que se trate de un familiar de una persona ajena a la institución, no priva a esta persona ajena a la institución de la posibilidad de ejercer una actividad profesional dentro de una empresa sujeta al control de la institución en cuestión. Del mismo modo, como en las circunstancias que señala la Sentencia de 22 de septiembre de 2015, *Gioria c. Comisión* (F-82/14, EU: F:2015:108, TOL5.431.870), esta circunstancia no priva al familiar de un funcionario o agente de la Unión Europea de la posibilidad de presentarse a un concurso o a un puesto en cuya selección intervenga un jurado del concurso o un panel de selección.

8. RESPETO DE LA DIGNIDAD DE LA FUNCIÓN PÚBLICA

Procede recordar que, el art. 12, párrafo primero, del Estatuto establece que, el funcionario debe abstenerse de cualquier acto y, en particular, de cualquier expresión pública de opinión que pueda menoscabar la dignidad de su cargo.

De la jurisprudencia se desprende que, el art. 12, tiene por objeto garantizar que los funcionarios comunitarios presenten, en su comportamiento, una imagen de dignidad acorde con la conducta particularmente correcta y respetable a la que se tiene derecho esperar de los miembros de una Administración pública supranacional[62].

De ello se deduce, en particular, que los insultos pronunciados públicamente por un funcionario, y que dañan el honor de las personas a las que se refieren, constituyen en sí mismos un ataque a la dignidad del cargo en el sentido de dicha disposición. El precepto es una de las expresiones

---

62 Sentencias del Tribunal de Primera Instancia de 15 de mayo de 1997, *N. c. Comisión*, T-273/94, ECR-SC pp. I-A-97 y II-289, apartados 126 a 129, y de 19 de mayo de 1999, *Connolly c. Comisión*, T-34/96 y T-163/96, Rec. SC pp. I-A-87 y II-463, apartados 123 y 124.

específicas de la obligación de lealtad, que obliga al funcionario no sólo a abstenerse de conductas lesivas a la dignidad del cargo y al respeto debido a la institución y a sus autoridades, sino también a demostrar, más aún si tiene un alto rango, un comportamiento por encima de toda sospecha, de modo que se conserven siempre los lazos de confianza existentes entre la institución y el mismo funcionario.

Según la jurisprudencia, las injurias graves que se lanzan contra el honor de las personas afectadas constituyen no sólo imputaciones susceptibles de lesionar la dignidad de estas personas, como tales, sino también imputaciones susceptibles de desprestigiar su integridad profesional. No importa la forma de dichas alegaciones: tanto las agresiones directas como las formuladas de forma dudosa, indirecta, encubierta, a modo de insinuación o dirigidas a una persona no mencionada expresamente, pero cuya identificación se posibilita. Finalmente, cabe recordar que, el envío por un funcionario de notas que, por su naturaleza, atenten contra la dignidad de su cargo, constituye en sí mismo un incumplimiento de la obligación prevista en el art. 12, independientemente de la publicidad que se haya dado[63].

Por su parte, el art. 12 bis del Estatuto dispone que, todo funcionario se abstendrá de cualquier forma de acoso psicológico[64] o sexual[65]. Asimismo, ningún funcionario que haya sido víctima de acoso psicológico o sexual, o que haya facilitado pruebas actuando de buena fe, podrá verse perjudicado en forma alguna por la institución. La jurisprudencia no exige la existencia de intención de acosar como elemento necesario para la calificación de acoso psicológico, tal y como aclaró la Sentencia de 9 de diciembre de 2008, *Q c. Comisión* [F-52/05, (TOL9.930.581) parcialmente anulada por la sentencia del Tribunal General de la Unión Europea de 12 de julio de 2011, Comisión/Q, T-80/09 P (TOL9.919.228), pero únicamente en la me-

---

63 Sentencias del Tribunal de Primera Instancia de 26 de noviembre de 1991, *Williams c. Tribunal de Cuentas*, T-146/89, Rec. p. II-1293, apartado 76, y *E. c. CES*, antes citada, párrafos 38 y 39.

64 Por «acoso psicológico» se entenderá cualquier conducta abusiva que se manifieste de forma duradera, reiterada o sistemática mediante comportamientos, palabras, actos, gestos o escritos de carácter intencional que atenten contra la personalidad, la dignidad o la integridad física o psíquica de una persona.

65 Por «acoso sexual» se entenderá toda conducta de naturaleza sexual no deseada por la persona a la que vaya dirigida y que tenga por objeto o efecto herir su dignidad o crear un ambiente intimidatorio, hostil, ofensivo o molesto. El acoso sexual se considerará una discriminación por razón de sexo.

dida en que, en el punto 2 del fallo, dicha sentencia condenó a la Comisión a pagar a Q. una indemnización).

La sentencia *Q c. Comisión* introduce una subjetividad excesiva en la medida en que, contrariamente a la jurisprudencia anterior, ya no supedita la existencia del acoso a la demostración de que el acosador pretendió, mediante su conducta, desacreditar voluntariamente a la víctima o degradar deliberadamente sus condiciones de trabajo. La Comisión ha señalado que, con dicha sentencia del Tribunal, las instituciones corren el riesgo de ser instrumentalizadas por funcionarios o agentes excesivamente sensibles. Según la Comisión, la definición del acoso debería tener en cuenta la intención –demostrada o presunta– del supuesto acosador, la percepción de la presunta víctima, la naturaleza objetiva de los hechos y el contexto en el que éstos acaecieron.

Es cierto que el Tribunal precisó, en el apartado 135 de la sentencia *Q c. Comisión*, que, para ser calificada de acoso, la conducta de que se trate debe haber dado «objetivamente» lugar a un descrédito de la víctima o a una degradación de sus condiciones de trabajo. Sin embargo, según la Comisión, esta precisión sigue siendo insuficiente, porque no impide que puedan estar comprendidos en el art. 12 bis, apartado 3, del Estatuto, comportamientos no abusivos susceptibles de generar *«objetivamente»* en personas con problemas psicológicos una degradación de las condiciones de trabajo o un sentimiento de desconsideración. Por consiguiente, la Comisión Europea estima que, dado que el Tribunal de Justicia no vuelve a la jurisprudencia anterior a la sentencia *Q c. Comisió*n, es preciso, en cualquier caso, supeditar la calificación de acoso al requisito de que el comportamiento controvertido revista una realidad objetiva suficiente, en el sentido de que un observador imparcial y razonable, dotado de una sensibilidad normal, lo consideraría como abusivo.

La jurisprudencia ha aclarado que desde el momento en que el reconocimiento de la existencia de un acoso, en el sentido de las disposiciones estatutarias tal y como las interpreta el Tribunal de Justicia, supone:

- el carácter voluntario de los comportamientos, palabras, actos, gestos o escritos de que se trate,
- sin por ello requerir que dichos comportamientos, palabras, actos, gestos o escritos se hayan realizado con la intención de atentar contra la personalidad, la dignidad o la integridad física o psíquica de una persona,
- pero a condición de que hayan dado objetivamente lugar a consecuencias que conlleven el descrédito de la víctima o la

degradación de sus condiciones de trabajo, el motivo invocado por la Comisión de que los actos incriminados no podían dar lugar objetivamente al descrédito de la demandante es suficiente, *per se*, para justificar legalmente la decisión impugnada a la luz del artículo 12 bis del Estatuto[66].

9. DEBER DE PROBIDAD Y CORRECCIÓN TRAS EL CESE DE FUNCIONES

El art. 16 del Estatuto dispone que, el funcionario estará obligado, después del cese de sus funciones, a respetar los deberes de probidad y corrección en cuanto a la aceptación de determinadas funciones o beneficios.

Todo funcionario que se proponga ejercer una actividad profesional, retribuida o no, en los dos años siguientes al cese de sus funciones, deberá notificarlo a su institución utilizando un formulario específico. En el supuesto de que dicha actividad guarde relación con el trabajo realizado por el interesado durante los tres últimos años de servicio y pueda resultar incompatible con los intereses legítimos de la institución, la autoridad facultada para proceder a los nombramientos podrá, atendiendo al interés del servicio, bien prohibirle que ejerza tal actividad, bien supeditar su autorización a cuantas condiciones considere oportunas. La autoridad facultada para proceder a los nombramientos, previa consulta a la Comisión paritaria comunicará su decisión en los treinta días hábiles siguientes a la citada notificación. Se considerará que la ausencia de comunicación de decisión alguna al término de dicho plazo equivale a una aceptación implícita.

Del tenor literal de la segunda frase del párrafo segundo del artículo 16 del Estatuto, se desprende que, la facultad de la Administración de prohibir a un funcionario el ejercicio de una actividad profesional, retribuida o no, o de someterlo a condiciones, dentro de los dos años siguientes a la terminación del servicio, está sujeto a dos condiciones acumulativas separadas, a saber, en primer lugar, la existencia de un vínculo entre las actividades propuestas y las actividades del funcionario durante sus últimos tres años de servicio y, en segundo lugar, la existencia de un riesgo de que las actividades propuestas sean incompatibles con los intereses legíti-

---

66 Sentencia del Tribunal de Función Pública de 16 de mayo de 2012, *Skareby c. Comisión*, F-42/10 (TOL9.917.321).

mos de la institución [sentencia de 15 de octubre de 2014, *van de Water c. Parlamento*, F-86/13, EU:F:2014:233, apartado 46 (TOL4.631.273)]. Por lo que se refiere al primer requisito, del tenor literal del artículo 16, párrafo segundo, segunda frase, del Estatuto, se desprende que, basta establecer algún vínculo entre las actividades propuestas y las realizadas durante los tres años anteriores al cese en el cargo (sentencia *van de Water c. Parlamento*, apartado 48).

En lo que afecta al segundo requisito previsto en la segunda frase del párrafo segundo del art. 16 del Estatuto, del propio tenor de dicha disposición se desprende que, si existe el riesgo de que las actividades propuestas sean incompatibles con las actividades legítimas o con los intereses de la institución, la autoridad nominadora podrá prohibir al funcionario el ejercicio de esta actividad o someterla a las condiciones que considere apropiadas. A tal efecto, la Administración dispone de una amplia facultad discrecional. Al controlar la legalidad de una decisión adoptada con arreglo al art. 16 del Estatuto, el Tribunal de Justicia debe comprobar, por tanto, que la Administración se ha mantenido dentro de límites razonables y no ha ejercido su facultad discrecional de forma manifiestamente errónea. Para acreditar la existencia de un error manifiesto, el solicitante debe aportar pruebas que hagan inverosímiles las apreciaciones realizadas por la administración[67].

Del propio tenor literal del artículo 16, párrafo segundo, frases tercera y cuarta, del Estatuto, se desprende que, el plazo de treinta días hábiles es obligatorio. De hecho, mediante el uso del tiempo presente ("*notifie*" y "es equivalente a una decisión implícita de aceptación"), que se confirma en la versión en inglés de dicho artículo ("deberá notificar" y "se considerará que constituye una aceptación implícita") , y no un modo condicional o cualquier otra fórmula que sugiera una cierta laxitud, el legislador de la Unión Europea indicó con toda claridad el carácter imperativo de este plazo [véanse, por analogía, la Sentencia de 14 de febrero de 2019, Polonia/Comisión, T-366/17, inédita, EU:T:2019:90, apartado 116 (TOL7.051.495)].

La *ratio legis* subyacente al plazo previsto en la tercera frase del segundo párrafo del art. 16 del Estatuto, y las consecuencias de la superación de dicho plazo previsto en la cuarta frase del segundo párrafo del art. 16 del

---

67 Véanse, por analogía, las sentencias de 12 de diciembre de 2000, *Dejaiffe c. OAMI*, T-223/99, EU: T:2000:292, apartado 53 (TOL4.689.040), de 21 de septiembre de 2004, *Soubies c. Comisión*, T-325/02, EU: T:2004:271, apartado 50 (TOL4.686.299), y de 5 de diciembre de 2012, *Bourtembourg c. Comisión*, F-96/12, EU: F: 2013:52, apartado 45 y jurisprudencia citada.

Estatuto, sirven para apoyar con total nitidez esa conclusión. En efecto, estas disposiciones tienen por objeto, por una parte, permitir a los funcionarios públicos responder en un plazo fijado de antemano y considerado razonable por el legislador, a una posible oferta para ejercer una determinada actividad tras el cese en sus funciones. y, en segundo lugar, animar a la Administración a tomar su decisión lo antes posible de acuerdo con el principio de buena administración. Además, el art. 16, párrafo segundo, del Estatuto, no prevé ningún motivo para suspender o prorrogar dicho plazo. El Tribunal General ya ha tenido ocasión de dictaminar que, en lo que respecta a los plazos que produzcan efectos jurídicos, debe preverse expresamente cualquier causa de suspensión [sentencia de 14 de julio de 2006, *Endesa c. Comisión*, T-417/05, EU: T :2006 :219, apartado 66 (TOL9.931.809)]. Lo mismo se aplica a cualquier motivo de prórroga.

En el caso de antiguos altos funcionarios tal como se definen en las medidas de aplicación, la autoridad facultada para proceder a los nombramientos deberá, en principio, prohibirles, durante los 12 meses siguientes al cese de sus funciones, que ejerzan actividades de promoción o defensa de sus negocios ante el personal de su antigua institución, clientes o empleadores en relación con cuestiones de las que hubieran sido responsables durante los últimos tres años de servicio. En cumplimiento del Reglamento (CE) n.°. 45/2001 del Parlamento Europeo y del Consejo, cada institución deberá publicar anualmente información sobre la aplicación del párrafo tercero, incluida una lista de los casos evaluados.

Capítulo IV.
Carrera de los funcionarios

1. RECLUTAMIENTO

El capítulo 1 del Título III relativo al «Reclutamiento», comprende los arts. 27 a 34 del Estatuto de Funcionarios.

El art. 27, párrafo primero, dispone que, la provisión de plazas tendrá como objetivo garantizar a la institución los servicios de funcionarios que posean las más altas cualidades de competencia, rendimiento e integridad, seleccionados según una base geográfica lo más amplia posible entre los nacionales de los Estados miembros de la Unión Europea. Asimismo, señala que, ningún puesto de trabajo podrá estar reservado a nacionales de un Estado miembro determinado[68].

A continuación, el art. 28 del Estatuto, recoge una relación de requisitos que han de cumplir las personas que aspiren a ser nombradas funcionarios:

i. que sean nacionales de un Estado miembro;
ii. pleno goce de sus derechos políticos;
iii. situación regular respecto a las leyes de reclutamiento al servicio militar;

---

[68] Es preciso destacar, en primer lugar, que la norma prevista en el párrafo tercero del art. 27 del Estatuto, según la cual ningún puesto de trabajo podrá estar reservado a nacionales de un Estado miembro determinado, debe respetarse en todos los procedimientos de selección previstos por el art. 29 del Estatuto, incluido el previsto por su apartado 2 (sentencia del Tribunal de Justicia de 30 de junio de 1983, *Schloh c. Consejo,* C-85/82, Rec. p. 2105, apartados 37 y 38). Así pues, aun en lo que respecta a la selección, las Instituciones no tienen derecho a reservar puestos de trabajo a nacionales de ciertos Estados miembros previamente determinados. Es cierto que, el párrafo primero del artículo 27 del Estatuto prevé que, la selección debe efectuarse sobre una base geográfica lo más amplia posible entre los nacionales de los Estados miembros. Sin embargo, esta disposición no permite a la AFPN reservar un puesto a una nacionalidad determinada, sin que ello esté justificado por razones relacionadas con el funcionamiento de sus servicios (sentencia del Tribunal de Justicia de 4 de marzo de 1964, *Lassalle c. Parlamento,* 15/63. apartados. 57 y ss.).

iv. que ofrezcan las garantías de moralidad requeridas para el ejercicio de sus funciones;

v. que hayan superado un concurso, una oposición o un concurso-oposición;

vi. que reúnan las condiciones de aptitud física requeridas para el ejercicio de sus funciones, y;

vii. que justifiquen poseer el conocimiento en profundidad de una de las lenguas de la Unión Europea y un conocimiento satisfactorio de otra de ellas, en la medida necesaria para el desempeño de las funciones que puedan ser llamados a ejercer.

A este respecto, procede señalar, por una parte, que el art. 27, párrafo primero, del Estatuto de Funcionarios, establece el objetivo según el cual, la selección tendrá como objetivo garantizar que los funcionarios poseen *las más altas cualidades de competencia, rendimiento e integridad.*

Por otra parte, el art. 28 de dicho Reglamento, enumera los requisitos exigidos para su nombramiento, entre los que figuran, en particular, ser nacional de un Estado miembro, gozar plenamente de derechos políticos, encontrarse en situación regular respecto a las obligaciones militares, ofrecer las garantías de moralidad, haber superado un proceso selectivo, reunir las condiciones de aptitud física necesarias y poseer los conocimientos lingüísticos requeridos.

El Tribunal de Justicia de la Unión Europea declaró, en el apartado 94 de la Sentencia de 27 de noviembre de 2012, *Italia c. Comisión* (C-566/10 P, EU:C:2012:752, TOL4.630.061), que el objetivo de seleccionar a funcionarios que posean las más altas cualidades de competencia, rendimiento e integridad, en el sentido del artículo 27, párrafo primero, del Estatuto de Funcionarios, puede cumplirse mejor cuando los candidatos estén autorizados a realizar las pruebas de selección en su lengua materna o en la segunda lengua que consideren dominar mejor, reconoció que, en principio, los conocimientos lingüísticos son independientes de las competencias mencionadas en dicho artículo.

Así, aunque los conocimientos lingüísticos de un candidato pueden, o incluso deben, ser evaluados en un proceso selectivo, para que las instituciones se aseguren de que dicho candidato posee los conocimientos exigidos en el art. 28, letra f), del Estatuto, esta evaluación persigue un objetivo independiente de la relativa a la determinación de *las más altas cualidades de competencia, rendimiento e integridad*, en el sentido del art. 27, párrafo primero, del Estatuto de Funcionarios. De ello se deduce que, los conocimientos lingüísticos exigidos en el artículo 28, letra f), del Estatuto, no pueden asimilarse a *competencias*, en el sentido del art. 27, párrafo primero, de la reiterada disposición.

A su vez, a fin de proveer las vacantes que existan en una institución, la autoridad facultada para proceder a los nombramientos considerará, en primer lugar:

a) las posibilidades de proveer la vacante mediante:

  i) traslado,
  ii) nombramiento mediante libre designación entre funcionarios con una antigüedad mínima en su grado de dos años y previo examen comparativo de los méritos de los candidatos (art. 45 bis), o,
  iii) promoción en la institución;

b) las solicitudes de traslado de funcionarios del mismo grado de otras instituciones;

c) si no fuera posible proveer la vacante por medio de las posibilidades mencionadas en las letras a) y b), la posibilidad de considerar listas descriptivas de los candidatos; o,

d) las posibilidades de convocar un concurso interno en la institución abierto exclusivamente a los funcionarios y a los agentes temporales definidos en el régimen aplicable a otros agentes de la Unión Europea (art. 2).

En todo caso, la autoridad facultada para proceder a los nombramientos podrá utilizar un procedimiento de selección distinto del concurso para los altos funcionarios (directores generales o su equivalente de los grados AD 16 o AD 15 y directores o su equivalente de los grados AD 15 o AD 14), así como, en casos excepcionales, para puestos de trabajo que requieran una especial cualificación. Igualmente, cada institución podrá organizar, para cada grupo de funciones, concursos internos basados en titulaciones y en pruebas, correspondientes a los grados AST 6 o superiores y AD 9 o superiores. Dichos concursos estarán abiertos únicamente a los agentes temporales de la institución contratados de conformidad con el régimen aplicable a otros agentes de la Unión Europea[69].

---

[69] Las instituciones exigirán como requisitos mínimos para la participación en dichos concursos, haber prestado al menos diez años de servicio en calidad de agente temporal y haber sido contratado como tal al término de un procedimiento de selección que garantice la aplicación de las mismas normas que en la selección

El art. 30 del Estatuto contempla que, la autoridad facultada para proceder a los nombramientos designará un tribunal para cada concurso, debiendo establecer este último una lista descriptiva de los candidatos. La autoridad facultada para proceder a los nombramientos elegirá de entre los que figuren en esta lista al candidato o los candidatos que serán nombrados para los puestos vacantes. Estos candidatos tendrán acceso a información adecuada sobre los puestos vacantes apropiados publicados por las instituciones y agencias de la Unión Europea.

En todo caso, los candidatos así elegidos serán nombrados en el grado del grupo de funciones especificado en la convocatoria del concurso que hayan superado[70]. La institución determinará el grado de la convocatoria de concurso con arreglo a los siguientes criterios: (a) el objetivo de reclutamiento de funcionarios que posean las más altas cualidades (art. 27), y; (b) la calidad de la experiencia profesional requerida. En su caso, también podrían tomarse en consideración las condiciones del mercado de trabajo imperantes en la Unión Europea[71].

La jurisprudencia ha señalado que un tribunal de oposición deberá estar integrado de una forma que garantice una apreciación objetiva de la aptitud de los candidatos que toman parte en los exámenes, a la vista de las cualidades profesionales que se esperan de ellos. Las faltas de ortografía y los errores de sintaxis cometidos por los correctores en la ficha de evaluación de un examen escrito no permiten, por su naturaleza, y habida cuenta de las limitaciones a las que están sometidos los miembros de un tribunal

de funcionarios (art. 12.4). Asimismo, la autoridad facultada para proceder a los nombramientos de la institución que haya contratado al agente temporal deberá, antes de proveer una vacante en esa institución, examinar las posibilidades de traslados de funcionarios en la institución, paralelamente a las candidaturas de los que hayan superado dichos concursos internos. Por último, el precepto contempla que una vez cada cinco años, el Parlamento Europeo organizará, para cada grupo de funciones, un concurso interno basado en titulaciones y pruebas, y correspondientes a los grados AST 6 o superiores y AD 9 o superiores.

70 Sin perjuicio de lo dispuesto en el art. 29, apartado 2, los funcionarios solo podrán ser nombrados en los grados SC 1 a SC 2, AST 1 a AST 4 o AD 5 a AD 8.

71 La institución podrá, si procede, autorizar la organización de concursos en los grados AD 9, AD 10, AD 11 o, excepcionalmente, AD 12. El número total de candidatos nombrados en puestos vacantes, en tales grados, no podrá exceder del 20 % del número total de nombramientos realizados anualmente, en el grupo de funciones AD (art. 30.2).

de una oposición con numerosos examinados, poner en duda las capacidades profesionales y la objetividad de los miembros del tribunal[72].

A su vez, corresponde a las instituciones comunitarias, con arreglo a los principios de buena administración e igualdad de trato, asegurar a todos los candidatos de una oposición el desarrollo más sereno y regular posible de los exámenes. A este fin, la Administración está obligada a velar por la adecuada organización de la oposición. La jurisprudencia ha aclarado, por ejemplo, que la publicación de la composición de un tribunal de oposición tres días antes del comienzo de los exámenes, en lugar de los quince días previstos por la convocatoria de oposición, no vicia de ilegalidad la decisión del tribunal de atribuir una determinada nota a un candidato, el cual no demuestra que, si hubiera conocido la composición del tribunal en el plazo previsto por dicha convocatoria, la nota obtenida habría sido diferente[73].

En lo referente a las decisiones adoptadas por el tribunal de una oposición, dicha obligación de motivación debe conciliarse con el respeto del secreto que ampara los trabajos del tribunal calificador. Dicho secreto se ha establecido para garantizar la independencia de los tribunales calificadores y la objetividad de sus actuaciones, protegiéndoles de cualquier injerencia o presión externa, procedente de la propia Administración comunitaria, de candidatos interesados o de terceros. La observancia de dicho secreto se opone tanto a la divulgación de las actitudes adoptadas por los miembros individuales de los tribunales como a la revelación de cualquier dato relacionado con apreciaciones de carácter personal o comparativo referentes a los candidatos[74].

Habida cuenta del secreto que debe presidir las actuaciones del tribunal, la comunicación de las puntuaciones obtenidas en las distintas pruebas constituye una motivación suficiente de las decisiones del tribunal calificador. Tal motivación no lesiona los derechos de los candidatos. Les permite

---

72 Sentencia del Tribunal de Primera Instancia de 13 de septiembre de 2001, *Svantesson y otros c. Consejo,* T-160/99, RecFP pp. I-A-175 y II-799, apartado 32 (TOL4.689.051).

73 Sentencias del Tribunal de Primera Instancia de 3 de marzo de 1993, *Delloye y otros c. Comisión* (T-44/92, Rec. p. II-221), apartado 24; y de 9 de noviembre de 1999, *Papadeas c. Comité de las Regiones* (T-102/98, RecFP pp. I-A-211 y II-1091), apartado 68 (TOL4.624.217).

74 Sentencias del Tribunal de Justicia de 26 de noviembre de 1981, *Michel c. Parlamento* (195/80, Rec. p. 2861), apartado 22; y, de 4 de julio de 1996, *Parlamento c. Innamorati* (C-254/95 P, Rec. p. I-3423), apartados 23 y 24.

conocer el juicio de valor realizado acerca de sus prestaciones y les permite comprobar, en su caso, que efectivamente no han obtenido el número de puntos exigido por la convocatoria del concurso para ser admitidos a determinadas pruebas o a la totalidad de las mismas[75].

En todo caso, dada la amplia facultad de apreciación de que dispone para valorar los resultados de los exámenes de una oposición, el tribunal de una oposición no está obligado, al motivar su decisión de no admitir a un candidato a un examen, a precisar las respuestas de dicho candidato que han sido consideradas insuficientes o a explicar por qué han sido consideradas insuficientes esas respuestas. Por consiguiente, cumple la obligación de motivación que le incumbe el tribunal de oposición que comunica al candidato tanto la nota obtenida en un examen escrito como una copia del examen, así como la ficha de evaluación relativa a dicho examen, que le permite discernir los criterios de evaluación seguida por el tribunal y conocer su apreciación de la calidad de la actuación con arreglo a los parámetros previamente establecidos[76].

Por su parte, el art. 32 del Estatuto dispone que, el funcionario reclutado será clasificado en el primer escalón de su grado. La autoridad facultada para proceder a los nombramientos podrá, atendiendo a la experiencia profesional del interesado, reconocerle una antigüedad adicional de 24 meses, como máximo. De igual manera, el agente temporal cuya clasificación se haya fijado de acuerdo con los criterios de clasificación aprobados por la autoridad facultada para proceder a los nombramientos de cada institución conservará la antigüedad de escalón adquirida como agente temporal cuando sea nombrado funcionario en el mismo grado e inmediatamente después de dicho período.

Por último, el art. 34 recoge la obligación de los funcionarios de efectuar un período de prueba de nueve meses antes de poder ser nombrado con carácter definitivo. En efecto, el candidato aprobado en una oposición que se incorpora como funcionario en prácticas, únicamente puede ser nombrado definitivamente funcionario si supera el período de prueba a

---

75 Sentencias del Tribunal de Primera Instancia de 23 de enero de 2003, *Angioli c. Comisión* (T-53/00, RecFP pp. I-A-13 y II-73), apartado 67 (TOL4.689.014); de 27 de marzo de 2003, *Martínez Páramo y otros c. Comisión* (T-33/00, RecFP pp. I-A-105 y II-541), apartados 43 y 44 (TOL4.689.019); y, de 19 de febrero de 2004, *Konstantopoulou c. Tribunal de Justicia* (T-19/03, RecFP pp. I-A-25 y II-107), apartados 27, 32 y 33.

76 Sentencia del Tribunal de Primera Instancia, *Konstantopoulou c. Tribunal de Justicia*, antes citada, apartado 34.

que se refiere el art. 34. A este respecto, corresponde a la autoridad facultada para proceder a los nombramientos proporcionar al funcionario en prácticas las condiciones materiales adecuadas y un acompañamiento en el ejercicio, con carácter de prueba, de sus funciones. Cuando, al término de su período de prueba, el funcionario en prácticas, o bien ha mostrado una ineptitud manifiesta (art. 34.2) o bien no ha demostrado cualidades profesionales suficientes para ser nombrado con carácter definitivo (art. 34.3, párrafo tercero) será separado del servicio y no llegará a tomar posesión del cargo de funcionario de la Unión Europea.

Esta decisión de separación del servicio constituye, en realidad, una decisión de no nombrarlo funcionario con carácter definitivo, que se distingue, por su naturaleza, de la decisión de separación del servicio de quien ha sido nombrado funcionario con carácter definitivo. Mientras que, en este último caso, es preciso examinar minuciosamente las causas que justifican la extinción de una relación de servicio consolidada, en las decisiones relativas al nombramiento definitivo de los funcionarios en prácticas, el examen ha de ser global y referirse a la existencia o no de un conjunto de factores positivos y/o negativos exteriorizados durante el período de prueba y que pongan de manifiesto que el nombramiento o el no nombramiento definitivo del funcionario en prácticas redunda en interés del servicio[77].

Si bien el período de prueba (con vistas al nombramiento definitivo), que está destinado a permitir apreciar la aptitud y el comportamiento del funcionario en prácticas, no puede asimilarse a un período de formación, es preciso que, durante dicho período, se dé al interesado la oportunidad de demostrar su capacitación. Este requisito, indisociable del concepto de prueba, está implícitamente contenido en el art. 34.3. Responde, además, a las exigencias de los principios generales de buena administración e igualdad de trato, y a las del deber de diligencia, que refleja el equilibrio entre los derechos y obligaciones recíprocos que el Estatuto ha creado en las relaciones entre la autoridad pública y los agentes del servicio público de la Unión Europea. En concreto, significa que, el funcionario en prácticas debe disponer no sólo de condiciones materiales adecuadas, sino también de instrucciones y consejos apropiados, habida cuenta de la naturaleza de

---

[77] Sentencias del Tribunal de la Función Pública *BW c. Comisión*, F-2/11, EU:F:2012:194, apartado 78 (TOL3.297.852); De *Bruin c. Parlamento*, F-15/14, EU:F:2014:236, apartados 42 y 45 (TOL4.631.271); y, *DH c. Parlamento*, F-4/14, EU:F:2014:241, apartados 53, 54 y 57 (TOL4.631.358).

las funciones desempeñadas, para que pueda adaptarse a las necesidades específicas del empleo que ocupa[78].

Ni el tenor ni la finalidad del art. 34 del Estatuto prohíben, a efectos de valorar las cualidades profesionales del funcionario en prácticas, que sus superiores jerárquicos y el comité de informes tengan en cuenta las observaciones de un asesor externo responsable de la ejecución de un proyecto iniciado por la institución y con el que el funcionario en prácticas ha trabajado estrechamente, con objeto de demostrar una serie de datos positivos o negativos exteriorizados durante el período de prueba que ponen de manifiesto que la titularización o no del funcionario en prácticas es de interés para el servicio.

Tampoco se deduce en absoluto del texto del art. 34.3, párrafo tercero, del Estatuto que, en el caso de que un funcionario en prácticas no haya dado pruebas de cualidades profesionales suficientes para obtener un nombramiento definitivo, la autoridad facultada para proceder a los nombramientos esté obligada a examinar la posibilidad de prorrogar su período de prueba destinándolo a otro servicio. Por el contrario, el hecho de que dicha disposición emplee los términos «con carácter excepcional» demuestra claramente que esta autoridad dispone de una amplia facultad de apreciación para determinar, en función de los hechos del caso y de las circunstancias individuales, en qué situaciones resulta oportuno prorrogar el período de prueba.

Tal conclusión resulta especialmente cierta por lo que se refiere, en caso de prórroga del período de prueba, al propio cambio de destino, que es presentado como una mera posibilidad en el precepto estatutario en cuestión, teniendo bien presente que la duración total del período de prueba no podrá, en ningún caso, ser superior a quince meses, según el apartado 1 de este mismo artículo[79].

Para finalizar, en materia de separación del servicio de un funcionario en prácticas, el principio del respeto al derecho de defensa se lleva a cabo por el art. 34 del Estatuto, que establece que, el informe relativo al funcio-

---

[78] Sentencia del Tribunal de Primera Instancia *Rozand-Lambiotte c. Comisión*, T-96/95, EU: T:1997:25, apartado 95; y, Sentencias del Tribunal de la Función Pública *Krcova c. Tribunal de Justicia*, F-112/06, EU: F:2007:178, apartado 48; *Doktor c. Consejo*, F-73/07, EU: F:2008:42, apartados 31 y 33 a 36 (TOL9.930.383); *De Bruin c. Parlamento*, EU: F:2014:236, apartados 43 y 44 (TOL4.631.271); y, *DH c. Parlamento*, EU: F:2014:241, apartados 55 y 56 (TOL4.631.358).

[79] Sentencias *Krcova c. Tribunal de Justicia*, apartado 77, y *DH c. Parlamento*, apartado 76 (TOL4.631.358).

nario en prácticas elaborado un mes antes de la terminación de su período de prueba y que versa sobre su aptitud para desempeñar los cometidos propios de su función, así como su rendimiento y conducta en el servicio, será comunicado al interesado, que podrá formular sus observaciones por escrito. En cambio, dicho principio no exige que la Administración, durante el período de prueba, dirija una advertencia al funcionario en prácticas cuyas prestaciones profesionales no sean satisfactorias.

Por lo tanto, aunque durante dicho período la Administración no informe al interesado de su supuesta insuficiencia profesional, ello no constituye una vulneración del principio del respeto del derecho de defensa, ya que el informe de fin del período de prueba, en que se basó la Administración para proponer la separación del servicio, se comunicó debidamente al interesado[80].

2. SITUACIONES

a) Servicio activo

El art. 36 dispone que, el servicio activo es la situación del funcionario que ejerce las funciones correspondientes al puesto de trabajo en el que está destinado o que ocupa interinamente.

b) Comisión de servicio

La comisión de servicio es la situación del funcionario titular que, por decisión de la autoridad facultada para proceder a los nombramientos, pasa a ocupar esta situación administrativa dentro de la función pública de la Unión Europea.

Se puede acceder a la situación de comisión de servicio en base a las dos posibilidades siguientes: en primer lugar, *por interés del servicio*, cuando haya sido designado para ocupar temporalmente un puesto de trabajo fuera de su institución, o cuando haya sido encargado de ejercer temporalmente funciones bajo la dependencia de una persona que cumpla un mandato previsto en los Tratados, de un presidente elegido de una institución o un órgano de la Unión, de un grupo político del Parlamento Europeo o del

---

[80] Sentencia del Tribunal de la Función Pública *Sapara c. Eurojust*, F-61/06, EU: F:2008:98, apartados 149 y 150 (TOL9.930.506).

Comité de las Regiones, o de un grupo del Comité Económico y Social Europeo.

Igualmente, cuando haya sido designado para ocupar temporalmente un puesto de trabajo, incluido en el cuadro del personal retribuido con cargo a los créditos de investigación e inversiones y al que las autoridades presupuestarias hayan conferido un carácter temporal[81].

En todo caso, el art. 38 dispone que, la Comisión Europea, en interés del servicio, debe ajustarse a las siguientes normas: (i) será ordenada por la autoridad facultada para proceder a los nombramientos, previa audiencia del interesado; b) su duración será fijada por la misma autoridad; y, c) al término de cada período de seis meses el interesado podrá solicitar el fin de la comisión de servicio.

Como el Tribunal de Justicia señaló en su Sentencia de 11 de julio de 2006, *Comisión c. Cresson* (C-432/04, Rec. p. I-6387, TOL4.627.867), apartado 137, la finalidad de las comisiones de servicios bajo la dependencia de un Comisario consiste, en general, en permitir que unas personas previamente seleccionadas en atención a sus méritos, a menudo mediante concurso, y que han acreditado su competencia, ejerzan sus funciones al servicio de los Gabinetes. Los términos del precepto hacen expreso hincapié en las funciones a ejercer, y requieren que exista una relación especial entre el funcionario en comisión de servicios y el Miembro de la Comisión[82]. El Tribunal de Justicia declaró igualmente que, la selección de estos colaboradores se realiza *intuitu personae*, es decir, con un amplio margen de discrecionalidad, ya que los interesados son elegidos tanto por sus cualidades profesionales y morales como por su aptitud para adaptarse a los métodos

---

81 El funcionario en comisión de servicio tendrá derecho a una retribución diferencial cuando al puesto de trabajo que ocupe le corresponda una retribución global inferior a la correspondiente a su grado y escalón en su institución de origen; también, tendrá derecho al reintegro de la totalidad de los gastos suplementarios que le suponga la comisión de servicio. En todo caso, continuará cotizando para el régimen de pensiones según la retribución en activo correspondiente a su grado y escalón en la institución de origen, conservará su puesto de trabajo, su derecho a ascenso y su candidatura para la promoción, y al término de la comisión de servicio, se incorporará inmediatamente al puesto que ocupaba anteriormente (art. 38).

82 Sentencia del Tribunal de Primera Instancia de 16 de julio de 1998, *Forcheri c. Comisión*, T-162/96, RecFP pp. I-A-421 y II-1203, apartado 65.

de trabajo propios del Comisario de que se trate y a los del conjunto de su Gabinete[83].

El Tribunal de Justicia y el Tribunal de Primera Instancia han puesto igualmente de relieve, a propósito de la situación de un funcionario que trabajaba en comisión de servicios para un grupo político del Parlamento Europeo, la discrecionalidad de que goza la persona o el servicio que se beneficia de la comisión de servicios, así como la confianza mutua que debe presidir las relaciones que se establezcan entre dicha persona o servicio y el funcionario en comisión de servicios mientras dure la citada comisión de servicios, lo que permite que la AFPN ponga fin en cualquier momento a la comisión de servicios cuando esas relaciones de confianza mutua hayan desaparecido[84]. En este mismo sentido, el art. 38 del Estatuto, permite que el funcionario en comisión de servicios solicite que se ponga fin a la aludida comisión de servicios al término de cada período de seis meses, lo que atestigua la precariedad característica de la relación de trabajo entre el interesado y la persona bajo cuya dependencia trabaja en la situación administrativa de comisión de servicios.

En segundo lugar, cabe reseñar la *comisión de servicio a petición propia.* El funcionario será puesto a disposición de otra institución de la Unión Europea. Será puesto a disposición de uno de los organismos al servicio de los intereses de la Unión que figuren en una relación establecida de común acuerdo por las autoridades facultadas para proceder a los nombramientos de las instituciones de la Unión, previo informe del Comité del Estatuto. En esta situación el funcionario continuará gozando de todos sus derechos en las condiciones previstas en los arts. 38 y 39, y seguirá sometido a las obligaciones derivadas de su pertenencia a su institución de origen.

El art. 39 del Estatuto recoge las normas a las que debe ajustarse la comisión de servicio a petición del funcionario: (i) la decisión será adoptada por la autoridad facultada para proceder a los nombramientos que fijará asimismo su duración; (ii) dentro del plazo de seis meses a partir de la toma de posesión, el funcionario podrá solicitar el fin de esta comisión de servicio. En tal caso se incorporará inmediatamente al puesto de trabajo

---

83 Sentencia *Comisión c. Cresson*, antes citada, apartado 130 (TOL4.627.867); véase igualmente en este sentido, a propósito de la designación de los letrados en los gabinetes de los jueces del Tribunal de Justicia, la sentencia del Tribunal de la Función Pública de 4 de septiembre de 2008, *Duta c. Tribunal de Justicia*, F-103/07, apartado 26.

84 Sentencia del Tribunal de Justicia de 29 de abril de 2004, *Parlamento c. Reynolds*, C-111/02 P, Rec. p. I-5475, apartados 54 a 56 (TOL4.625.893).

que ocupaba anteriormente; (iii) transcurrido este plazo podrá ser sustituido en su puesto de trabajo; y, (iv) durante la duración de la comisión de servicio, las cotizaciones al régimen de pensiones, así como los eventuales derechos a pensión, serán calculados según el sueldo en activo correspondiente a su grado y escalón en su institución de origen[85].

Durante la comisión de servicio, el funcionario conservará sus derechos a la subida de escalón. Al término de la comisión de servicio el funcionario deberá incorporarse obligatoriamente a la primera vacante de un puesto de trabajo de su grupo de funciones correspondiente a su grado, siempre que reuniera las aptitudes requeridas para su desempeño. Si rehusare, el puesto de trabajo que se le ofrezca conservará su derecho a la reincorporación, en las mismas condiciones, hasta que se produzca una segunda vacante de un puesto de su grupo de funciones correspondiente a su grado. En caso de un segundo rechazo, podrá ser separado de oficio previa consulta a la Comisión paritaria. Hasta el momento de su reincorporación continuará en situación de comisión de servicio sin derecho a retribución.

Por último, debe recordarse que, todo funcionario en servicio activo o en excedencia voluntaria podrá presentar una solicitud de comisión de servicio o recibir una propuesta de comisión por interés del servicio. Una vez que el funcionario pase a estar en comisión de servicio, la excedencia voluntaria se dará por terminada.

---

85 Durante la duración de la comisión de servicio, las cotizaciones al régimen de pensiones, así como los eventuales derechos a pensión, serán calculados según el sueldo en activo correspondiente a su grado y escalón en su institución de origen. Sin embargo, el funcionario que se halle en comisión de servicio por petición propia y que pueda adquirir derechos a pensión en el organismo en el que esté en comisión de servicio, cesará, mientras dure su destino, de participar en él régimen de pensiones de su institución de origen. A su vez, el funcionario que sea declarado inválido mientras dure el período de comisión de servicio por petición propia y los derechohabientes de un funcionario fallecido durante el mismo período disfrutarán de las disposiciones del Estatuto en materia de asignación por invalidez o pensión de supervivencia, con deducción de las cantidades que les hubieran sido abonadas, por el mismo concepto y por el mismo período, por el organismo en el que el funcionario se hallase en comisión de servicio. La aplicación de esta disposición no podrá dar lugar a una pensión total superior a la cuantía máxima de la pensión que les hubiera correspondido de acuerdo con las disposiciones del Estatuto.

c) Excedencia voluntaria

El art. 40 del Estatuto dispone que, en circunstancias excepcionales y a petición del funcionario titular podrá concedérsele excedencia sin derecho a sueldo por interés personal. Esta, tendrá una duración máxima de un año y podrá ser renovada varias veces con una duración máxima de un año, si bien, la duración total de la excedencia voluntaria no podrá exceder de doce años a lo largo de toda la carrera del funcionario[86].

En efecto, el art. 40 del Estatuto prevé que los funcionarios podrán, excepcionalmente, solicitar una excedencia sin goce de sueldo por razones de conveniencia personal. Los términos de este art. 40 no proporcionan ningún detalle sobre las razones que puedan justificar tal solicitud. En una sentencia en la que debía pronunciarse sobre la legalidad de la negativa de la Comisión a conceder una excedencia por motivos personales por un motivo concreto, el Tribunal de Justicia aludió a la amplia variedad de motivos que se derivan de la práctica de las instituciones en esta materia, tales como motivos familiares, el deseo de formación y perfeccionamiento o la reinserción en otras actividades profesionales (sentencia de 16 de diciembre de 1976, *Mascetti c. Comisión*, 2/76, Rec. p. 1975, apartado 6).

En todo caso, la Administración no está sistemáticamente obligada a conceder la excedencia voluntaria solicitada. De acuerdo con jurisprudencia reiterada, las instituciones gozan de la más amplia discrecionalidad en cuanto a la legitimidad de las razones aducidas por el funcionario que desea beneficiarse de este favor y la compatibilidad de la concesión de la excedencia con los intereses del servicio (*Mascetti c. Comisión*, antes citada, apartado 6). Sin embargo, el ejercicio de esta amplísima facultad discrecional no puede tener lugar antes de la presentación de una solicitud de

---

86 Sin embargo, cuando la excedencia se solicite para permitir al funcionario: i) educar a un hijo que se considere que está a su cargo, que esté afectado por una discapacidad psíquica o física grave, reconocida por el médico-asesor de la institución y que exija una vigilancia o cuidados permanentes; o ii) seguir a su cónyuge, también funcionario o agente de la Unión, que esté obligado, a causa de sus funciones, a establecer su residencia habitual a una distancia tal del lugar de destino del interesado que el establecimiento de la residencia conyugal común en este lugar sea para el interesado fuente de inconvenientes para el ejercicio de sus funciones; o, iii) asistir a su cónyuge, un ascendiente, un descendiente o un hermano en caso de una enfermedad grave o una seria discapacidad, acreditadas por un certificado médico, la excedencia podrá renovarse sin ninguna limitación, siempre que, en el momento de cada renovación, subsistan las condiciones que hayan justificado la concesión de la excedencia.

permiso por motivos personales con arreglo al art. 40 del Estatuto, y en particular en el momento del examen de una solicitud de selección, porque cualquier solicitud en ese sentido sería rechazada posteriormente, en cualquier caso.

Debe destacarse que el período de excedencia no será computado a efectos de subida de escalón y promoción de grado y durante el mismo quedará suspendida su afiliación al régimen de seguridad social (art. 73) y la cobertura de riesgos correspondiente. No obstante, si el funcionario no ejerce una actividad profesional retribuida, podrá, siempre que lo solicite a más tardar en el mes siguiente al comienzo de la excedencia voluntaria, seguir disfrutando de la cobertura prevista, a condición de que sufrague la mitad de las contribuciones necesarias para la cobertura de los riesgos (arts. 72.1 y 73.1) durante el primer año de excedencia voluntaria y la totalidad de las mismas durante el período restante de dicha excedencia. En todo caso, las contribuciones se calcularán en función del último sueldo base del funcionario, y en caso de acreditar no poder adquirir derecho a pensión en otro régimen de pensiones, podrá, a petición propia, continuar adquiriendo nuevos derechos a pensión durante un período máximo de un año, a condición de satisfacer una contribución igual al triple de la cuantía prevista. Por último, las contribuciones se calcularán según el sueldo base del funcionario que corresponda a su grado y a su escalón.

Para finalizar, el apartado cuarto del art. 40 recoge las normas que han de regir la excedencia voluntaria: (i) será concedida por la autoridad facultada para proceder a los nombramientos a petición del interesado; (ii) su renovación deberá ser solicitada dos meses antes de la expiración del período en curso; (iii) el funcionario podrá ser sustituido en su puesto de trabajo; y, (iv) al término de la excedencia voluntaria, el funcionario deberá incorporarse obligatoriamente a la primera vacante de un puesto de trabajo de su grupo de funciones, correspondiente a su grado, siempre que reuniera las aptitudes requeridas para su desempeño.

Si rehusare el puesto de trabajo que se le ofrezca, conservará su derecho a la reincorporación, en las mismas condiciones, hasta que se produzca una segunda vacante de un puesto de su grupo de funciones correspondiente a su grado. En caso de un segundo rechazo podrá ser separado de oficio previa consulta a la Comisión paritaria. Mientras no se reincorpore o se halle en comisión de servicio, continuará en situación de excedencia voluntaria sin derecho a retribución.

Además, del art. 40 del Estatuto y de la jurisprudencia se desprende que un funcionario sujeto a las disposiciones del Estatuto puede, en particular, disfrutar de vacaciones y ejercer otras actividades profesionales (véase la sentencia *Mascetti c. Comisión*, antes citada, apartado 6), sin perder el derecho a ser reintegrado posteriormente. Así, el art. 40, apartado 4, letra d), del Estatuto establece que, al expirar el permiso por motivos personales, el funcionario deberá ser reintegrado, en la primera vacante, en un puesto de su categoría o en la categoría correspondiente a su grado, siempre que tenga las habilidades requeridas para este puesto. También se especifica que, hasta la fecha de su reintegro efectivo, el funcionario deberá permanecer en excedencia por motivos personales sin goce de sueldo.

d) Excedencia forzosa

El art. 41 del Estatuto dispone que, será declarado en excedencia forzosa el funcionario que resulte afectado por una reducción del número de puestos de trabajo de su institución. La reducción del número de puestos de trabajo correspondientes a un grado será decidida por la autoridad competente en materia presupuestaria en el marco del procedimiento presupuestario.

La autoridad facultada para proceder a los nombramientos, previo informe de la Comisión paritaria decidirá la clase de puestos de trabajo que serán afectados por tales medidas. La mencionada autoridad confeccionará la lista de los funcionarios afectados por estas medidas, previo informe de la Comisión paritaria y tomando en cuenta la capacidad, el rendimiento, la conducta en el servicio, la situación familiar y la antigüedad de los funcionarios. Los funcionarios que ocuparen uno de los puestos de trabajo afectados y que expresaren su deseo de ser declarados en excedencia forzosa serán incluidos de oficio en esta lista.

En todo caso, las autoridades no deben extralimitarse en el ejercicio de su facultad de apreciación al utilizar a su antojo los criterios de selección establecidos en el art. 41 del Estatuto, dando, por ejemplo, mayor peso al criterio basado en las circunstancias familiares que al criterio basado en la antigüedad. Ha de llevarse a cabo un examen comparativo de los expedientes, tal y como ha exigido la jurisprudencia (sentencia del Tribunal de Justicia de 17 de septiembre de 1993, *Parlamento c. Frederiksen*, C-35/92 P, Rec. p. 1-991, apartado 15).

El ejercicio de esta facultad de apreciación presupone un examen escrupuloso de los expedientes de los voluntarios y conlleva, como contrapartida, la obligación de examinar, detenida e imparcialmente, todos los hechos pertinentes del caso (sentencia *Parlamento c. Frederiksen*, antes citada, apartado 74). El control del Tribunal de Primera Instancia se limitó a comprobar si la autoridad había hecho un uso incorrecto de su facultad o si la había utilizado para un fin distinto de aquel para el que le fue conferida (sentencia del Tribunal de Primera Instancia de 8 de julio de 1992, *Schloh c. Consejo*, T-11/91, Rec. p. 11-203, apartados 51 y 70).

El deber de la Administración de velar por el bienestar de sus empleados refleja el equilibrio de derechos y obligaciones recíprocos que el Estatuto ha creado en la relación entre la autoridad pública y los empleados del servicio público, así como que, las exigencias del deber de velar por el bienestar de los empleados no pueden impedir que la autoridad adopte las medidas que considere necesarias en interés del servicio. Si bien la autoridad que decide sobre la situación de un funcionario debe tener en cuenta no sólo los intereses del servicio sino también los del funcionario afectado, esta consideración no puede impedir que la autoridad racionalice los servicios si lo considera necesario. La autoridad que demuestra haber tomado en consideración los factores enunciados en el art. 41.2, párrafo tercero, del Estatuto, a saber, la capacidad, el rendimiento, la conducta en el servicio, la situación familiar y la antigüedad de los interesados, al establecer la lista de los funcionarios afectados por una medida de reducción del número de puestos, no incumple este deber (sentencia de 13 de enero de 1998 en el asunto T-176/96, *Volger c. Parlamento*, Rec. 1998, p. II-1, apartados 76 a 80).

Durante la excedencia forzosa, el funcionario cesará de ejercer sus funciones y de gozar de sus derechos a la retribución y a la subida de escalón, pero durante un período que no podrá exceder de cinco años, continuará acumulando derechos a pensión de jubilación sobre la base de la retribución correspondiente a su grado y nivel. Asimismo, durante un período de dos años a partir de su declaración en situación de excedencia forzosa, el funcionario tendrá derecho preferente para reincorporarse a un puesto de su grupo de funciones, correspondiente a su grado, que resultare vacante o que fuere creado, siempre que poseyere las aptitudes requeridas[87].

---

87 El funcionario declarado en situación de excedencia forzosa percibirá una indemnización calculada de acuerdo con las disposiciones del Anexo IV del Estatuto. La cuantía de los ingresos percibidos por el funcionario durante este período procedentes de un nuevo empleo será deducida de dicha indemnización, en la medida en que, acumulados a ésta, sean superiores a la última retribución global del funcionario calculada según el baremo de sueldos en vigor el primer día del mes por el que haya de liquidarse la indemnización. El interesado estará obligado a presentar los documentos justificativos que puedan exigírsele y a notificar a la institución cualquier circunstancia que pueda modificar sus derechos a la prestación. No se aplicará coeficiente corrector alguno a la indemnización.

Por su parte, el apartado cuarto del art. 41 recoge que, al término del período a que se extienda el derecho a indemnización el funcionario será separado de oficio. En su caso tendrá derecho a una pensión de jubilación en las condiciones previstas en el régimen de pensiones. Por último, cuando un funcionario hubiere rechazado sin justificación un puesto de trabajo correspondiente a su grado, que le hubiere sido ofrecido antes de la expiración del plazo de dos años, previo informe de la Comisión Paritaria podrá retirársele el derecho a los beneficios que establece este artículo y ser separado de oficio.

e) Excedencia por servicio militar

El art. 42 dispone que, los funcionarios que cumplan el servicio militar o un período de instrucción militar o que sean reincorporados a filas, serán declarados en situación de excedencia por servicio militar. Los funcionarios que estén cumpliendo el servicio militar dejarán de percibir sus retribuciones, pero continuarán gozando del derecho a promoción y ascenso.

El tiempo de servicio militar les será computable a efectos de pensión de jubilación si, tras su licenciamiento, satisficieren al régimen de pensiones las cuotas correspondientes atrasadas. Los funcionarios obligados a seguir un período de instrucción militar, o que fueren reincorporados, percibirán durante el período de instrucción o reincorporación sus retribuciones de las que se deducirá el sueldo militar que perciban.

Respecto al cálculo de la pensión de jubilación, es muy relevante el pronunciamiento del Tribunal de Justicia en su Sentencia de 13 de febrero de 2019, *Ronny Rohart c. Federale Pensioendienst* (C-179/18, EU:C:2019:111, TOL7.047.073). Los hechos del caso eran en síntesis los siguientes: el Sr. Rohart trabajó en Bélgica por cuenta ajena del 1 de octubre de 1970 al 15 de agosto de 1973. El 16 de agosto de 1973, tomó posesión como funcionario en la Comisión Europea, donde trabajó hasta su jubilación, el 1 de enero de 2009, con una interrupción de un año —del 1 de julio de 1974 al 30 de junio de 1975—, durante el cual cumplió su servicio militar obli-

---

No obstante, la indemnización y la última retribución global a la que se refiere el apartado cuarto del art. 41 estarán sujetas al coeficiente, mencionado en la letra a) del apartado 5 del artículo 3 del anexo XI, que corresponda al Estado miembro en el que el interesado demuestre tener su residencia, siempre y cuando ese Estado miembro sea su último lugar de destino. En tal caso, si la moneda del Estado miembro no es el euro, la indemnización se calculará con arreglo a los tipos de cambio contemplados en el art. 63 del Estatuto.

gatorio en Bélgica. Al Sr. Rohart, que percibe una pensión del régimen de pensiones de la Unión Europea, se le concedió también una pensión del régimen belga de pensiones de los trabajadores por cuenta ajena. El período del servicio militar obligatorio cumplido por el Sr. Rohart no fue computado ni para el cálculo de su pensión del régimen de pensiones de la Unión ni para el de su pensión del régimen belga, ya que el interesado no cumplía los requisitos para la equiparación. No obstante, el período del servicio militar obligatorio cumplido por el Sr. Rohart se habría computado para el cálculo de su pensión si hubiese continuado su actividad laboral en Bélgica como trabajador por cuenta ajena, funcionario o autónomo, y también se habría computado si hubiese continuado su actividad laboral en otro Estado miembro, de conformidad con el art. 13 del Reglamento n.º 1408/71, de modo que se encuentra en desventaja por haber sido funcionario de la Unión.

El Tribunal belga preguntó en la cuestión prejudicial, en esencia, si el art. 4.3 del TUE (principio de cooperación leal), en relación con el Estatuto, debe interpretarse en el sentido de que se opone a una normativa de un Estado miembro, como la controvertida en el litigio principal, en virtud de la cual, al determinar los derechos a pensión de un trabajador que trabajó por cuenta ajena en ese Estado miembro antes de convertirse en funcionario de la Unión y, una vez convertido en funcionario de la Unión, cumplió su servicio militar obligatorio en ese Estado miembro, se deniega a dicho trabajador la equiparación del período de servicio en filas a un período de trabajo efectivo como trabajador por cuenta ajena, equiparación a la que tendría derecho si, cuando fue llamado a filas o durante al menos un año en los tres años posteriores a su licenciamiento, hubiera ejercido una actividad laboral en el marco del régimen nacional de pensiones[88].

La Sentencia de 16 de diciembre de 2004, *My* (apartado 49, C-293/03, EU:C:2004:821, TOL4.625.558), el Tribunal de Justicia declaró que el principio de col operación leal enunciado en el art. 10 del TCE —consagrado

---

[88] Debe recordarse que el Derecho de la Unión no restringe la competencia de los Estados miembros para organizar sus sistemas de seguridad social y que, a falta de una armonización a escala de la Unión, corresponde a la legislación de cada Estado miembro determinar los requisitos que confieren derecho a las prestaciones en materia de seguridad social. Sin embargo, no es menos cierto que, en el ejercicio de dicha competencia, los Estados miembros deben respetar el Derecho de la Unión, que incluye los principios establecidos por el Tribunal de Justicia en su jurisprudencia sobre la interpretación del principio de cooperación leal en relación con el Estatuto (sentencia de 10 de septiembre de 2015, *Wojciechowski*, C-408/14, EU:C:2015:591, apartado 35, TOL5.420.445).

actualmente en el art. 4 del TUE, apartado 3—, en relación con el Estatuto, debe interpretarse en el sentido de que se opone a una normativa nacional que no permite que se computen los años de trabajo que un nacional de la Unión haya cumplido al servicio de una institución de la Unión, en orden al reconocimiento de un derecho a pensión de jubilación anticipada en virtud del régimen nacional. En el apartado 34 del Auto de 9 de julio de 2010, *Ricci y Pisaneschi* (C-286/09, EU:C:2010:420), el Tribunal de Justicia aclaró que lo mismo puede predicarse en lo que atañe al reconocimiento de un derecho a pensión de jubilación ordinaria.

A este respecto, el Tribunal de Justicia declaró, en los apartados 45 a 48 de la sentencia de 16 de diciembre de 2004, *My* (C-293/03, EU:C:2004:821, TOL4.625.558), y en los apartados 29 a 33 del auto de 9 de julio de 2010, *Ricci y Pisaneschi* (C-286/09, EU:C:2010:420), que las normativas controvertidas en los asuntos que dieron lugar a esa sentencia y a ese auto podían hacer más difícil la selección, por parte de las instituciones o los órganos de la Unión, de funcionarios nacionales con una determinada antigüedad. En efecto, el Tribunal de Justicia puso de manifiesto que esas normativas podían desalentar el ejercicio de una actividad profesional en una institución o un órgano de la Unión, ya que, al aceptar un puesto de trabajo en tal institución u órgano, un trabajador previamente afiliado a un régimen nacional de pensiones corría el riesgo de perder la posibilidad de disfrutar, con arreglo a ese régimen, de una prestación de vejez a la que habría tenido derecho en caso de no haber aceptado dicho puesto. Consideró que no podían admitirse semejantes consecuencias, habida cuenta del deber de cooperación y de asistencia leales que recae sobre los Estados miembros con respecto a la Unión y que halla su expresión en la obligación, anteriormente impuesta por el art. 10 del TCE y en la actualidad por el art. 4 del TUE, apartado 3, de facilitar a esta el cumplimiento de su misión.

Por otra parte, el Tribunal de Justicia declaró en la sentencia de 10 de septiembre de 2015, *Wojciechowski* (C-408/14, EU:C:2015:591, TOL5.420.445), que, el art. 4 del TUE, apartado 3, en relación con el Estatuto, se opone a la normativa de un Estado miembro en virtud de la cual la pensión de jubilación devengada por un trabajador por prestaciones realizadas por cuenta ajena en dicho Estado miembro resulta reducida o denegada como consecuencia del período de actividad laboral completado posteriormente en una institución de la Unión, señalando, en particular, en el apartado 43 de dicha sentencia, que esa normativa podía también hacer más difícil no solo la selección, por parte de esas instituciones, de funcionarios nacionales con una determinada antigüedad, sino también la permanencia al servicio de esas instituciones de funcionarios experimentados.

En efecto, resulta que, también puede hacer más difícil la selección de funcionarios en las instituciones de la Unión una normativa de un Estado miembro, como la controvertida en el litigio principal, que priva al trabajador que ha cumplido su servicio militar obligatorio en ese Estado miembro cuando era funcionario de la Unión de la equiparación del período de servicio en filas a un período de trabajo efectivo, equiparación a la que tendría derecho si, cuando fue llamado a filas o durante los tres años siguientes a su licenciamiento, hubiera ejercido una actividad laboral en el marco de un régimen de pensiones de dicho Estado miembro o, en otro Estado miembro.

Resulta claro que, una normativa de este tipo puede disuadir al trabajador por cuenta ajena acogido a un régimen de pensiones del Estado miembro de que se trate de convertirse en funcionario de la Unión antes del cumplimiento de su servicio militar obligatorio o durante los tres años siguientes al mismo. El carácter disuasorio de esa normativa puede acentuarse, además, cuando el régimen nacional de pensiones exija un número mínimo de años de actividad para disfrutar de una pensión, de modo que no computar el período del servicio militar obligatorio como período de trabajo efectivo puede conllevar en algunos casos no ya la disminución del importe de la pensión, sino la inexistencia del derecho a esta. El Tribunal concluyó que no cabe admitir tales consecuencias al amparo del deber de cooperación y asistencia leales que recae sobre los Estados miembros con respecto a la Unión y que halla su expresión en la obligación impuesta por el artículo 4 del TUE, apartado 3, de facilitar a esta el cumplimiento de su misión.

f) Licencia parental o familiar

El art. 42 bis del Estatuto dispone que, todo funcionario tendrá derecho, por cada hijo y en los doce años siguientes al nacimiento o la adopción del mismo, a una licencia parental de una duración máxima de seis meses, sin percepción del sueldo base[89].

---

[89] El Tribunal de Justicia señala que, el permiso de maternidad responde a la necesidad de proteger, por un lado, la condición biológica de la mujer durante y después del embarazo y, por otro lado, las relaciones especiales entre una mujer y su hijo durante el posterior al embarazo y al parto (véanse, en particular, las sentencias del Tribunal de Justicia de 27 de octubre de 1998, *Boyle y otros*, C-411/96, apartado 58 (TOL103.946); de 18 de marzo de 2004, *Merino Gómez*, C-342/01, apartado 32 (TOL350.165), y de 18 de noviembre de 2004, *Sass*, C-284/02, pun-

La duración de esta licencia podrá duplicarse en el caso de las familias monoparentales reconocidas en virtud de las disposiciones generales de aplicación adoptadas por la autoridad facultada para proceder a los nombramientos de cada institución y en el caso de padres de hijos a cargo con una discapacidad o con una enfermedad grave reconocida por el médico-asesor de la institución. La licencia podrá concederse por tramos de una duración mínima de un mes.

La solicitud de permiso parental podrá ser retirada unilateralmente por el funcionario, pero sólo dentro de un plazo razonable, en todo caso no posterior a la fecha de notificación de la resolución sobre dicha solicitud o, a lo sumo, hasta la fecha en que el funcionario interesado tuvo conocimiento de esta decisión. A su vez, la jurisprudencia ha señalado que cabe una interrupción temporal del permiso parental. La AFPN podrá cancelar la licencia y, por lo tanto, no está obligada a conceder ninguna solicitud de cancelación o interrupción, lo cual demuestra que, cualquier decisión que adopte a tal efecto la AFPN debe basarse en motivos legítimos, ser invocada por el funcionario, teniendo en cuenta los fines del permiso parental y resultante de la ponderación de los intereses de éste y los de la institución. No obstante, la discrecionalidad de la Administración se reduce cuando el interesado que disfruta de un permiso parental establece, en su solicitud de interrupción del mismo, que hechos posteriores a la concesión de dicho permiso le sitúan de forma indiscutible en la imposibilidad de cuidar del hijo menor en las condiciones inicialmente previstas. Este puede ser el caso, en particular, cuando el funcionario padezca una enfermedad cuya gravedad o características le sitúen en tal situación de imposibilidad. (Sentencia del Tribunal de Justicia de septiembre de 2007, *Kiiski*, C-116/06).

De igual manera, el Tribunal de Justicia ha mantenido una posición estricta a la hora de señalar que, el hecho de haber ejercido sus derechos al permiso de maternidad y al permiso parental reduzca las posibilidades de contratación por una institución u órgano de la Unión Europea debido, en esencia, a que a ninguna institución le gustaría contratar a una persona que, probablemente, no empezará a trabajar de inmediato, porque la persona se encuentra de baja por maternidad o paternidad, sin propor-

---

to 32, TOL9.922.471) y que, como tal, constituye sólo uno de los aspectos de un sistema de protección más general, justificado, en particular, por los efectos fisiológicos del embarazo y maternidad (véanse, en este sentido, las sentencias del Tribunal de Justicia de 30 de junio de 1998, *Brown*, C-394/96, apartado 22 TOL103.663, y de 19 de noviembre de 1998, *Høj Pedersen* y otros, C-66/96, apartado 33, TOL103.919) cionar prueba *prima facie* en apoyo de esta alegación. Para que exista una violación de un principio o de una norma jurídica, la supuesta violación debe estar acreditada y no ser posible [véase la sentencia del Tribunal General de 27 de septiembre de 2011, *Whitehead c. ECB*, F-98/09, párrafo 65 (TOL9.919.715)].

Otro aspecto de especial relevancia es que, del tenor del art. 42 bis del Estatuto no se deriva la prohibición a la autoridad competente para adoptar una decisión por la que se despide a un funcionario o se rescinde el contrato de un agente contractual o temporal, aun cuando dicho agente esté, en la fecha de la presente decisión, en permiso parental y que estaba, en principio, destinado a volver a este trabajo o a estas funciones al final de este permiso.

Esta interpretación se ve confirmada por el contexto del artículo 42 bis del Estatuto, en particular, por las disposiciones del Estatuto relativas a los procedimientos de terminación definitiva del servicio. El artículo 47 del Estatuto, que define, respecto de los funcionarios, los distintos supuestos de cese definitivo en el servicio, no prevé ninguna reserva o excepción que estaría vinculada a la colocación del funcionario en cuestión en un permiso parental. Lo mismo se aplica al artículo 51, relativo al tratamiento de la incompetencia profesional, y al artículo 9, apartado 1, letra h), del anexo IX del Estatuto, relativo al despido por motivos disciplinarios.

No obstante, el art. 42 bis debe interpretarse en el sentido del Acuerdo Marco revisado sobre el permiso parental, celebrado el 18 de junio de 2009 por la Asociación Interprofesional Europea organizaciones de interlocutores sociales (BUSINESSEUROPE, UEAPME, CEEP y ETUC) (en adelante, el "Acuerdo Marco"), según lo establecido en la Directiva 2010/18/UE del Consejo, de 8 de marzo de 2010, por la que se aplica el acuerdo marco revisado sobre el permiso parental celebrado por BUSINESSEUROPE, UEAPME, CEEP y ETUC y por el que se deroga la Directiva 96/34/CE (DO 2010 L 68, p. 13, TOL1.936.418). Así pues, corresponde al Tribunal de Justicia favorecer una interpretación de las disposiciones del Estatuto que permita garantizar su conformidad con los principios del Derecho social de la Unión, expresamente consagrados en la Carta e incorporar al Estatuto el contenido de las disposiciones del Derecho derivado de la Unión que constituyen normas de protección mínima para complementar, en su caso, las demás disposiciones legales (véase, en este sentido, la sentencia de 19 de septiembre de 2013, *Comisión de Reexamen c. Strack*, C-579/12 RX-II, EU:C:2013:570, apartado 46, TOL9.915.561).

Con el objetivo de facilitar la conciliación de las responsabilidades profesionales y familiares de los padres trabajadores fue que se incluyó el derecho al permiso parental en el art. 33.2 CDFUE, entre los derechos sociales fundamentales agrupados en el Título IV de la misma, bajo el epígrafe *Solidaridad.* Esta disposición establece que, para poder conciliar la vida familiar y la vida profesional, toda persona tiene derecho, en particular, al permiso parental tras el nacimiento o la adopción de un hijo (véase, en este sentido, la sentencia de 16 de julio de 2015, *Maïstrellis,* C-222/14, EU:C:2015:473, apartado 39 y jurisprudencia citada, TOL5.204.207). El caso de la disposición que tiene por objeto proteger a los trabajadores contra el despido por solicitar o disfrutar de un permiso parental, debe entenderse, según la jurisprudencia del Tribunal de Justicia, como reflejo de un derecho social de unión que reviste particular importancia [en este sentido, las sentencias de 27 de febrero de 2014, *Lyreco Belgium,* C-588/12, EU:C:2014:99, apartado 36 (TOL9.914.688), y de 25 de febrero de 2021, *Caisse pour le future of children (Empleo al nacer),* C-129/20, EU:C:2021:140, apartado 44 (TOL8.325.887)]. En consecuencia, los requisitos mínimos de la cláusula 5.4 del Acuerdo Marco, en la medida en que garantizan la protección a cualquier trabajador contra un trato menos favorable o el despido con motivo de la solicitud o del disfrute de la licencia parental, deben considerarse parte integrante del Estatuto de los funcionarios y debe, salvo las disposiciones más favorables contenidas en él, aplicarse a los funcionarios y agentes de las instituciones de la Unión[90].

Así pues, los objetivos perseguidos por el Acuerdo Marco están vinculados a la mejora de las condiciones de vida y de trabajo y a la existencia de una protección social adecuada para los trabajadores, que, como se desprende del artículo 151 del TFUE, se encuentran entre los objetivos perseguidos por la Política Social de la Unión [sentencia de 7 de septiembre de 2017, *H.*, C-174/16, EU:C:2017:637, apartado 33 y jurisprudencia citada (TOL6.327.611)]. Por lo tanto, para garantizar que los trabajadores puedan ejercer efectivamente su derecho a la licencia parental, la cláusula 5.4 del Acuerdo Marco requiere que se tomen las medidas necesarias para proteger a los trabajadores, en particular, contra el despido por motivo de solicitud o uso de la licencia parental, de conformidad con la legislación aplicable, los convenios colectivos o las prácticas [véase, por analogía, la sentencia de 27 de febrero de 2014, *Lyreco Bélgica,* C-588/12, EU: C:2014:99, apartado 34 (TOL9.914.688)]. Sin embargo, habida cuenta de los objetivos perseguidos por el Acuerdo Marco, debe entenderse que, la cláusula 5,

---

90 Véase, por analogía, la sentencia de 8 de septiembre de 2020, *Comisión y Consejo c. Carreras Sequeros y otros,* C - 119 /19 P y C-126/19 P, EU:C:2020:676, apartado 116 y jurisprudencia citada).

apartado 4, refleja un derecho social de la Unión que reviste especial importancia y, por tanto, no puede interpretarse de forma restrictiva.

De ello se deriva que, una práctica según la cual un trabajador podría ser despedido, en el marco de un procedimiento de incompetencia profesional, por considerar que la solicitud de permiso parental que presentó no se corresponde con las orientaciones previamente definidas por el empleador podría disuadir al trabajador de solicitar dicho permiso y sería directamente contrario al objeto del convenio marco, uno de cuyos objetivos es conciliar mejor la vida familiar y la vida profesional[91].

Asimismo, recuérdese que, con la licencia parental, el funcionario continuará estando afiliado al régimen de seguridad social, y seguirá adquiriendo derechos a pensión y conservará el beneficio de las asignaciones por hijos a cargo y de escolaridad. De igual manera, conservará su puesto de trabajo y tendrá derecho a la subida de escalón y a la promoción de grado. La licencia podrá consistir en un cese total de actividad o en un trabajo a media jornada. Cuando la licencia parental consista en un trabajo a media jornada, la duración máxima se duplicará.

Igualmente, durante la licencia parental, el funcionario tendrá derecho a una asignación mensual, que se reducirá en un 50 % en caso de trabajo a media jornada, pero no podrá ejercer ninguna otra actividad retribuida. La contribución al régimen de seguridad social previsto en los arts. 72 y 73 del Estatuto será sufragada, en su totalidad, por la institución y se calculará en función del sueldo base del funcionario. No obstante, cuando la licencia se conceda en forma de trabajo a media jornada, esta disposición se aplicará exclusivamente a la diferencia entre el sueldo base íntegro y el sueldo base reducido proporcionalmente. La contribución del funcionario por la parte del sueldo base efectivamente abonada se calculará aplicando los mismos porcentajes que se aplicarían si trabajase a tiempo completo.

La asignación será de 1498,55 euros mensuales para las familias monoparentales, o el 50 % de este importe en caso de trabajo a media jornada, para las familias monoparentales y los padres de hijos a cargo con una discapacidad o con una enfermedad grave reconocida por el médico-asesor y durante los tres primeros meses de la licencia parental, cuando ésta se conceda al padre en el transcurso de la licencia por maternidad o al padre o la madre inmediatamente después de la licencia por maternidad, durante la licencia por adopción o inmediatamente después de ésta. La licencia pa-

---

91 En este sentido y por analogía, sentencia de 8 de mayo de 2019, *Praxair MRC*, C-486/18, EU:C:2019:379, apartado 57 (TOL7.205.685).

rental podrá ser renovada por otros seis meses con una asignación limitada al 50 % del importe mencionado en el párrafo segundo. En el caso de las familias monoparentales, la licencia parental podrá ser renovada por otros doce meses con una asignación limitada al 50 % del importe. Los importes mencionados estarán sujetos a la misma adaptación que las retribuciones.

Por último, el art. 42 ter señala que, cuando su cónyuge, un ascendiente, un descendiente o un hermano se vea afectado por una enfermedad grave o una seria discapacidad, corroboradas por un certificado médico, el funcionario tendrá derecho a una licencia familiar, sin percepción del sueldo base. En todo caso, la duración total de esta licencia no podrá exceder de nueve meses a lo largo de toda la carrera del funcionario.

Otro aspecto controvertido del presente artículo fue la diferencia de trato entre los funcionarios que solicitaron una excedencia voluntaria con arreglo al Estatuto en su versión vigente, antes del 1 de mayo de 2004 y los que, después del 1 de mayo de 2004 (reforma del Estatuto), solicitaron una excedencia parental con la introducción en el Estatuto del nuevo art. 42 bis. La Sentencia de 25 de febrero de 2010, *Pleijte c. Comisión* (F-91/08, apartados 37, 40 y 42, TOL9.919.431) aclaró que, no puede constituir una discriminación, ya que la diferencia de trato se explica objetivamente por el hecho de que dicho artículo no tiene carácter retroactivo, como le ha conferido el legislador de la Unión. Además, corresponde al legislador decidir el alcance de los derechos sociales de que disfrutan los funcionarios europeos. La creación de nuevos derechos más favorables para los funcionarios en el futuro no puede implicar la concesión retroactiva de tales derechos a los funcionarios que, en el pasado, hubieran podido cumplir los requisitos que ahora se exigen para beneficiarse de tales derechos. Cuando el Consejo introdujo el permiso parental, no previó que el permiso por motivos personales disfrutado por motivos parentales se asimilara retroactivamente a un permiso parental.

Por consiguiente, la falta de disposiciones estatutarias que prevean que la excedencia voluntaria concedida por motivos parentales, antes del 1 de mayo de 2004, se asimile a una excedencia voluntaria por motivos parentales, no supone una violación del principio de igualdad de trato. Dado que, la interpretación de una norma debe limitarse a su contenido, en particular cuando éste es totalmente inequívoco, el artículo 40, apartado 3, del Estatuto no debe interpretarse en el sentido de que exige que los funcionarios que hayan disfrutado de una excedencia voluntaria por interés parental reciban el mismo trato que los que hayan disfrutado de una excedencia parental.

g) Excedencia por interés del servicio

El art. 42 quater del Estatuto dispone que, como muy pronto cinco años antes de la edad de jubilación del funcionario, se podrá declarar al funcionario que haya prestado al menos diez años de servicio, mediante decisión de la autoridad facultada para proceder a los nombramientos, en situación de excedencia por interés del servicio debido a necesidades de carácter organizativo vinculadas a la adquisición de nuevas competencias en las instituciones.

El número total de funcionarios a quienes se conceda una excedencia por interés del servicio cada año no podrá ser superior al 5 % de los funcionarios de todas las instituciones que se hayan jubilado durante el año precedente. En este sentido, el número total calculado por este procedimiento se asignará a cada institución con arreglo a su número respectivo de funcionarios a 31 de diciembre del año precedente. El resultado de esa asignación se redondeará al número entero inmediatamente superior en cada institución.

No obstante, esta excedencia no tiene carácter de medida disciplinaria. La duración de la excedencia corresponderá, en principio, al período que se extienda hasta el momento en que el funcionario alcance la edad de jubilación. No obstante, en circunstancias excepcionales, la autoridad facultada para proceder a los nombramientos podrá decidir poner fin a la excedencia y reincorporar al funcionario. En todo caso, cuando el funcionario al que se haya declarado en situación de excedencia por interés del servicio alcance la edad de jubilación, será jubilado de oficio.

Por último, cabe señalar que, la excedencia por interés del servicio debe ajustarse a las siguientes normas: (i) el funcionario podrá ser sustituido en su puesto de trabajo por otro funcionario; y, (ii) el funcionario en excedencia por interés del servicio no tendrá derecho a la subida de escalón ni a la promoción de grado.

Ha de recordarse que, este precepto fue introducido mediante la reforma del Estatuto operada por el Reglamento (UE, EURATOM) n.° 1023/2013 del Parlamento Europeo y del Consejo, de 22 de octubre de 2013[92]. El artículo 1, punto 24, del Reglamento n.° 1023/2013 estableció que, en el capítulo 2 del título III del Estatuto, se añadiera una sección 7, titulada «Excedencia por interés del servicio», que contiene una disposición

---

92 Reglamento (UE, EURATOM) n.° 1023/2013 del Parlamento Europeo y del Consejo, de 22 de octubre de 2013, *DOUE 2013, L 287*, p. 15.

única, el artículo 42 quater. Asimismo, debe recordarse que El Reglamento n.º 1023/2013 entró en vigor el 1 de noviembre de 2013 y el artículo 42 quater del Estatuto es aplicable desde el 1 de enero de 2014.

Mediante comunicación al personal n.º 71/15, de 23 de octubre de 2015 (en lo sucesivo, CP 71/15), el secretario general del Consejo facilitó información sobre la aplicación del artículo 42 quater del Estatuto por parte de la institución. A tenor de esta Comunicación: "[...] Las instituciones de la Unión deben innovar y modernizarse constantemente, lo que significa que, los funcionarios deben adquirir nuevas capacidades y actualizar sus conocimientos para adaptarse a los nuevos avances. Estas nuevas competencias pueden estar relacionadas, por ejemplo, con las nuevas herramientas informáticas, los nuevos sistemas implantados para la elaboración de documentos del Consejo Europeo o del Consejo, los nuevos procedimientos de contratación pública o de auditoría interna, los nuevos métodos de trabajo o los nuevos métodos de gestión u organización. La finalidad de la excedencia por interés del servicio es permitir declarar en excedencia a los funcionarios que tienen dificultades para adquirir nuevas competencias y adaptarse a la evolución del entorno de trabajo antes de alcanzar la edad de jubilación. [...]".

En este sentido, la legalidad del precepto fue analizada por la Sentencia del Tribunal de Justicia de 14 de diciembre de 2018, *FV c. Consejo* (T-750/16, EU: T:2018:972, TOL6.955.103). FV, era una antigua funcionaria del Consejo de la Unión Europea. Entró en servicio en la Secretaría General del Consejo (en lo sucesivo, SGC) el 1 de mayo de 1981 como funcionaria en prácticas y obtuvo el nombramiento definitivo el 1 de noviembre de 1981. Durante su carrera fue asignada a diferentes servicios en el Consejo. FV sostenía que el artículo 42 quater del Estatuto era ilegal por cuanto vulneraba el principio de igualdad ante la ley y el principio de no discriminación por razón de edad, consagrados en los artículos 20 y 21 de la Carta de los Derechos Fundamentales de la Unión Europea, la Directiva 2000/78/CE del Consejo, de 27 de noviembre de 2000, relativa al establecimiento de un marco general para la igualdad de trato en el empleo y la ocupación (DO 2000, L 303, p. 16), y el artículo 1 quinquies del Estatuto.

En este contexto, la demandante alegaba que el artículo 42 quater del Estatuto, dado que se aplica expresamente a los funcionarios y agentes «como muy pronto cinco años antes de la edad de jubilación», introduce una diferencia de trato en función de la edad, tal como se define en el artículo 2, apartado 2, letra a), de la Directiva 2000/78. Según la demandante, esta diferencia de trato no está justificada ni objetiva ni razonablemente por una finalidad legítima en el sentido del artículo 6, apartado 1, de la

Directiva 2000/78. La demandante añadió que, incluso si se considerara que el artículo 42 quater del Estatuto persigue dicha finalidad legítima, los medios utilizados para alcanzarla no son adecuados ni necesarios conforme al artículo 6, apartado 1, de la Directiva 2000/78[93].

Aunque la Directiva 2000/78 no puede ser, como tal, fuente de obligaciones para las instituciones de la Unión en el ejercicio de sus facultades legislativas o decisorias dirigidas a regular las relaciones laborales entre ellas mismas y los miembros de su personal, no es menos cierto que las normas o principios que dicha Directiva establezca o se deriven de ella podrán ser invocados contra las referidas instituciones cuando ellos mismos no sean más que la expresión específica de normas fundamentales de los Tratados y de principios generales que se imponen directamente a las antedichas instituciones[94].

El Tribunal de Justicia ya ha reconocido que, la Directiva 2000/78 concreta, en el ámbito del empleo y la ocupación, el principio de no discriminación por razón de edad, que constituye un principio general del Derecho de la Unión[95]. De ello se desprende que, si bien las disposiciones de la Directiva 2000/78 no pueden, como tales, constituir la base para la excepción de ilegalidad del artículo 42 quater del Estatuto, pueden servir de fuente de inspiración para determinar las obligaciones del legislador de la Unión en el ámbito de la función pública de la Unión, teniendo en cuenta al mismo tiempo las especificidades de esta. Este es el modo en que el Tribunal tendrá en cuenta la Directiva 2000/78 en el presente asunto.

---

93 Cabe señalar que el principio de igualdad de trato constituye un principio general del Derecho de la Unión, reconocido por el artículo 20 de la Carta, del que constituye una manifestación específica el principio de no discriminación enunciado en el artículo 21, apartado 1, de esta (sentencia de 5 de julio de 2017, *Fries*, C-190/16, EU:C:2017:513, apartado 29, TOL6.198.325). Por otra parte, el artículo 51, apartado 1, de la Carta de los Derechos Fundamentales señala que, las disposiciones de la Carta están dirigidas, entre otros, a las instituciones, órganos y organismos de la Unión, dentro del respeto del principio de subsidiariedad. De ello se desprende que, la legalidad del artículo 42 quater del Estatuto, que fue introducido en el Estatuto por el Reglamento n.º 1023/2013, debe apreciarse a la luz de la norma superior que constituye el artículo 21, apartado 1, de la Carta de los Derechos Fundamentales, al que se hace referencia en la argumentación de la demandante, que prohíbe toda discriminación por razón de edad.

94 Sentencia de 14 de diciembre de 2016, *Todorova c. Consejo* y otros, T-366/15 P, no publicada, EU: T:2016:729, apartado 34 (TOL5.907.122).

95 Sentencia de 13 de noviembre de 2014, *Vital Pérez*, C-416/13, EU:C:2014:2371, apartado 24 y jurisprudencia citada (TOL9.914.275).

Por lo que se refiere al artículo 1 quinquies del Estatuto, debe rememorarse que esta disposición establece la prohibición de toda discriminación, incluida la discriminación por razón de edad, en la aplicación del Estatuto. Esta disposición fue introducida en el Estatuto por el Reglamento (CE, EURATOM) n.º 723/2004 del Consejo, de 22 de marzo de 2004, por el que se modifica el Estatuto de los Funcionarios de las Comunidades Europeas y el Régimen aplicable a otros agentes de las Comunidades Europeas (DO 2004, L 124, p. 1). Dado que el artículo 1 quinquies del Estatuto figura en el mismo acto jurídico que el artículo 42 quater del Estatuto, es decir, en el Estatuto, que tiene carácter reglamentario, y, por lo tanto, tiene el mismo rango que este en la jerarquía normativa, esta disposición no es una norma a la luz de la cual pueda evaluarse la legalidad del artículo 42 quater del Estatuto. Además, la referencia al artículo 1 quinquies del Estatuto solo debe hacerse en la medida en que esta disposición consagra el principio general de igualdad en Derecho y el principio de no discriminación por razón de edad. Habida cuenta de las consideraciones anteriores, procede concluir que, la legalidad del artículo 42 quater del Estatuto debe evaluarse a la luz del artículo 21, apartado 1, de la Carta de los Derechos Fundamentales, teniendo en cuenta al mismo tiempo la Directiva 2000/78.

Ha de recordarse que el art. 42 quater del Estatuto *se aplica como muy pronto cinco años antes de la edad de jubilación del funcionario.* Esta disposición era aplicable a los funcionarios comprendidos en una franja de edad de entre 55 y casi 66 años. Del marco reglamentario aplicable y de las explicaciones del Consejo facilitadas en su respuesta escrita a una pregunta del Tribunal resulta que, esta franja de edad se determina sobre la base del razonamiento que se expone a continuación. Por lo que respecta a los funcionarios que hayan entrado en servicio antes del 1 de enero de 2014, ha de tomarse en consideración el artículo 22, apartado 1, párrafo quinto, del anexo XIII del Estatuto, que dispone: *En lo que atañe a aquellos funcionarios que hayan entrado en servicio antes del 1 de enero de 2014, la edad de jubilación, a efectos de cualquier referencia del presente Estatuto a la misma, se determinará con arreglo a las precedentes normas, salvo disposición en contrario del Estatuto.* Esta edad de jubilación oscila entre 60 y 65 años, dependiendo de la edad del funcionario el 1 de mayo de 2014, tal como se desprende del contenido de los cuatro primeros párrafos del art. 22, apartado 1, del anexo XIII del Estatuto.

Para los funcionarios que hayan entrado en servicio después del 1 de enero de 2014, la edad de jubilación se fija en 66 años en virtud del art. 52, párrafo primero, letra a), del Estatuto. De ello se deduce que, puesto que la declaración en situación de excedencia por interés del servicio puede aplicarse a los funcionarios que hayan prestado 10 años de servicio y que se encuentran, como muy pronto, a cinco años de la edad de jubilación, esta concierne potencialmente a los funcionarios que tengan entre 55 (para aquellos que tenían 60 años o más a 1 de mayo de 2014 y cuya edad de jubilación se fijaba, por tanto, en 60 años) y 66 años (para aquellos que entraron en funciones después del 1 de enero de 2014 y cuya edad de jubilación es, por lo tanto, de 66 años). Dado que el art. 42 quater del Estatuto se aplica únicamente a los funcionarios en una franja de edad comprendida entre los 55 y los 66 años y no se aplica a los funcionarios más jóvenes no comprendidos en la franja de edad indicada, esta disposición establece una diferencia de trato por razón de edad.

Según la jurisprudencia, para que pueda achacarse al legislador de la Unión haber vulnerado el principio de igualdad de trato, es necesario que este haya tratado de manera diferente situaciones comparables, dando lugar a una desventaja para determinadas personas respecto de otras[96]. De esta jurisprudencia resulta que es preciso comprobar, en el presente asunto, si la diferencia de trato por razón de edad establecida en el artículo 42 quater del Estatuto da lugar a una desventaja para los funcionarios comprendidos en la franja de edad de que se trata con respecto a los que no están incluidos en ella[97]. En el caso que nos ocupa, se puede imponer contra su voluntad a los funcionarios comprendidos en la franja de edad en cuestión y, por lo tanto, potencialmente sujetos a la medida prevista en el artículo 42 quater del Estatuto un cambio de su posición administrativa consistente en que dejan de estar en «servicio activo» en el sentido del artículo 36 del Estatuto y son declarados en «excedencia por interés del servicio». Además, estos funcionarios no pueden evolucionar en su carrera debido a que, en virtud del artículo 42 quater, párrafo sexto, letra b), del Estatuto, dejan de tener derecho a la subida de escalón o a la promoción de grado.

Los funcionarios a los que el artículo 42 quater del Estatuto no resulta aplicable no padecen esas desventajas en lo que atañe a su carrera. Por otra parte, los funcionarios a los que se declara en situación de excedencia por interés del servicio sufren, sin duda, una reducción de sus ingresos profesionales derivada, en particular, del cese de la percepción del sueldo base, que se sustituye por la indemnización prevista en el artículo 42 quater, pá-

---

96 Sentencia de 16 de diciembre de 2008, *Arcelor Atlantique et Lorraine y otros*, C-127/07, EU:C:2008:728, apartado 39 y jurisprudencia citada (TOL9.920.241).

97 Sentencia de 5 de julio de 2017, *Fries*, C-190/16, EU:C:2017:513, apartado 33 (TOL6.198.325).

rrafo séptimo, del Estatuto. Con arreglo a esa disposición, esta indemnización se calcula de acuerdo con lo dispuesto en el anexo IV del Estatuto, lo que significa que los funcionarios declarados en excedencia por interés del servicio percibirán, durante los tres primeros meses de aplicación de la medida, una indemnización mensual equivalente a su sueldo base, del cuarto al sexto mes de aplicación de la medida, una indemnización mensual equivalente al 85 % de su sueldo base y, del séptimo mes hasta la finalización de la excedencia, es decir, hasta que se alcance la edad de jubilación, una indemnización mensual equivalente al 70 % de su sueldo base.

Conforme al artículo 42 quater, párrafo noveno, del Estatuto, no se aplicará a esta indemnización ningún coeficiente corrector. Además, el perjuicio económico señalado resulta potencialmente agravado por la circunstancia de que los funcionarios en cuestión dejan de participar en la subida de escalón y en la promoción de grado, como ya se ha indicado. Los funcionarios no comprendidos en la franja de edad de que se trata y a los que, por tanto, no es aplicable el artículo 42 quater del Estatuto, no padecen las desventajas económicas mencionadas. Habida cuenta de las consideraciones anteriores, procede concluir que, el artículo 42 quater del Estatuto establece una diferencia de trato por razón de edad[98].

---

98 Debe señalarse que, la diferencia de trato mencionada se refiere a una cuestión de alcance limitado en el contexto de la función pública de la Unión: la de la declaración en situación de excedencia por interés del servicio de determinados funcionarios que cumplan una serie de requisitos, entre ellos el relativo a la edad. Por consiguiente, esta diferencia de trato *respeta el contenido esencial* del principio de no discriminación en el sentido del art. 52, apartado 1, de la Carta de los Derechos Fundamentales (sentencia de 5 de julio de 2017, *Fries*, C-190/16, EU:C:2017:513, apartado 38 y jurisprudencia citada, TOL6.198.325).

En apoyo de esta conclusión, ha de señalarse que, el artículo 42 quater, párrafo segundo, del Estatuto dispone que el número total de funcionarios a quienes se conceda una excedencia por interés del servicio cada año no podrá ser superior al 5 % de los funcionarios de todas las instituciones que se hayan jubilado el año precedente. Así pues, resulta que, teniendo en cuenta este límite máximo y los requisitos de aplicación del artículo 42 quater del Estatuto, previstos en el párrafo primero de dicha disposición, el número anual de funcionarios a los que puede declararse en excedencia por interés del servicio es muy reducido, como también se desprende de las respuestas escritas del Parlamento, el Consejo y la Comisión a una pregunta formulada por el Tribunal. Por ejemplo, el Consejo ha declarado que, en dicha institución, se había concedido la excedencia por interés del servicio a cuatro funcionarios durante cada uno de los años 2015, 2016 y 2017, de un total de 2.757 funcionarios en servicio en el Consejo a 31 de diciembre de 2017-

El Consejo, apoyado por el Parlamento y la Comisión, alegó, en esencia, que la diferencia de trato por razón de edad establecida en el artículo 42 quater del Estatuto persigue tres objetivos de interés general en el contexto de la política de personal. En primer lugar, sostiene que esta diferencia de trato tiene por objeto optimizar la inversión de las instituciones en el ámbito de la formación profesional, permitiéndoles concentrar esta inversión en aquellos funcionarios que aún dispongan de un período de empleo razonable antes de la jubilación. En segundo lugar, afirma que, la referida diferencia de trato persigue el objetivo de acompañar a los funcionarios cercanos a la jubilación que no consiguen adquirir nuevas competencias y adaptarse a la evolución del entorno de trabajo de las instituciones. En tercer lugar, explica que, la finalidad de esta diferencia de trato es, esencialmente, mantener una estructura de edad equilibrada entre los jóvenes funcionarios y los funcionarios de edad avanzada, que, a su vez, favorecería la contratación y la promoción de esos jóvenes funcionarios, el intercambio de experiencias y la innovación, así como la diversidad geográfica.

Por el contrario, la demandante niega la existencia de estos tres objetivos. Sostiene que el único objetivo del artículo 42 quater del Estatuto es el de reducir los costes y el personal de las instituciones, «deshaciéndose» de los funcionarios más próximos a la jubilación y que perciben una remuneración elevada. A su juicio, este objetivo no es un objetivo legítimo «de las políticas de empleo, del mercado de trabajo y de la formación profesional» en el sentido del artículo 6, apartado 1, de la Directiva 2000/78 que justifique la diferencia de trato por razón de edad establecida en el artículo 42 quater del Estatuto.

En primer lugar, es necesario comprobar si existen los objetivos invocados por las instituciones. A este respecto, ha de tenerse en cuenta lo dispuesto en el artículo 42 quater del Estatuto y, en su caso, su contexto general, que permita la identificación del objetivo que subyace a la diferencia de trato por razón de edad que establece[99].

Por lo que se refiere al primer objetivo invocado, el de optimizar la inversión en formación profesional, debe señalarse, antes de nada, que la aplicación del artículo 42 quater del Estatuto está sujeta al requisito de que existan «necesidades de carácter organizativo vinculadas a la adquisi-

---

[99] Véanse, por analogía, las sentencias de 16 de octubre de 2007, *Palacios de la Villa*, C-411/05, EU:C:2007:604, apartados 56 y 57 (TOL9.922.097); de 21 de julio de 2011, *Fuchs y Köhler*, C-159/10 y C-160/10, EU:C:2011:508, apartado 39 (TOL9.917.990), y de 6 de noviembre de 2012, *Comisión c. Hungría*, C-286/12, EU:C:2012:687, apartado 58 (TOL2.570.990).

ción de nuevas competencias». La referencia a la «adquisición de nuevas competencias» demuestra la relación entre esta disposición y la formación profesional[100]. Los considerandos del Reglamento n.º 1023/2013 demuestran la voluntad del legislador de la Unión de lograr el objetivo de gestión eficaz del gasto de la Administración pública europea en lo que respecta a la relación coste/eficacia, permitiendo así que se mantenga el alto nivel de calidad de esta Administración y, en última instancia, que la Unión alcance sus objetivos, aplique sus políticas y lleve a cabo sus tareas en un contexto de rigor presupuestario y reducción del personal de las instituciones. Así pues, se acredita la existencia del objetivo de optimizar la inversión dedicada a la formación profesional de los funcionarios, perseguido por el legislador de la Unión mediante la diferencia de trato por razón de edad establecida en el artículo 42 quater del Estatuto.

El primer objetivo invocado es, en esencia, la buena gestión del dinero público en términos de coste/eficacia, en un contexto de rigor presupuestario y de reducción del personal de las instituciones. Se desprende que el objetivo del legislador de la Unión de garantizar, mediante la diferencia de trato por razón de edad establecida en el artículo 42 quater del Estatuto, la optimización del gasto de las instituciones en materia de formación profesional es un objetivo de «interés general reconocido por la Unión»[101]. Por otra parte, dado que el primer objetivo invocado se refiere a la política de formación profesional de las instituciones, está comprendido en el ámbito de aplicación del artículo 6, apartado 1, párrafo primero, de la Directiva 2000/78, que, entre los objetivos legítimos que pueden justificar diferen-

---

100 Además, de los autos y, en particular, de las conclusiones del Consejo Europeo de 7 y 8 de febrero de 2013 se desprende que el Reglamento n.º 1023/2013 y, en consecuencia, el artículo 42 quater del Estatuto se adoptaron en un contexto de rigor presupuestario de la Administración pública europea, de voluntad de los Estados miembros de mejorar su eficacia y su rendimiento, y de reducir progresivamente el personal de las instituciones, hasta un 5 % para el período 2013/2017.

101 A este respecto, cabe señalar que, de conformidad con el artículo 310 del TFUE, apartado 5, el presupuesto de la Unión se ejecutará con arreglo al principio de buena gestión financiera. Además, el artículo 30, apartado 1, del Reglamento (UE, EURATOM) n.º 966/2012 del Parlamento Europeo y del Consejo, de 25 de octubre de 2012, sobre las normas financieras aplicables al presupuesto general de la Unión y por el que se deroga el Reglamento (CE, EURATOM) n.º 1605/2002 del Consejo (DO 2012, L 298, p. 1), dispone que, los créditos se utilizarán de acuerdo con el principio de buena gestión financiera, es decir, de acuerdo con los principios de economía, eficiencia y eficacia. El artículo 30, apartado 2, párrafo segundo, del Reglamento n.º 966/2012 señala que, el principio de eficiencia se refiere a la óptima relación entre los medios empleados y los resultados obtenidos.

cias de trato por motivos de edad establecidas por medidas nacionales, menciona el de la formación profesional.

De ello se deduce que, también sobre la base de la Directiva, que constituye una fuente de inspiración para determinar las obligaciones del legislador de la Unión, el primer objetivo invocado constituye un objetivo «de interés general reconocido por la Unión» en el sentido del artículo 52, apartado 1, de la Carta de los Derechos Fundamentales. Habida cuenta de las consideraciones anteriores, procede declarar que, la diferencia de trato por razón de edad establecida por el artículo 42 quater del Estatuto responde, al menos, a un objetivo de interés general reconocido por la Unión en el sentido del artículo 52, apartado 1, de la Carta de los Derechos Fundamentales. Por último, procede examinar si esta diferencia de trato respeta el principio de proporcionalidad, conforme al art. 52. 1 de la Carta.

El examen de la proporcionalidad de la diferencia de trato por razón de edad que establece el artículo 42 quater del Estatuto, supone examinar si esta diferencia de trato es adecuada para alcanzar el objetivo perseguido y no va más allá de lo necesario para alcanzar tal fin (véase, en este sentido, la sentencia de 5 de julio de 2017, *Fries*, C-190/16, EU:C:2017:513, apartado 44, TOL6.198.325)[102]. Por lo que atañe al primer objetivo invocado, relativo a la optimización de la inversión en formación profesional, ha de recordarse que, el artículo 42 quater del Estatuto se adoptó en un contexto de rigor presupuestario y de reducción del personal de las instituciones. Como se desprende de los autos, se trata de una reducción progresiva del 5 % del personal para el período 2013/2017, aplicable a todas las instituciones, órganos y agencias de la Unión. La referida disposición se adoptó también en un contexto de voluntad de mejora de la eficacia y la eficien-

---

[102] A este respecto, por analogía con el amplio margen de apreciación reconocido al legislador nacional en cuanto a la definición de las medidas capaces de alcanzar un objetivo determinado en materia de política social y empleo [sentencias de 16 de octubre de 2007, *Palacios de la Villa,* C-411/05, EU:C:2007:604, apartado 68 (TOL9.922.097); de 5 de marzo de 2009, *Age Concern England,* C-388/07, EU:C:2009:128, apartado 51 (TOL9.920.647), y de 9 de septiembre de 2015, *Unland,* C-20/13, EU:C:2015:561, apartado 57 (TOL5.419.383)], debe reconocerse al legislador de la Unión un amplio margen de apreciación al definir las medidas que puedan alcanzar un objetivo de interés general en el contexto de la política de personal. Habida cuenta de este amplio margen de apreciación, el control del juez se refiere, en el presente asunto, a si parece razonable que el legislador de la Unión estime que la diferencia de trato por razón de edad establecida por el artículo 42 quater del Estatuto puede ser adecuada y necesaria para alcanzar el objetivo legítimo invocado

cia de la Administración pública europea en lo que respecta a la relación coste/eficacia, como se indica, en particular, en el considerando 12 del Reglamento n.º 1023/2013[103].

En efecto, no puede negarse que, ante la necesidad de que los funcionarios adquieran nuevas competencias y, por lo tanto, de la necesidad de que las instituciones inviertan en formación profesional en un contexto de rigor presupuestario y de reducción de personal, la concesión de excedencias a los funcionarios que se acercan a la edad de jubilación liberaría fondos previstos para su formación profesional que podrían destinarse a la formación profesional de los funcionarios más jóvenes, que tienen una carrera más larga ante ellos en las instituciones. De ello se deduce que esta concesión de excedencias contribuye a optimizar las inversiones en formación profesional, ya que se utiliza para mejorar la relación entre los costes de tales inversiones y los beneficios obtenidos por las instituciones. Por consiguiente, ha de concluirse que, teniendo en cuenta el amplio margen de apreciación de que dispone el legislador de la Unión (véase el apartado 114 anterior), la diferencia de trato por razón de edad establecida por el artículo 42 quater del Estatuto es un medio adecuado para alcanzar el primer objetivo perseguido por el legislador de la Unión.

Por lo que se refiere a la apreciación de si esta diferencia de trato excede de lo necesario para alcanzar el objetivo perseguido, es preciso situarla en el contexto normativo del que forma parte y tomar en consideración tanto los daños que puede causar a los funcionarios afectados como los beneficios que obtienen las instituciones (véase, en este sentido, y por analogía, la sentencia de 5 de julio de 2017, Fries, C-190/16, EU:C:2017:513, apartado 53, TOL6.198.325).

En cuanto a los beneficios obtenidos por las instituciones, cabe señalar que, la optimización de las inversiones en formación profesional que persigue la diferencia de trato por razón de edad contribuye a que las instituciones puedan, a fin de cuentas, seguir desempeñando sus funciones en un contexto de rigor presupuestario y de reducción del personal. Por otra

---

[103] El Consejo declaró que, en ese contexto, y con el fin de garantizar una reducción del personal en tareas que evolucionan, las instituciones deben cambiar sus métodos de trabajo y exigir a los funcionarios que se adapten y adquieran nuevas competencias periódicamente. A la luz de estas consideraciones, el artículo 42 quater del Estatuto permite a las instituciones concentrar la inversión dedicada a la formación profesional en los funcionarios que todavía tienen una duración de carrera razonable antes de la jubilación y ofrecer una forma de jubilación anticipada a los funcionarios al final de su carrera.

parte, al situar esta diferencia de trato en el contexto del artículo 42 quater del Estatuto y del Estatuto en general, cabe observar que, la declaración en situación de excedencia por interés del servicio es, en definitiva, una herramienta de gestión del personal a disposición de las instituciones, puesto que se trata de una situación administrativa adicional en la que se puede declarar a los funcionarios.

Además, ha de señalarse que, no existe ninguna disposición en el Estatuto que constituya una «alternativa» a la medida prevista en el artículo 42 quater. En particular, y en la medida en que la demandante se remite al artículo 51 del Estatuto, relativo a la incompetencia profesional, procede señalar que, esta disposición tiene por objeto establecer y sancionar el desempeño insatisfactorio de tareas por un funcionario y se aplica con independencia de las consideraciones relacionadas con el interés del servicio, mientras que, la medida adoptada en virtud del artículo 42 quater del Estatuto, se aplica en interés del servicio. Como herramienta adicional de gestión del personal, el artículo 42 quater del Estatuto es, en sí mismo, beneficioso para las instituciones.

Al mismo tiempo, es preciso señalar que, estos funcionarios son declarados en excedencia por interés del servicio en condiciones económicas razonables. En efecto, ha de recordarse, en particular, que los funcionarios afectados reciben una indemnización mensual hasta el final de la excedencia, cuyo cálculo es razonable. Por otra parte, como se desprende del artículo 42 quater, párrafo octavo, del Estatuto, los funcionarios afectados pueden seguir contribuyendo al régimen de pensiones, aumentando así el importe de su pensión. El requisito relativo a diez años de servicio, establecido en el artículo 42 quater del Estatuto, también contribuye al carácter proporcional de la medida prevista por esa disposición, puesto que, tal como señala correctamente el Parlamento, da lugar a que la aplicación de esta medida se reserve a los funcionarios con un nivel de salario y de derechos a pensión que atenúe la desventaja económica de la excedencia.

Por último, debe recordarse que, en primer término, la medida prevista en el artículo 42 quater del Estatuto está sujeta a una serie de requisitos establecidos en el párrafo primero de dicha disposición; en segundo término, que su adopción no es obligatoria para las instituciones, que disponen de un amplio margen de apreciación con respecto a dicha adopción, y, en tercer término, que el número total anual de funcionarios a los que puede aplicarse esta medida está limitado al 5 % del número total de funcionarios de todas las instituciones que se hayan jubilado el año anterior. A la luz de todas las consideraciones expuestas, no parece irrazonable que el legislador de la Unión estimara necesario establecer la excedencia por interés del servicio solo para los funcionarios que se encuentren en la franja de edad de que se trata y no para los funcionarios no incluidos en dicha franja con el fin de lograr el objetivo legítimo de optimizar la inversión en formación profesional.

Por lo tanto, debe concluirse que la diferencia de trato por razón de edad que el artículo 42 quater del Estatuto establece es proporcional al primer objetivo legítimo invocado. Toda vez que se ha acreditado la proporcionalidad de la diferencia de trato por razón de edad respecto al primer objetivo legítimo invocado, el Tribunal declaró que la diferencia de trato, establecida por el artículo 42 quater del Estatuto, no infringe el artículo 21, apartado 1, de la Carta de los Derechos Fundamentales, ya que cumple los criterios enunciados en el artículo 52, apartado 1, de esta. En consecuencia, procedió a desestimar la excepción de ilegalidad invocada contra el artículo 42 quater del Estatuto.

3. CALIFICACIÓN, SUBIDA DE ESCALÓN Y PROMOCIÓN

El art. 43 del Estatuto dispone que, la capacidad, el rendimiento y la conducta en el servicio de cada funcionario serán objeto de un informe anual en las condiciones fijadas por la autoridad facultada para proceder a los nombramientos de cada institución (art. 110). En dicho informe se indicará si el nivel de las prestaciones del funcionario ha sido satisfactorio o no. La autoridad facultada para proceder a los nombramientos de cada institución establecerá disposiciones que otorguen el derecho a presentar un recurso con motivo del procedimiento de calificación, el cual habrá de ejercerse antes de presentar una reclamación (art. 90.2).

A partir del grado AST 5, el informe podrá contener, asimismo, un dictamen que indique si, a la luz de las prestaciones realizadas, el funcionario posee el potencial necesario para desempeñar funciones de administrador. Dicho informe será comunicado al funcionario, quien podrá añadir las observaciones que considere oportunas.

Por su parte, el art. 44 señala que, el funcionario con antigüedad de dos años en un escalón de su grado accederá automáticamente al escalón siguiente de tal grado, salvo que sus prestaciones hayan sido consideradas insatisfactorias en el último informe anual a que se refiere el artículo 43. El funcionario accederá al escalón siguiente de su grado después de no más de cuatro años, salvo que se aplique el procedimiento establecido en el art. 51.1.

Cuando un funcionario sea nombrado jefe de unidad, director o director general en el mismo grado, y siempre que sus prestaciones hayan sido satisfactorias a los efectos del art. 43 durante los nueve primeros meses posteriores a su nombramiento, disfrutará con carácter retroactivo de una subida de escalón en dicho grado en el momento en que el nombramiento se haga efectivo. Esta subida implicará un aumento del sueldo base mensual igual al porcentaje de progresión entre el primer y el segundo escalón de cada grado. Si el aumento es inferior o si el funcionario se encuentra ya en el último escalón de su grado, recibirá un suplemento del sueldo base que le permita disfrutar del aumento entre el primer y el segundo escalón hasta que se haga efectiva su próxima promoción.

El art. 45 dispone que, la promoción se concederá por decisión de la autoridad facultada para proceder a los nombramientos, atendiendo a lo dispuesto en el art. 6.2. A menos que se aplique el procedimiento establecido en el art. 4 y en el art. 29.1, los funcionarios sólo podrán ser promovidos si ocupan una plaza que corresponde a uno de los tipos de puestos establecidos en el anexo I, sección A, para el grado inmediatamente superior. La promoción consistirá en el nombramiento del funcionario en el grado inmediatamente superior del grupo de funciones al que pertenezca. Las promociones se efectuarán únicamente mediante libre designación entre funcionarios con una antigüedad mínima en su grado de dos años y previo examen comparativo de los méritos de los candidatos. A efectos del examen comparativo de los méritos, la autoridad facultada para proceder a los nombramientos tomará en consideración, en particular, los informes de los funcionarios, la utilización, en el desempeño de sus funciones, de lenguas distintas de aquella de la que hayan justificado tener un conocimiento en profundidad (art. 28.f) y las responsabilidades por ellos desempeñadas.

La jurisprudencia ha reiterado que, en el marco de la amplia facultad discrecional conferida a la AFPN por el juez de la Unión para apreciar los méritos que deben tenerse en cuenta al adoptar una decisión de promoción prevista en el art. 45 del Estatuto de los Funcionarios, es importante recordar que, si bien la AFPN dispone de una amplia discrecionalidad para decidir el procedimiento o método que considere más apropiado para llevar a cabo el examen comparativo del fondo, la facultad así otorgada, sin embargo, a la Administración, está limitada por la necesidad de realizar el examen comparativo de fondo con cuidado e imparcialidad, en interés del servicio y de conformidad con el principio de igualdad de trato. Asimismo, dicho examen debe realizarse sobre la base de fuentes de información e inteligencia comparables[104].

Para que el sistema de ascensos sea lo más equitativo posible, la AFPN debe, por tanto, de conformidad con el art. 45 del Estatuto, velar por que el examen comparativo de los méritos sea objetivo, por una parte, garantizando la comparabilidad de las apreciaciones de todos los funcionarios mediante el establecimiento de un baremo común de evaluación y, por otro lado, mediante la homogeneización de los criterios de evaluación para la atención de los evaluadores.

En todo caso, es conveniente apreciar que, existe una gran heterogeneidad en las valoraciones de los funcionarios de los distintos departamentos de una misma institución, así como que, esta heterogeneidad es fuente de dificultades cuando la AFPN es obligada a realizar un examen comparativo de los méritos de todos los funcionarios afectados, de conformidad con el principio de igualdad de trato[105]. En este contexto, si bien la AFPN dispone de una amplia discrecionalidad para decidir el procedimiento o el método que considere más adecuado para llevar a cabo el examen comparativo del fondo, la facultad así otorgada está limitada por la necesidad de realizar el examen comparativo de fondo con cuidado e imparcialidad, en interés del servicio y de conformidad con el principio de igualdad de trato. En consecuencia, dicho examen debe realizarse sobre la base de fuentes de información e inteligencia comparables [sentencias *Buendía Sierra c. Comisión*, EU: T:2006:329, apartado 172, y jurisprudencia citada (TOL9.931.866); *Stols c. Consejo*, T-95 /12 P, EU: T:2014:3, apartado 32, y *Nieminen c. Conseil*, F-81/12, EU: F:2014:50, apartados 58 y 91, y jurisprudencia citada (TOL4.631.137)].

En este sentido, para que el sistema de ascensos sea lo más equitativo posible, la AFPN debe, de conformidad con el art. 45 del Estatuto, velar por que el examen comparativo de méritos sea objetivo, por una parte, garantizando las apreciaciones de comparabilidad de todos los funcionarios mediante el establecimiento de un baremo común de evaluación y, por otro lado, mediante la homogeneización de los criterios de evaluación para la atención de los evaluadores. En esta perspectiva, debe señalarse, como la demandante, que las apreciaciones exclusivamente literales no permiten detectar metódicamente las disparidades en la forma de evaluar a los fun-

---

[104] Véase la sentencia de 1 de marzo de 2017, SEAE/KL, T-278/15 P, no publicada, EU: T:2017:132, apartado 35 y jurisprudencia citada (TOL5.974.121).

[105] Véase, en este sentido, lo relativo a la Comisión Europea, en la sentencia *Buendía Sierra c. Comisión*, EU: T:2006:329, apartado 169, (TOL9.931.866).

cionarios tal como la practican los distintos evaluadores en función de su propia subjetividad y que estas apreciaciones exclusivamente literales. Por lo tanto, las evaluaciones afectan la capacidad de la autoridad nominadora para llevar a cabo una comparación objetiva de los méritos. Aunque, por supuesto, no puede sostenerse que el art. 43 del Estatuto impone el uso de la notación numérica y analítica, la obligación de realizar una comparación de méritos en igualdad de condiciones y a partir de fuentes de información y de información comparable, inherente en el art. 45 del Estatuto, exige un procedimiento o un método capaz de neutralizar la subjetividad resultante de las valoraciones realizadas por distintos evaluadores.

De igual manera, de la jurisprudencia se desprende claramente que, un examen preliminar en el seno de los servicios o de cada dirección general no puede tener el efecto de sustituir un examen comparativo global de todos los funcionarios con derecho a promoción[106]. Al contrario, el requisito de un examen comparativo extendido a todos los funcionarios con derecho a promoción se deriva directamente del artículo 45 del Estatuto (sentencia *Tsarnavas c. Comisión*, T-188/01 a T-190/01, EU:T:2003:77, apartado 121, TOL9.932.754). En consecuencia, a falta de cualquier alegación por parte del SEAE fundamentada con el estándar legal requerido en cuanto a la existencia de un procedimiento o método de objetivación, como, por ejemplo, promedios estadísticos[107], la concesión de puntos de calificación afectados por la corrección coeficientes destinados a neutralizar las diferencias en la forma de calificar de una dirección general o servicio autónomo a otra.

Procede recordar, a este respecto, que el artículo 45, apartado 1, del Estatuto obliga a la AFPN a realizar, antes de cualquier promoción, un examen comparativo de los méritos de todos los funcionarios promovidos. Más concretamente, en el marco de su examen, la AFPN podrá ser asistida por los servicios administrativos en los distintos niveles de la cadena jerárquica, de acuerdo con los principios inherentes al funcionamiento de toda estructura administrativa jerárquica, que han sido recogidos en el artículo 21, párrafo primero, del Estatuto de los Funcionarios, según el cual “un funcionario, cualquiera que sea su rango jerárquico, está obligado a asistir y asesorar a sus superiores” (sentencia *Tsirimokos c. Parlamento*, T-76/92,

---

106 Véase, en este sentido, la sentencia *Caravelis c. Parlamento Europeo*, T-182/99, EU:T:2001:131, apartado 33 (TOL105.96)

107 Ver, en este sentido, *Cubero Vermurie c. Comisión*, T -187/98, EU:T:2000:225, apartado 85 (TOL4.689.087), y *Nielsen c. Consejo*, T-353/03, EU:T:2005:127, apartados 63 y ss (TOL4.626.518).

EU:T:1993:106, apartado 17). No obstante, también se consideró que, en un examen previo, en el seno de cada dirección general, los expedientes de los funcionarios con derecho a promoción no pueden tener por efecto la sustitución del examen comparativo que debe ser realizado, en su caso, por un comité de promoción y luego por la AFPN (sentencia *Heurtaux c. Comisión*, T-172/03, EU:T:2005:34, apartado 40, TOL4.626.576).

En particular, sin dejar de lado el examen comparativo de los méritos de todos los funcionarios susceptibles de promoción, no puede admitirse que la AFPN se contente con examinar los méritos de los funcionarios mejor situados en las listas elaboradas por los distintos servicios o direcciones generales (sentencia *Caravelis c. Parlamento*, EU: T:2001:131, apartado 34, TOL105.96) por un comité de promociones y luego por la AFPN (sentencia *Heurtaux c. Comisión*, T-172/03, EU: T:2005:34, apartado 40, TOL4.626.576). En particular, sin dejar de lado el examen comparativo de los méritos de todos los funcionarios susceptibles de promoción, no puede admitirse que la AFPN se contente con examinar los méritos de los funcionarios mejor situados en las listas elaboradas por los distintos servicios o direcciones generales (véase, en este sentido, la sentencia *Caravelis c. Parlamento*, EU: T:2001:131, apartado 34, TOL105.96). por un comité de promociones y luego por la AFPN (sentencia *Heurtaux c. Comisión*, T-172/03, EU: T:2005:34, apartado 40, TOL4.626.576). En particular, sin dejar de lado el examen comparativo de los méritos de todos los funcionarios susceptibles de promoción, no puede admitirse que la AFPN se contente con examinar los méritos de los funcionarios mejor situados en las listas elaboradas por los distintos servicios o direcciones generales (sentencia *Caravelis c. Parlamento*, EU: T:2001:131, apartado 34, TOL105.96).

En efecto, la AFPN dispone, a efectos del examen comparativo de los méritos de los funcionarios promocionables, de una amplia discrecionalidad y, en este ámbito, el control del juez de la Unión debe limitarse a sí, vistos los modos y medios que hayan llevado a la Administración a su apreciación, ésta se mantuvo dentro de límites incuestionables y no hizo uso de su facultad de manera manifiestamente errónea. Por tanto, el juez de la Unión no puede sustituir la evaluación de la autoridad facultada para proceder a los nombramientos por su valoración de las cualificaciones y los méritos de dichos funcionarios[108]. Para preservar el efecto útil del margen

---

[108] Véanse, en este sentido, las sentencias de 21 de abril de 1983, *Ragusa c. Comisión*, 282/81, EU:C :1983 :105, apartados 9 y 13, de 15 de enero de 2014, *Stols c. Consejo*, T-95/12 P, EU: T:2014:3, punto 29, y de 15 de diciembre de 2015, *Bonazzi c. Comisión*, F-88/15, EU: F:2015:150, punto 47 (TOL5.584.879).

de apreciación que el legislador pretendía conferir a la AFPN en materia de promoción, el juez de la Unión no puede anular una decisión de esta última por el solo hecho de que se considera en presencia de hechos que dan a suscitar dudas plausibles sobre la apreciación realizada por la AFPN, o incluso acreditar la existencia de un error de apreciación (sentencias de 15 de enero de 2014, *Stols c. Consejo,* T-95/12 P, UE:T:2014:3, apartado 30, y de 15 de diciembre de 2015, *Bonazzi c. Comisión,* F-88/15, EU:F:2015:150, apartado 48).

De hecho, sólo la constatación de un error manifiesto puede dar lugar a la anulación de una resolución de promoción y, en este sentido, la prueba que corresponde aportar al solicitante debe ser suficiente para desvirtuar la apreciación de los hechos realizada en la resolución impugnada de plausibilidad. A este respecto, no corresponde al juez de la Unión llevar a cabo un examen detallado de todos los expedientes de los funcionarios promocionables para asegurarse de que comparte la conclusión a la que ha llegado la AFPN, ya que, si realizó tal ejercicio , iría más allá del ámbito del control de legalidad que le corresponde, sustituyendo su propia valoración de las calificaciones y méritos de dichos funcionarios por la de la AFPN (véanse, al respecto, las sentencias de 15 de enero de 2014, *Stols c. Consejo,* T-95/12 P, EU:T:2014:3, apartado 31, y de 15 de diciembre de 2015, *Bonazzi c. Comisión,* F-88/15, EU:F:2015:150, apartado 49, TOL5.584.879).

Sin embargo, la amplia facultad discrecional así otorgada a la AFPN se ve limitada por la necesidad de realizar un examen comparativo de los expedientes con cuidado e imparcialidad, en interés del servicio y de conformidad con el principio de igualdad de trato. En la práctica, este examen debe realizarse en igualdad de condiciones y utilizando fuentes de información e inteligencia comparables [véanse las sentencias de 15 de septiembre de 2005, *Casini c. Comisión,* T-132/03, EU:T:2005:324, punto 53, y la jurisprudencia citada (TOL4.626.596); de 15 de enero de 2014, *Stols c. Consejo,* T-95/12 P, EU: T:2014:3, punto 32, y de 15 de diciembre de 2015, *Bonazzi c. Comisión,* F-88/15, UE: F:2015:150, artículo 50 (TOL5.584.879)].

A este respecto, procede recordar que la falta de establecimiento de un sistema de calificación ad hoc respecto de los funcionarios que desarrollan actividades en el marco de la adscripción a una organización de servicio público no implica discriminación alguna (sentencia de 26 de septiembre 1996, *Maurissen c. Tribunal de Cuentas,* T-192/94, EU:T:1996:133, apartado 44) y que la AFPN dispone de una amplia discrecionalidad para detener el procedimiento o el método que considere más adecuado para llevar a cabo la examen comparativo de fondo[109].

Así, un funcionario no puede exigir a una institución que adopte normas que organicen específicamente el procedimiento y los métodos para comparar los méritos de los funcionarios en función de sus cargos estatutarios [sentencia de 7 de noviembre de 2007, *Hinderyckx c. Consejo*, F-57/06, EU: F:2007:188, apartado 60 (TOL9.930.332)]. En cuanto a las actividades de representación del personal, la jurisprudencia del Tribunal de Justicia de la Unión Europea ya ha sostenido que éstas no pueden ser evaluadas por evaluadores de los servicios de la institución. De hecho, no están bajo su autoridad (véase la sentencia de 21 de octubre de 1992, *Maurissen c. Tribunal de Cuentas*, T-23/91, EU: T:1992:106, apartado 14), ya que estas actividades se desarrollan fuera del marco funcional en el que, de conformidad con el artículo 43 del Estatuto, normalmente se evalúa la competencia, la eficacia y la conducta de cada funcionario (sentencia de 26 de septiembre de 1996, *Maurissen c. Tribunal de Cuentas*, T-192/94, EU: T:1996:133, artículo 41).

En todo caso, para que el sistema de ascensos sea lo más equitativo posible, la AFPN debe, tal como ya hemos indicado anteriormente, de conformidad con el artículo 45 del Estatuto, velar por que el examen comparativo de los méritos sea objetivo, en primer lugar, garantizando la comparabilidad de las apreciaciones de todos los funcionarios mediante el establecimiento de un baremo común de valoración y, por otro lado, mediante la homogeneización de los criterios de valoración a la atención de los evaluadores (sentencia de 3 de junio de 2015, *Gross c. EEAS*, F-78/14, EU:F:2015:52, apartado 45, TOL5.006.908).

Por su parte, el artículo 45, apartado 1, del Estatuto establece que, a efectos de la consideración comparativa de los méritos, la AFPN tomará en consideración, en particular, los informes a los que hayan sido sometidos los funcionarios, el uso por ley, en el ejercicio de sus funciones, de lenguas distintas de aquella de la que hayan demostrado tener un conocimiento profundo y el nivel de las responsabilidades ejercidas. Sin embargo, esta disposición deja a la autoridad nominadora un cierto margen de discrecionalidad en cuanto a la importancia que pretende dar a cada uno de estos

---

[109] Sentencias de 1 de julio de 1976, de *Wind c. Comisión*, 62/75, EU:C:1976:103, punto 17; de 19 de octubre de 2006, *Buendía Sierra c. Comisión*, T-311/04, EU: T:2006:329, apartado 131 (TOL9.931.866); y de 14 de julio de 2011, *Praskevicius c. Parlamento*, F-81/10, EU: F:2011:120, artículo 53 (TOL9.919.654).

tres criterios estatutarios al examinar los méritos comparativos, respetando, no obstante, el principio de igualdad salarial, entendiéndose que el fondo constituye el criterio determinante de este examen (sentencia de 15 de enero de 2014, Stols c. Consejo, T-95/12 P, EU: T:2014:3, apartado 33)

Asimismo, antes de su primera promoción con posterioridad al reclutamiento, los funcionarios deberán demostrar su capacidad para trabajar en una tercera lengua de entre las mencionadas en el art. 55.1 del TUE. Las autoridades facultadas para proceder a los nombramientos de las instituciones acordarán la adopción de normas comunes para la aplicación del presente apartado. Dichas normas regularán el acceso de los funcionarios a la formación en una tercera lengua y establecerán de manera detallada las modalidades de evaluación de la capacidad de los funcionarios para trabajar en una tercera lengua, de conformidad con la letra d) del apartado 2 del artículo 7 del anexo III.

El art. 45 bis señala que, todo funcionario del grupo de funciones AST podrá, a partir del grado 5, ser nombrado en un puesto del grupo de funciones AD, siempre que: (i) haya sido seleccionado para participar en un programa de formación obligatoria; (ii) haya llevado a cabo un programa de formación determinado por la autoridad facultada para proceder a los nombramientos y que comprenda una serie de módulos de formación obligatorios; y, (iii) figure en la lista, confeccionada por la autoridad facultada para proceder a los nombramientos, de candidatos que han superado un examen oral y escrito, que demuestre que ha seguido con éxito el programa de formación mencionado.

La autoridad facultada para proceder a los nombramientos elaborará un proyecto de lista de funcionarios AST seleccionados para participar en el programa de formación mencionado, basándose en los informes anuales de los mismos a que se refiere el artículo 43 y en su nivel de educación y formación, y teniendo en cuenta las necesidades de los servicios. Este proyecto se someterá al dictamen de una comisión paritaria. Dicha comisión podrá oír a los funcionarios que hayan solicitado participar en el citado programa de formación y a los representantes de la autoridad facultada para proceder a los nombramientos. Emitirá por mayoría un dictamen motivado sobre el proyecto de lista presentado por la autoridad facultada para proceder a los nombramientos. Esta autoridad adoptará la lista de los funcionarios que tendrán derecho a participar en el citado programa de formación.

El nombramiento en un puesto del grupo de funciones AD no afectará al grado y al escalón que correspondan al funcionario en el momento del nombramiento. El número de nombramientos en puestos del grupo de funciones AD, con arreglo a lo dispuesto en los apartados 1 a 3 del presente artículo, no podrá exceder del 20 % del número total de nombramientos realizados anualmente de conformidad con el párrafo segundo del artículo 30.

En todo caso, la autoridad facultada para proceder a los nombramientos de cada institución adoptará las disposiciones generales de aplicación del presente artículo de conformidad con el artículo 110.

Por último, el art. 46 indica que, todo funcionario nombrado en un grado superior, de conformidad con lo previsto en el artículo 45, se clasificará en el primer escalón de dicho grado. No obstante, cuando sean nombrados en un grado superior con arreglo al art. 45, los funcionarios de los grados AD 9 a AD 13 que ejerzan la función de jefe de unidad se clasificarán en el segundo escalón de su nuevo grado. Lo mismo se aplicará a los funcionarios: (i) promovidos al cargo de director o director general; o, (ii) que ocupen el cargo de director o director general.

4. CESE DEFINITIVO

a) Renuncia

El art. 48 del Estatuto dispone que, la renuncia a la condición de funcionario sólo podrá realizarse mediante escrito del interesado en el que conste su voluntad inequívoca de causar baja definitivamente en el servicio de la institución. La decisión de la autoridad facultada para proceder a los nombramientos que confiera a la renuncia carácter definitivo deberá producirse en el plazo de un mes a contar de la recepción del escrito de renuncia. No obstante, la autoridad facultada para proceder a los nombramientos podrá rechazar la renuncia si estuviere pendiente un procedimiento disciplinario contra el funcionario en el momento de la recepción del escrito de renuncia o en los treinta días siguientes.

La renuncia será efectiva a partir de la fecha que fije la autoridad facultada para proceder a los nombramientos, que no podrá ser posterior en más de tres meses a la propuesta por el funcionario en su escrito de renuncia para los funcionarios del grupo de funciones AD, y en más de un mes para los de los grupos de funciones AST y AST/SC.

Respecto a la interpretación de este precepto, las palabras “cesen definitivamente cualquier actividad en la institución” no significa en modo alguno que sea imposible que un funcionario que haya dimitido pueda ejercer posteriormente una actividad dentro de esa institución como miembro del personal temporal. Estos términos sólo significan que el funcionario que presenta su renuncia pone fin a toda actividad en la institución como funcionario, tal como se define dicha actividad en el artículo 35 del Estatuto (Sentencia del Tribunal General de 11 de febrero de 1999, *Leite c. Comisión*, T-21/98, ECLI: UE: T:1999:28, apartados 53 a 55).

b) Separación de oficio

El art. 49 del Estatuto señala que, ningún funcionario podrá ser obligado a cesar en sus funciones salvo en el caso en que deje de satisfacer las condiciones fijadas en el párrafo a) del artículo 28 y en los casos previstos en los artículos 39, 40 y apartados 4 y 5 del artículo 41 y en el párrafo segundo del artículo 14 del Anexo VIII.

La autoridad facultada para proceder a los nombramientos adoptará decisión motivada previo dictamen de la Comisión paritaria y previa audiencia del interesado (Sentencia de 18 de junio de 1995, *CX/Comisión*, F-27/13)[110].

c) Cese por interés del servicio

El art. 50 del Estatuto dispone que, los altos funcionarios, a tenor de lo dispuesto en el apartado 2 del artículo 29, podrán ser cesados en tales puestos por interés del servicio mediante decisión de la autoridad facultada para proceder a los nombramientos. Este cese no tendrá carácter de medida disciplinaria. El funcionario que hubiere sido cesado de esta forma, y que no sea destinado a otro puesto de trabajo correspondiente a su grado, tendrá derecho a una indemnización calculada según las disposiciones del Anexo IV.

Los ingresos percibidos por el interesado durante este período procedentes de un nuevo empleo serán deducidos de la indemnización prevista en el párrafo anterior en la medida en que, acumulados a éstas, sean superiores a la última retribución global del funcionario calculada según el baremo de sueldos en vigor el primer día del mes por el que haya de liquidarse la indemnización.

---

[110] Sentencia del Tribunal de la Función Pública (Sala Primera) de 18 de junio de 2015, CX/Comisión, Asunto F-27/13, 2015/C 245/57 (TOL5.170.620).

El interesado deberá presentar las pruebas escritas que le sean solicitadas y comunicar a su institución cualquier circunstancia que pueda alterar su derecho a percibir la indemnización. No se aplicará a la indemnización ningún coeficiente corrector. Será de aplicación por analogía lo dispuesto en los párrafos tercero, cuarto y quinto del artículo 45 del anexo VIII.

Al término del período a que se extienda el derecho a indemnización, podrá percibir la pensión de jubilación sin la reducción prevista en el artículo 9 del Anexo VIII, siempre que hubiere alcanzado la edad de 58 años.

Sobre este precepto, cabe recordar que, la autoridad competente dispone de una amplia facultad de apreciación del interés del servicio y que, por consiguiente, el control del juez comunitario debe limitarse a comprobar si la autoridad de que se trate se ha mantenido dentro de unos límites razonables y no ha ejercido su facultad de apreciación de forma manifiestamente errónea [sentencia del Tribunal de Primera Instancia de 29 de abril de 1999, *Carrasco Benítez c. EMEA*, T-79/98, RecFP pp. I-A-29 y II-127, apartado 55 (TOL4.624.223)]. Por lo que respecta a la apreciación del interés del servicio, también es jurisprudencia reiterada que la autoridad competente está obligada, al decidir sobre la situación de un agente, a tomar en consideración todos los factores que puedan determinar su decisión y, en particular, el interés del agente afectado. Ello se desprende del deber de asistencia y protección que refleja el equilibrio de derechos y obligaciones recíprocos que el Estatuto y, por analogía, el régimen aplicable a los otros agentes, han creado en las relaciones entre la autoridad pública y sus agentes[111].

d) Procedimientos por incompetencia profesional

El art. 51 del Estatuto señala que, la autoridad facultada para proceder a los nombramientos de cada institución definirá los procedimientos oportunos para poder detectar, gestionar y resolver los casos de incompetencia profesional de forma preventiva y apropiada.

Al adoptar disposiciones internas, la autoridad facultada para proceder a los nombramientos de cada institución respetará los siguientes requisitos: (i) el funcionario que, a la luz de tres informes anuales insatisfactorios

---

[111] Véanse, en este sentido, las sentencias del Tribunal de Justicia de 14 de septiembre de 1994, *Klinke c. Tribunal de Justicia*, C-298/93 P, Rec. p. I-3009, apartado 38, y sentencia de 13 de diciembre de 1996, *Kyrpitsis c. CESE Europeo*, T-13/95, RecFP pp. I-A-167 y II-503, apartado 52

consecutivos mencionados en el artículo 43, no muestre progresos en sus competencias profesionales será clasificado en el grado inmediatamente inferior; si los dos informes anuales siguientes siguen mostrando prestaciones insatisfactorias, el funcionario será separado del servicio; y, (ii) toda propuesta de clasificación en un grado inferior o de separación del servicio de un funcionario deberá exponer las razones que la motivan y será comunicada al interesado. La propuesta de la autoridad facultada para proceder a los nombramientos será remitida a la Comisión paritaria consultiva.

El funcionario tendrá derecho a que se le comunique íntegramente su expediente personal y a hacer copia de todos los documentos relativos al procedimiento. Para preparar su defensa, dispondrá de un plazo mínimo de 15 días, pero no superior a 30 días, a contar desde la fecha de recepción de la propuesta. Podrá ser asistido por una persona de su elección. El funcionario podrá presentar observaciones por escrito. Será oído[112] por la Comisión paritaria consultiva. Podrá, asimismo, citar testigos.

La institución estará representada ante la Comisión paritaria consultiva[113] por un funcionario designado a tal efecto por la autoridad facultada para proceder a los nombramientos y dispondrá de los mismos derechos que el interesado.

A la luz de la propuesta contemplada en el apartado 1, letra b), y habida cuenta, en su caso, de las declaraciones presentadas por escrito y verbalmente por el interesado y los testigos, la Comisión paritaria consultiva emitirá, por mayoría, un dictamen motivado en el que indique la actuación que considera apropiada ante los hechos demostrados a instancia suya. Remitirá dicho dictamen a la autoridad facultada para proceder a los nombramientos y al interesado en el plazo de dos meses a contar desde la fecha en que haya sido llamada a pronunciarse. El presidente no participará en las decisiones de la Comisión paritaria consultiva, salvo cuando se trate de cuestiones procedimentales o en caso de empate de los votos.

---

112 Sentencia del Tribunal General de 21 de junio de 2023, de *UG c. Comisión,* T-571/17 RENV. 2023/C 271/31 (TOL7.855.412)

113 Según el artículo 12 del Anexo II "Composición y modalidades de funcionamiento de los órganos previstos en el artículo 9 del Estatuto", dicha comisión La Comisión paritaria consultiva de incompetencia profesional está compuesta por un presidente y al menos dos miembros, todos de grado AD 14 o superior y funcionarios. Su mandato es de tres años, designados por igual por el Comité de personal y la autoridad facultada. Se establecen disposiciones específicas para casos de funcionarios de grado AD 14 o inferior, así como para altos funcionarios y funcionarios en países fuera de la Unión o agentes contractuales.

Todo funcionario separado del servicio por incompetencia profesional tendrá derecho mensualmente a una indemnización igual al sueldo base mensual correspondiente al primer escalón del grado AST 1, durante el período definido en el apartado 6. El funcionario tendrá derecho igualmente, durante ese mismo período, a los complementos familiares previstos en el artículo 67. La asignación familiar se calculará en función del sueldo base mensual de un funcionario de grado AST 1, de conformidad con lo dispuesto en el artículo 1 del anexo VII. La citada indemnización no será abonada cuando el funcionario presente su renuncia tras iniciarse el procedimiento a que se refieren los apartados 1 y 2 o cuando tenga ya derecho al pago inmediato de la pensión íntegra. Si tiene derecho a una prestación por desempleo al amparo de un régimen de desempleo nacional, el importe de la misma será deducido de la indemnización antes mencionada.

El período durante el cual se efectuarán los pagos previstos en el apartado 5 se determinará del siguiente modo:

a) si, en la fecha en que se adopte la decisión de separación, el interesado no ha cumplido aún cinco años de servicio, será de tres meses;

b) si el interesado ha cumplido cinco años de servicio o más, pero menos de diez años, será de seis meses;

c) si el interesado ha cumplido diez años de servicio o más, pero menos de veinte años, será de nueve meses;

d) si el interesado ha cumplido al menos veinte años de servicio, será de doce meses.

Cuando un funcionario sea clasificado en un grado inferior por incompetencia profesional, podrá, transcurrido un plazo de seis años, solicitar que se suprima de su expediente personal cualquier mención de dicha medida.

El interesado tendrá derecho al reembolso de los gastos en que razonablemente incurra en el transcurso del procedimiento, y en particular los honorarios pagados por su defensa a una persona ajena a la institución, cuando el procedimiento a que se refiere el presente artículo finalice sin que recaiga decisión de separación del servicio o clasificación del funcionario en un grado inferior.

La incompetencia profesional de un funcionario o de un agente temporal o contractual debe apreciarse, en particular, en relación con su competencia, su rendimiento y su conducta en el servicio[114]. De esta disposición se desprende que, cuando la AFPN decide destituir a un funcionario por incompetencia, puede invocar hechos que permitan acreditar tal inadecuación durante los cinco años anteriores a la decisión de destitución.

e) Jubilación

El art. 52 dispone que, sin perjuicio de lo dispuesto en el artículo 50, los funcionarios serán jubilados: (a) bien de oficio, el último día del mes durante el cual hayan cumplido los 66 años de edad; y, (b) bien a petición propia, el último día del mes para el que hayan presentado la solicitud, cuando hayan alcanzado la edad de jubilación o cuando, teniendo entre 58 años y la edad de jubilación, reúnan las condiciones exigidas para la concesión de una pensión de disfrute inmediato, con arreglo al artículo 9 del anexo VIII. La segunda frase del párrafo segundo del artículo 48 será aplicable por analogía.

No obstante, todo funcionario podrá, si así lo solicita y cuando la autoridad facultada para proceder a los nombramientos lo considere justificado en interés del servicio, seguir en activo hasta la edad de 67 años, o, excepcionalmente hasta la edad de 70 años, en cuyo caso será jubilado de oficio el último día del mes en que cumpla dicha edad.

Cuando la autoridad facultada para proceder a los nombramientos decida autorizar a un funcionario a seguir en activo después de la edad de 66 años, esa autorización se concederá para un período de un año como máximo. La autorización se podrá renovar a petición del funcionario.

Sobre esta solicitud de permanecer en servicio, resulta de gran interés la Sentencia del Tribunal de Función Pública de 29 de octubre de 2015, *Xenaqis c. Comisión* (F-52/15, EU: F:2015:127, TOL5.530.921). En este caso, el Sr. Xenakis interpuso un recurso solicitando la anulación de la decisión adoptada el 25 de junio de 2014 por el vicepresidente de la Comisión Europea, en su condición de autoridad facultada para proceder a los nombramientos, por la que se denegó su solicitud de permanecer en activo más allá de la edad de 65 años, así como la reparación del perjuicio material y moral que consideraba haber sufrido. El demandante entró al servicio de la Comisión el 13 de agosto de 1979. En el momento de su jubilación, el 31 de octubre de 2014, era funcionario de grado AD 14 y trabajaba en la Ofi-

---

114 Véase, en este sentido, la sentencia de 21 de octubre de 1980, Vecchioli c. Comisión, 101/79, EU:C:1980:243, apartado 7.

cina Europea de Lucha contra el Fraude (OLAF) como jefe de la unidad Política antifraude en los ámbitos aduanero y del tabaco de la Dirección Política.

Al alcanzar la edad de 65 años el 22 de octubre de 2014, el demandante solicitó, mediante nota de 11 de febrero de 2014 dirigida al Director General de la Dirección General (DG) Recursos Humanos y Seguridad de la Comisión, una prórroga de su período de actividad más allá de la edad de 65 años, con arreglo al artículo 52, párrafo segundo, del Estatuto de los Funcionarios. El 13 de mayo de 2014, el demandante mantuvo una entrevista con el Director General de la OLAF en la que éste le informó de su intención de emitir un dictamen negativo sobre la solicitud de permanecer en activo. Mediante nota de 27 de mayo de 2014, dirigida al Director General de la Dirección General de Recursos Humanos, el Director General de la OLAF indicó que el interés del servicio no justificaba la continuidad en el empleo del demandante. Mediante decisión de 25 de junio de 2014, el vicepresidente de la Comisión, en su condición de AFPN, desestimó la solicitud de mantenimiento en el empleo. En dicha decisión, la AFPN señaló que había consultado a los superiores jerárquicos del demandante y había llegado a la conclusión de que el interés del servicio no justificaba la continuación de su empleo.

El Tribunal consideró que del tenor literal de dicha disposición se desprende que, la AFPN puede conceder la autorización de permanecer en activo más allá de la edad de jubilación forzosa a los funcionarios que lo soliciten si considera que ello redunda en interés del servicio. Por tanto, la interpretación literal del artículo 52, párrafo segundo, del Estatuto es contraria a la consideración de que la autorización para permanecer en activo hasta los 67 años debe concederse a todo funcionario que lo haya solicitado siempre que no sea contraria al interés del servicio (véase, como ejemplo de interpretación literal de una disposición del Estatuto, la sentencia de 14 de julio de 2008, *Pappas c. Comisión*, F-101/08, EU: F:2009:137, apartados 62 a 64, TOL9.921.387).

Por otra parte, es cierto que, según el artículo 52, párrafo segundo, del Estatuto, la decisión de permanecer en servicio activo entre los 67 y los 70 años puede adoptarse excepcionalmente, mientras que esta indicación no existe para la permanencia en servicio activo hasta los 67 años. Sin embargo, la adición de esta calificación para la autorización de permanecer en servicio activo más allá de los 67 años no justifica la interpretación de que para permanecer en servicio activo hasta los 67 años, la Administración no tiene que demostrar la existencia actual de un interés de servicio. En efecto, esta expresión se limita a indicar que el número de funcionarios autorizados a permanecer en servicio activo más allá de los 67 años debe limitarse para respetar el carácter excepcional de esta excepción, sin afectar por ello al contenido del examen del interés del servicio que, en cualquier caso, debe realizar la AFPN.

En estos casos, no puede considerarse que la AFPN haya ido más allá de la amplia facultad de apreciación de que gozan las instituciones para organizar sus servicios en base de las funciones que tienen encomendadas y para asignar, con vistas a dichas funciones, el personal de que disponen[115], o que no se mantuvo dentro de límites razonables o que ejerció su facultad de apreciación de manera manifiestamente errónea. En todo caso, cuando la AFPN deba pronunciarse sobre una solicitud de mantenimiento en el servicio activo, debe basar su decisión en la existencia del interés del servicio, sin tener en cuenta los intereses del funcionario demandante (sentencia de 18 de mayo de 2015, Bischoff/Comisión, F-36/14, EU: F:2015:48, apartado 54, TOL9.742.120).

Finalmente, el art. 53 señala que, cuando la Comisión de invalidez certifique que un funcionario reúne las condiciones previstas en el artículo 78, será jubilado de oficio el último día del mes durante el que la autoridad facultada para proceder a los nombramientos reconozca la incapacidad definitiva que tiene el funcionario para ejercer sus funciones.

f) Nombramientos honorarios

El art. 54 del Estatuto dispone que, la autoridad facultada para proceder a los nombramientos podrá conferir nombramientos honorarios, tanto en su propio grado como en el inmediatamente superior, a funcionarios que cesen definitivamente en el servicio. Esta medida no conllevará efectos económicos.

---

115 Véanse, la sentencia de 8 de julio de 2015, DP c. ACER, F-34/14, EU: F:2015:82, apartado 51 (TOL5.192.945); y Sentencia de 13 de noviembre de 2014, De Loecker c. EEAE, F-78/13, EU:F:2014:246, apartado 61 (TOL4.631.399)

Capítulo V. *Condiciones de trabajo*

1. HORARIO DE TRABAJO

El art. 55 del Estatuto dispone que, los funcionarios en activo estarán a disposición de su institución en todo momento. La duración normal del trabajo oscilará entre 40 y 42 horas semanales, según un horario diario determinado por la autoridad facultada para proceder a los nombramientos.

Dentro del mismo límite, esta autoridad podrá establecer, previa consulta al Comité del Personal, horarios apropiados para ciertos grupos de funcionarios que tengan atribuidas tareas especiales[116]. Por otra parte, y a causa de las necesidades del servicio o por exigencia de las normas en materia de seguridad en el trabajo, el funcionario podrá ser obligado, fuera de la jornada normal de su trabajo, a estar a disposición de la institución, ya sea en el lugar de trabajo ya en su domicilio. En todo caso, la autoridad facultada para proceder a los nombramientos de cada institución determinará las formas de aplicación del presente apartado, previa consulta al Comité de personal.

La autoridad facultada para proceder a los nombramientos de cada institución podrá introducir disposiciones en materia de horario laboral flexible[117]. En virtud de dichas disposiciones, no se concederán días laborables enteros a los funcionarios de grado AD/AST 9 o superior. Dichas disposiciones no se aplicarán a los funcionarios a quienes se aplica lo dispuesto en el párrafo segundo del artículo 44. Dichos funcionarios gestionarán su tiempo de trabajo de acuerdo con sus superiores.

---

116 Sentencia del Tribunal de Justicia (Sala Segunda) de 11 de Abril de 2019, *Syndicat des cadres de la sécurité intérieure vs Premier ministre, Ministre de l'Intérieur, Ministre de l'Action et des Comptes publics,* Asunto C-254/18, 2019/C 206/16 (TOL7.174.824)

117 COMUNICACIÓN DE LA COMISIÓN AL PARLAMENTO EUROPEO, AL CONSEJO, AL COMITÉ ECONÓMICO Y SOCIAL EUROPEO Y AL COMITÉ DE LAS REGIONES. Una iniciativa para promover la conciliación de la vida familiar y la vida profesional de los progenitores y los cuidadores. COM/2017/0252 final.

DICTAMEN DEL COMITÉ ECONÓMICO Y SOCIAL sobre el tiempo de trabajo. Diario Oficial n.° C 018 de 22/01/1996 p. 0074.

Por su parte, el art. 55 bis señala que, todo funcionario podrá solicitar autorización para trabajar a tiempo parcial[118]. La autoridad facultada para proceder a los nombramientos podrá conceder dicha autorización si es compatible con el interés del servicio. La autorización se concederá automáticamente en los casos siguientes:

a) para ocuparse de un hijo a cargo de menos de nueve años de edad;
b) para ocuparse de un hijo a cargo de entre nueve y doce años de edad, si la reducción del tiempo de trabajo no excede del 20 % del tiempo de trabajo normal;
c) para ocuparse de un hijo a cargo hasta que cumpla la edad de 14 años cuando el funcionario sea progenitor de una familia monoparental;
d) en casos de graves dificultades, para ocuparse de un hijo a cargo hasta que cumpla la edad de 14 años si la reducción del tiempo de trabajo no excede del 5 % del tiempo de trabajo normal; en ese caso, no se aplicará el anexo IV, artículo 3, párrafos primero y segundo; en caso de que ambos progenitores trabajen al servicio de la Unión, solo tendrá derecho a esa reducción uno de ellos;
e) para ocuparse del cónyuge, de un ascendiente, de un descendiente o de un hermano gravemente enfermo o discapacitado;
f) para adquirir una formación complementaria; o
g) a partir de los 58 años de edad, durante los tres últimos años antes de alcanzar la edad de jubilación.

Cuando el trabajo a tiempo parcial se solicite para adquirir una formación complementaria, o durante los tres últimos años antes de alcanzar la edad de jubilación, pero no antes de los 58 años, la autoridad facultada para proceder a los nombramientos solo podrá denegar la autorización o aplazar la fecha a partir de la cual surtirá efecto en casos excepcionales y por motivos imperativos de interés del servicio. Cuando el derecho a trabajar a tiempo parcial se ejerza a fin de ocuparse del cónyuge, de un ascendiente, de un descendiente o de un hermano gravemente enfermo o discapacitado, o para adquirir una formación complementaria, la duración

---

118 Si bien es de destacar que procedimiento inverso, es decir, el paso de jornada parcial a completa conlleva el correspondiente aumento de salario. Véase Auto del Tribunal de la Función Pública (Sala Primera) de 23 de abril de 2015, *Bensai c. Comisión,* Asunto F-131/14, 2015/C 190/38.

total de los períodos de trabajo a tiempo parcial no podrá exceder de cinco años a lo largo de toda la carrera del funcionario.

La autoridad facultada para proceder a los nombramientos responderá a la solicitud del funcionario en el plazo de sesenta días. Las condiciones del trabajo a tiempo parcial y el procedimiento de concesión de la autorización serán los definidos en el anexo IV bis.

A su vez, el art. 55 ter dispone que, todo funcionario podrá solicitar autorización para trabajar media jornada, con arreglo a la fórmula del empleo compartido, en un puesto que la autoridad facultada para proceder a los nombramientos considere adecuado a esa forma de trabajo. La autorización para trabajar media jornada en régimen de empleo compartido no tendrá una duración limitada; no obstante, la autoridad facultada para proceder a los nombramientos podrá anularla en interés del servicio, notificándolo al funcionario con seis meses de antelación.

Asimismo, la autoridad facultada para proceder a los nombramientos podrá anular la autorización a instancia del funcionario interesado, notificándolo con seis meses de antelación, como mínimo. En este caso, el funcionario podrá ser trasladado a otro puesto. Será de aplicación lo dispuesto en el artículo 59 bis y, a excepción de la tercera frase del párrafo segundo, en el artículo 3 del anexo IV bis. La autoridad facultada para proceder a los nombramientos podrá establecer las condiciones de aplicación del presente artículo.

Por su parte, el art. 56 recoge que, no podrá obligarse a los funcionarios a trabajar horas extraordinarias salvo en casos de urgencia o de acumulación excepcional de trabajo; el trabajo nocturno, en domingos o en días feriados sólo podrá ser autorizado mediante un procedimiento que establecerá la autoridad facultada para proceder a los nombramientos. El total de horas extraordinarias exigidas a un funcionario no podrá exceder de 150 horas cumplidas por cada período de seis meses. Las horas extraordinarias cumplidas por funcionarios del grupo de funciones AD y de los grados 5 a 11 del grupo de funciones AST no darán derecho a compensación ni a remuneración[119].

Igualmente, las horas extraordinarias cumplidas por funcionarios de los grados SC 1 a SC 6 y de los grados AST 1 a AST 4 darán derecho, en las condiciones fijadas en el anexo VI, a un permiso compensatorio o, si las

---

[119] Sentencia Del Tribunal De Justicia (Sala Primera) de 24 de junio de 2021, asunto C-559/19, *Comisión Europea c. Reino de España.* ECLI:EU:C:2021:512 (TOL8.480.980)

condiciones del servicio no permiten la compensación en los dos meses siguientes al mes en que se hayan cumplido, a una retribución.

De la lectura conjunta del artículo 56, párrafos primero, segundo y tercero, del Estatuto de los funcionarios, se desprende que, el legislador pretendía proteger a los funcionarios contra cualquier obligación de trabajar un número excesivo de horas, reservando al mismo tiempo el beneficio de una compensación o remuneración de las horas extraordinarias trabajadas, únicamente, a los funcionarios clasificados en los primeros niveles de la escala de grados y que, por tanto, reciben una remuneración inferior a la de otros compañeros que tienen, en particular, por su antigüedad, un grado y una remuneración superiores (Auto del Tribunal de Función Pública de 15 de septiembre de 2015, *Wanègue c. Comité de las Regiones,* F-21/15, apartado 67).

El art. 56 bis dispone que, el funcionario que, en el marco de un servicio continuado decidido por la institución por necesidades del servicio o por exigencias de las normas en materia de seguridad en el trabajo y considerado por dicha institución como de naturaleza habitual y permanente, esté obligado a efectuar de forma regular trabajos durante la noche, los sábados, los domingos o en días feriados, tendrá derecho a indemnizaciones. Previa consulta al Comité del Estatuto, la Comisión determinará, mediante actos delegados de conformidad con los artículos 111 y 112, las categorías de funcionarios con derecho a tales indemnizaciones y sus condiciones de concesión y cuantías. La duración normal de trabajo de un funcionario que asegure un servicio continuado no podrá ser superior al total anual de horas normales de trabajo.

Respecto del alcance del art. 56 bis del Estatuto, destaca la Sentencia del Tribunal de Función Pública de 18 de mayo de 2009, *Emile De Smedt y otros c. Parlamento Europeo* (F-66/08, ECLI: UE: F:2009:49, TOL9.921.414). En este caso, el señor De Smedt y otros 20 funcionarios del Parlamento solicitaron la anulación de las decisiones individuales del Parlamento por las que se les denegó la indemnización por servicio continuo o por turnos, prevista en el art. 56 bis del Estatuto y a la que habrían tenido derecho en virtud del Reglamento (CE, EURATOM) n.º 1873/2006 del Consejo, de 11 de diciembre de 2006, que modifica el Reglamento (CECA, CEE, EURATOM) n.º 300/76 por el que se establecen las categorías de beneficiarios de estas indemnizaciones.

El Tribunal consideró que debían anularse las decisiones individuales de una institución por las que se deniega la concesión de la indemnización por servicio de veinticuatro horas o por turnos, prevista en el artículo 56 bis del Estatuto, a los funcionarios que prestan tal servicio, impuesta por las necesidades de la centralita telefónica a la que están adscritos, a pesar de que dicho servicio es habitual y permanente y, además, dicha institución, al conceder dicho complemento en decisiones individuales adoptadas con posterioridad a las decisiones antes mencionadas, reconoció implícita -pero claramente- que los demandantes cumplían los requisitos a los que está supeditada la concesión del complemento con arreglo al artículo 56 bis y que, por último, no puede negarse que sus condiciones materiales de trabajo eran las mismas antes y desde la fecha en que surtieron efecto las decisiones individuales por las que se les concedió el complemento. A este respecto, no sería razonable defender la inaplicabilidad del artículo 56 bis del Estatuto por el hecho de que el trabajo continuo o por turnos de los funcionarios no fuera consecuencia de decisiones formales de esta institución.

Del mismo modo, el hecho de que dichos funcionarios no realizasen horas extraordinarias y tengan una jornada semanal inferior a la jornada normal de trabajo de dicha institución no puede cuestionar el derecho a la indemnización prevista en el artículo 56 bis del Estatuto. En efecto, esta disposición no exige ni que se realicen horas extraordinarias ni que la jornada semanal de trabajo sea igual a la jornada normal de trabajo de dicha institución. En cualquier caso, y habida cuenta de los inconvenientes personales y familiares que conlleva una semana de trabajo organizada por jornada continua o por turnos, la diferencia de 7,5 horas entre la semana de trabajo normal en esta institución y la semana de trabajo en la centralita telefónica no es irrazonable.

Por su parte, el art. 56 ter señala que, el funcionario que, por decisión de la autoridad facultada para proceder a los nombramientos, adoptada en consideración a las necesidades del servicio o por exigencias de las normas en materia de seguridad del trabajo, esté obligado con regularidad a estar a disposición de la institución, bien en el lugar de trabajo bien en su domicilio fuera de la jornada de trabajo, podrá tener derecho a indemnizaciones. Previa consulta al Comité del Estatuto, la Comisión determinará, mediante actos delegados de conformidad con los artículos 111 y 112, las categorías de funcionarios con derecho a tales indemnizaciones y sus condiciones de concesión y cuantías.

Sobre el alcance del art. 56 ter del Estatuto, nos ofrece una interesante aproximación la Sentencia del Tribunal de Función Pública de 10 de marzo de 2011, *Begue c. Comisión* (F-27/10, ECLI: UE: F:2011:20, TOL9.919.691).

En este sentido, la coexistencia del artículo 55 y del artículo 56 ter del Estatuto carecería de sentido si la disponibilidad que se espera de los funcionarios en virtud de cada uno de estos artículos no correspondiera a distintos grados de exigencia. A este respecto, cabe señalar que, el legislador ha caracterizado la situación prevista en el artículo 56 ter precisando que, el concepto de servicio de guardia debe ser regular. Por tanto, a efectos de la aplicación del artículo 56 ter del Estatuto, es necesario identificar los elementos constitutivos del concepto de servicio de guardia regular, que va necesariamente más allá de la disponibilidad en el sentido del artículo 55 del Estatuto. Esta afirmación puede sustentarse en el artículo 1, apartado 1, párrafo primero, del Reglamento (CEE, EURATOM, CECA) n.º 495/77 del Consejo, de 8 de marzo de 1977, por el que se establecen las categorías de los beneficiarios, las condiciones de asignación y las cuantías de las indemnizaciones que pueden concederse a los beneficiarios sometidos de manera regular a obligaciones especiales, considera que la situación de disponibilidad a que se refiere el artículo 56 ter del Estatuto exige que el funcionario de que se trate pertenezca a un servicio organizado de tal forma que pueda prestar asistencia a la institución las 24 horas del día y que el funcionario contribuya a la permanencia del servicio.

Sin embargo, de esta restricción no puede deducirse que el requisito de pertenecer a un servicio organizado de tal forma que pueda prestar asistencia las 24 horas del día no sea intrínseco al concepto de servicio de guardia en el sentido del artículo 56 ter del Estatuto. Una primera indicación en este sentido fue proporcionada por la Comisión, que, en la vista, explicó que el artículo 56 ter se había introducido originariamente en el Estatuto para hacer frente a la situación excepcional de los funcionarios que debían estar permanentemente de guardia para garantizar la seguridad en el ámbito de la investigación nuclear, lo que corrobora la primera versión de esta disposición, introducida en el Estatuto por el Reglamento (EURATOM, CECA, CEE) n.º 1369/72 del Consejo, de 27 de junio de 1972, por el que se modifica el Estatuto y el régimen aplicable a los otros agentes de las Comunidades Europeas (DO 1972, L 149, p. 1).

Esta primera versión se refería a los funcionarios remunerados con cargo a los créditos de investigación e inversión y destinados a un establecimiento del Centro Común de Investigación. Cuando el Reglamento n.º 495/77 recoge la obligación de estar disponible las 24 horas del día, únicamente, respecto de los servicios que prestan asistencia a los Estados miembros, debe señalarse que, esa misma particularidad, se aplica a los servicios enumerados en el artículo 1, apartado 1, párrafo primero, de dicho Reglamento, incluidos los servicios que realizan tareas de seguridad y prevención.

Un servicio de asistencia 24 horas requiere una organización de las condiciones de trabajo que respete las exigencias mínimas de protección de la salud y la seguridad de los funcionarios. A este respecto, conviene recordar que, el apartado 2 del artículo 31 de la Carta de los Derechos Fundamentales de la Unión Europea establece que, todo trabajador tiene derecho a la limitación de la duración máxima del trabajo, a períodos de descanso diarios y semanales y a un período de vacaciones anuales retribuidas. Según las explicaciones elaboradas bajo la responsabilidad del Praesidium de la Convención que redactó la Carta de los Derechos Fundamentales (DO 2007, C 303, p. 17), esta disposición tiene su origen, en particular, en la Directiva 93/104/CE del Consejo, de 23 de noviembre de 1993, relativa a determinados aspectos de la ordenación del tiempo de trabajo (DO 1993, L 307, p. 18), Directiva que ha sido derogada y sustituida por la Directiva 2003/88/CE. Por otra parte, en virtud del artículo 1 sexies del Estatuto, los funcionarios en servicio activo disfrutarán de condiciones de trabajo que respondan a normas apropiadas de salud y seguridad al menos equivalentes a las disposiciones mínimas aplicables en virtud de las medidas adoptadas en estos ámbitos en aplicación de los Tratados, entre las que figuran, en particular, las contenidas en esta última Directiva, que se refiere a la salud en el trabajo.

El artículo 3 de la Directiva 2003/88 exige, por principio, que el tiempo de trabajo se alterne con un período mínimo de descanso diario de once horas consecutivas por cada veinticuatro horas. Si bien es cierto que, en virtud del artículo 17, apartado 3, de dicha Directiva, es posible establecer excepciones a esta norma en el caso de actividades de vigilancia caracterizadas por la necesidad de garantizar la seguridad de los bienes y de las personas, el apartado 2 de dicho artículo dispone que, los trabajadores afectados deben beneficiarse, no obstante, de períodos equivalentes de descanso compensatorio o, en casos excepcionales, de otra protección adecuada.

Por otra parte, de la jurisprudencia del Tribunal de Justicia se desprende que, los períodos equivalentes de descanso compensatorio, en el sentido del artículo 17, apartado 2, de la Directiva 2003/88, deben caracterizarse, para cumplir tanto estos requisitos como el objetivo de dicha Directiva, por el hecho de que, durante dichos períodos, el trabajador no esté sujeto, frente a su empresario, a cualquier obligación que pueda impedirle dedicarse libre y permanentemente a sus propios intereses, con el fin de neutralizar los efectos del trabajo sobre la seguridad y la salud del interesado[120]. Si bien el artículo 17, apartado 2, permite, en circunstancias muy excepcionales,

---

120 Sentencias del Tribunal de Justicia de 9 de septiembre de 2003, Jaeger, C-151/02, apartado 94 (TOL307.652), y de 14 de octubre de 2010, Union syndicale "Solidaires Isère, C-428/09, apartado 50 (TOL9.917.764)

que se conceda a los trabajadores afectados otra protección adecuada, no es menos cierto que dicha protección tiene también por objeto garantizar la seguridad y la salud de dichos trabajadores, así como permitirles relajarse y aliviar la fatiga inherente al ejercicio de sus funciones. Por consiguiente, el Tribunal de Justicia declara que, un régimen laboral que no permite a los trabajadores beneficiarse del derecho al descanso diario, aun cuando el contrato tenga una duración máxima de 80 días al año, no sólo priva de contenido a un derecho individual expresamente reconocido por la Directiva 2003/88, sino que también contradice el objetivo de dicha Directiva.

De ello se desprende que, sólo un servicio, o una parte de un servicio, que comprenda varios funcionarios u otros agentes puede estar obligado, como cuerpo colectivo, a permanecer efectivamente disponible las 24 horas del día durante todo el año y, en consecuencia, justificar la concesión de una indemnización por atención continuada a sus funcionarios y otros agentes. En este sentido, la indemnización por permanencia en el servicio prevista en el artículo 56 ter del Estatuto no compensa el mero hecho de poder ser contactado en todo momento por la institución, como exige el artículo 55, párrafo primero, del Estatuto, sino el hecho de estar efectivamente sometido a una obligación concreta, la de estar de guardia para garantizar la operatividad permanente del servicio al que pertenece. Esta interpretación se ve confirmada, por lo demás, por la versión inglesa de los citados artículos, que utilizan respectivamente los términos "*at the disposal*" y "*on stand by*".

Por último, el art. 56 quater dispone que, en su caso, se podrá conceder una indemnización especial a determinados funcionarios a fin de tener en cuenta condiciones de trabajo particularmente penosas. En todo caso, previa consulta al Comité del Estatuto, la Comisión determinará, mediante actos delegados de conformidad con los artículos 111 y 112, las categorías de funcionarios con derecho a las indemnizaciones especiales y sus condiciones de concesión y cuantías

2. VACACIONES Y LICENCIAS

El art. 57 del Estatuto señala que, los funcionarios tendrán derecho a unas vacaciones anuales de 24 días laborables como mínimo y de 30 como máximo, por año natural, de acuerdo con la reglamentación que se establezca, de común acuerdo, entre las autoridades facultadas para proceder a los nombramientos de las instituciones de la Unión previo informe del Comité del Estatuto. Aparte de estas vacaciones, podrán otorgarse, a título excepcional y a petición del interesado, licencias especiales. Las normas de concesión de estas licencias se establecen en el Anexo V[121].

Además de las vacaciones previstas en el artículo 57, las mujeres embarazadas tendrán derecho, previa presentación de un certificado médico, a una licencia de veinte semanas (art. 58). La licencia comenzará, como máximo, seis semanas antes de la fecha probable del parto indicada en el certificado y concluirá, como mínimo, catorce semanas después de la fecha del parto. En caso de nacimiento múltiple o prematuro o de nacimiento de un niño con una discapacidad o una enfermedad grave, la duración de la licencia será de veinticuatro semanas. A efectos de la presente disposición, se considerará prematuro todo nacimiento que tenga lugar antes de que finalice la trigésimo cuarta semana de gestación.

Por otra parte, todo funcionario que justifique su imposibilidad para ejercer sus funciones como consecuencia de enfermedad o accidente disfrutará automáticamente de licencia por enfermedad[122]. El interesado deberá notificar con la mayor brevedad su indisponibilidad a la institución en la que realice su trabajo, especificando el lugar en que se encuentra. A partir del cuarto día de ausencia deberá presentar un certificado médico. Este certificado deberá enviarse, a más tardar, el quinto día de ausencia, de lo que dará fe el matasellos de correos. En su defecto, y salvo que el certificado no se envíe por motivos ajenos a la voluntad del funcionario, la ausencia se considerará injustificada (art. 59).

El funcionario con licencia por enfermedad podrá, en todo momento, ser sometido a un control médico organizado por la institución[123]. Si dicho control no puede efectuarse por motivos imputables al interesado, su ausencia se considerará injustificada a partir del día en que estuviera previsto el control. Si el control revela que el funcionario se halla en condiciones de ejercer sus funciones, y sin perjuicio de lo dispuesto en el párrafo siguien-

---

121 Véase Sentencia de 19 de septiembre de 2013, Reexamen *Comisión c. Strack* C-579/12 RX-II, EU:C:2013:570, apartados, 26 y 43 (TOL9.915.561); Sentencia del Tribunal General de 4 de diciembre de 2018, *Carreras Sequeros y otros c. Comisión,* Asunto T-518/16, 2019/C 44/28, apartados 78 y 84 (TOL6.932.748); Sentencia de 20 de enero de 2009, *Schultz-Hoff y otros,* C-350/06 y C-520/06, EU:C:2009:18, apartado 25.

122 Sentencia del Tribunal de Primera Instancia de 5 de octubre de 2009, de *Brito Sequeira Carvalho c. Comisión* y *Comisión c. de Brito Sequeira Carvalho,* Asuntos acumulados T-40/07 P y T-62/07 P, 2009/C 282/76 (TOL4.628.340)

123 Sentencia Del Tribunal General (Sala de Casación) de 19 de enero de 2010. *Chantal De Fays c. Comisión Europea.* Asunto T-355/08 P, ECLI:EU:T:2010:16

te, su ausencia se considerará injustificada a partir del día del control. Si estima que las conclusiones del control médico organizado por la autoridad facultada para proceder a los nombramientos carecen de fundamento médico, el funcionario o un médico que actúe en nombre del mismo podrá, en el plazo de dos días hábiles, presentar a la institución una solicitud de arbitraje por un médico independiente.

La institución remitirá de inmediato dicha solicitud a otro médico designado de común acuerdo por el médico del funcionario y el medico asesor de la institución. De no llegarse a tal acuerdo en el plazo de cinco días, la institución elegirá a una de las personas que figuren en la lista de médicos independientes que confeccionarán a tal fin, cada año y de común acuerdo, la autoridad facultada para proceder a los nombramientos y el Comité de personal. El funcionario dispondrá de dos días hábiles para impugnar la elección realizada por la institución, en cuyo caso ésta seleccionará a otra persona en la lista; esta nueva elección tendrá carácter definitivo. El dictamen emitido por el médico independiente tras consultar al médico del funcionario y al médico-asesor de la institución será vinculante. En el supuesto de que el dictamen del médico independiente confirme las conclusiones del control organizado por la institución, la ausencia se considerará injustificada a partir del día de dicho control. Por otra parte, en el supuesto de que el dictamen del médico independiente no confirme las conclusiones del control, la ausencia se considerará, a todos los efectos, justificada.

Cuando, a lo largo de un período de doce meses, las ausencias por enfermedad sin certificado médico de duración no superior a tres días excedan de un total de doce días, el funcionario deberá presentar un certificado médico por cualquier nueva ausencia por enfermedad. Su ausencia se considerará injustificada a partir del decimotercer día de ausencia por enfermedad sin certificado médico. Sin perjuicio de la aplicación, en su caso, de las normas del régimen disciplinario, toda ausencia que se considere injustificada se deducirá de las vacaciones anuales del funcionario. En el supuesto de que el funcionario haya agotada ya su saldo de vacaciones perderá el beneficio de su retribución por el período correspondiente.

La autoridad facultada para proceder a los nombramientos podrá someter a la Comisión de invalidez el caso de todo funcionario cuyas licencias por enfermedad acumuladas excedan de doce meses durante un período de tres años. Asimismo, un funcionario podrá ser obligado a aceptar una licencia de oficio previo examen practicado por el médico-asesor de la institución, si su estado de salud lo exige o si en su domicilio se ha declarado una enfermedad contagiosa. Los funcionarios deberán someterse anualmente a un reconocimiento médico preventivo practicado, bien por el médico-asesor de la institución, bien por un médico de su elección. En este último caso, la institución reembolsará los honorarios del médico hasta un importe máximo fijado, por un período de tres años, como máximo, por la autoridad facultada para proceder a los nombramientos, previo dictamen del Comité del Estatuto.

Así pues, los artículos 57 a 59 del Estatuto, establecen los distintos tipos de vacaciones a que tiene derecho el funcionario en el ejercicio de su contrato de trabajo. Todos se refieren a situaciones en las que el funcionario se encuentra en un período de inactividad profesional y no se encuentra físicamente presente en su lugar de trabajo. Las vacaciones anuales, a que se refiere el artículo 57 del Estatuto, tienen por objeto permitir al funcionario gozar de un descanso efectivo y disfrutar de un período de relajación y esparcimiento[124]. La licencia por maternidad, establecida en el artículo 58 del Estatuto, tiene por objeto, por su parte, proteger a la funcionaria durante su embarazo y después del parto, impidiéndole la acumulación de cargas derivadas del ejercicio simultáneo de una actividad profesional[125]. La baja por enfermedad o accidente, prevista en el artículo 59 del Estatuto, también garantiza un período durante el cual el trabajador no tiene que presentarse físicamente en su lugar de trabajo para poder recuperarse de una enfermedad o un accidente con resultado de incapacidad para el trabajo[126].

La vacación anual del funcionario que haya sido autorizado a ejercer su actividad a tiempo parcial se reducirá proporcionalmente mientras dure esta actividad (art. 59 bis).

El funcionario no podrá ausentarse de su trabajo sin autorización previa de su superior jerárquico, salvo en caso de enfermedad o accidente. Sin perjuicio de la eventual aplicación de las medidas disciplinarias correspondientes, la ausencia no autorizada, debidamente comprobada, será computada dentro del período de vacaciones anuales del interesado. Si llegara a agotar la duración de las vacaciones se deducirá de sus remuneraciones la

---

124 Véanse, al respecto, las sentencias de 6 de noviembre de 2018, *Kreuziger* (C-619/16, EU:C:2018:872), apartado 40 y jurisprudencia citada, y de 4 de junio de 2020, *Fetico y otros*, C -588/ 18, EU:C:2020:420, apartado 33 y jurisprudencia citada, (TOL7.950.942)

125 En particular, la sentencia de 18 de noviembre de 2020, *Syndicat CFTC* (C-463/19, EU:C:2020:932), apartado 52 y jurisprudencia citada.

126 Véase, en particular, Auto de 21 de febrero de 2013, *Maestre García* (C-194/12, EU:C:2013:102), apartado 18 y jurisprudencia citada.

cantidad correspondiente al tiempo excedido. Si un funcionario decidiere permanecer durante su licencia por enfermedad en un lugar distinto del de su destino, deberá obtener autorización previa de la autoridad facultada para proceder a los nombramientos (art. 60).

En este sentido, destacamos las Conclusiones del Abogado General Jean Richard de la Tour, presentadas el 3 de junio de 2021, en el asunto *Virginia Occidental c. Servicio Europeo de Acción Exterior* (C-162/20 P, ECLI: UE:C:2021:459, TOL8.820.131), en las que se analiza el concepto de ausencia recogido en el art. 60 del Estatuto. Los tribunales de la Unión ya habían interpretado el concepto de "*ausencia ilegal*" en el sentido de este artículo, pero su jurisprudencia se refiere a situaciones en las que el funcionario se ausentó de su cargo por razones médicas presuntas o comprobadas, o por el ejercicio de su derecho de huelga o para fines de representación sindical[127]. La cuestión suscitada en este caso era nueva, solicitándose aquí al Tribunal que aclarase el sentido y alcance del concepto de ausencia del funcionario en un contexto en el que se ha manifestado en su lugar de trabajo[128] tanto su intención de no trabajar a su servicio como su voluntad de no desempeñar las tareas que le incumben o de auxiliar a sus superiores o de ponerse a su disposición, de conformidad con los requisitos establecidos en los artículos 21 y 55 del estatuto.

El concepto de *ausencia* utilizado en el artículo 60, párrafo primero, del Estatuto se traduce de manera uniforme en todas las versiones lingüísticas del Estatuto. Únicamente destaca la versión en idioma alemán, ya que la noción de "*ausencia*" se traduce por el término "*fernbleiben*", que se entiende como "*alejarse*", lo que induce, de forma más sutil, a que exista una distancia física de la persona en cuestión. En el lenguaje cotidiano, la noción de "ausencia" se utiliza para designar el hecho de que alguien o algo no está donde uno espera que esté. Puede ser, por ejemplo, una persona que abandona su hogar, un profesor que no imparte su lección, un alumno que no está presente en clase o que no asiste a una actividad a la que está obli-

---

[127] Véanse, a título ilustrativo, las sentencias de 18 de marzo de 1975, *Acton y otros c. Comisión* (44/74, 46/74 y 49/74, EU:C:1975:42), o de 16 de diciembre de 2010, *Lebedef c. Comisión* (T-364/09 P, EU: T:2010:539, TOL4.630.983).

[128] En la sentencia de 9 de marzo de 2021, *Stadt Offenbach am Main* (Período de guardia de un bombero) (C-580/19, EU:C:2021:183, TOL8.341.707), apartado 35, el Tribunal de Justicia declaró que, "el lugar de trabajo debe entenderse como cualquier lugar donde el trabajador sea llamado a realizar una actividad por orden de su empleador, incluso cuando dicho lugar no sea el lugar donde habitualmente ejerce su actividad profesional".

gado a asistir, o incluso de una persona que no comparece ante un tribunal luego de haber sido citado para ello formalmente.

En segundo lugar, se observa que, el primer párrafo del artículo 60 del Estatuto, se refiere, únicamente, a la ausencia del funcionario, sin ninguna otra especificación o mención de la conducta, capacidad o rendimiento del funcionario durante el período en que está trabajando. Además, se considera que el funcionario se encuentra en situación de ausencia irregular por la única razón de que no ha obtenido autorización previa de su superior jerárquico. No se menciona ningún incumplimiento por parte del funcionario de sus obligaciones profesionales durante el tiempo de trabajo en el sentido de los artículos 21 y 55 del Estatuto.

A este respecto, la naturaleza de las medidas previstas en el párrafo primero del artículo 60 del Estatuto, no se corresponden con el objeto y la finalidad de las sanciones disciplinarias contempladas en el artículo 9 del anexo IX del Estatuto. Las medidas a las que se expone un funcionario que se encuentra en una situación de ausencia irregular, están establecidas, exhaustivamente, por el legislador de la Unión. La retirada de días de vacaciones o, en caso de agotamiento de las mismas, la pérdida de las retribuciones del período correspondiente, son medidas que, por su naturaleza y efectos, están destinadas a compensar la ausencia física del funcionario y no a reprocharle o reprenderle por las faltas que haya podido adoptar o por la incompetencia o indisponibilidad que haya podido mostrar durante el período en que estuvo trabajando. Como señaló el Tribunal de Primera Instancia en su sentencia de 8 de julio de 1998, *Aquilino c. Consejo*, se trata aquí de recuperar el "equivalente pecuniario" de la ausencia del funcionario con su salario[129].

Por otra parte, la expresión "*sin perjuicio de la posible aplicación de las disposiciones previstas en materia disciplinaria*" utilizada en el artículo 60, párrafo primero, del Estatuto demuestra, muy claramente, la intención del legislador de la Unión de no confundir la aplicación de las normas previstas en el artículo 60, párrafo primero, del Estatuto con la ejecución de un procedimiento disciplinario contemplado en el artículo 86 del Estatuto. Así, la adopción de las medidas previstas en el artículo 60, párrafo primero, del Estatuto, destinadas a compensar, mediante un efecto de espejo, la ausencia no autorizada de un funcionario con la duración de sus vacaciones anuales o, cuando éstas se hayan agotado, con su retribución, no excluye

---

129 Sentencia de 8 de julio de 1998, *Aquilino c. Consejo* (T-130/96, EU: T:1998:159), apartado 71 (TOL4.624.387).

la incoación de un procedimiento disciplinario y la adopción de sanciones disciplinarias en el sentido del artículo 86 y del anexo IX del Estatuto, si su comportamiento, más allá de su mera ausencia, lo justifica.

Habida cuenta de las consideraciones anteriores, el Abogado General concluyó que, el esquema y los objetivos del texto en el que se basa el artículo 60, párrafo primero, del Estatuto parecen confirmar, al igual que su tenor literal, que la ausencia de un funcionario debe apreciarse únicamente en función de su presencia física en su lugar de trabajo y no en función de la capacidad, el rendimiento y la conducta que demuestre durante su período de trabajo. En todo caso, el funcionario que incumpla dichas obligaciones profesionales durante su tiempo de trabajo, por no desempeñar las tareas que le han sido encomendadas, de conformidad con los requisitos establecidos en los artículos 21 y 55 del Estatuto, no está sujeto al régimen establecido previsto en el párrafo primero del artículo 60 del Estatuto, sino del procedimiento disciplinario a que se refiere el artículo 86 del Estatuto. Se trata de dos regímenes distintos, cuya aplicación obedece a razones específicas y conduce a la adopción de medidas y, en su caso, sanciones, cuya naturaleza y efectos son manifiestamente diferentes.

Así pues, la finalidad del art. 60 no es otra que conciliar la ausencia del trabajo del funcionario con las exigencias del servicio y, en su caso, con las del cumplimiento de las normas del Régimen Común del Seguro de Enfermedad, exigiendo al funcionario la autorización de su superior jerárquico para ausentarse del trabajo, salvo en caso de enfermedad o accidente. Habida cuenta de la finalidad y el lugar que ocupa este artículo en el capítulo 2 -es la disposición final-, la norma que establece y las medidas que prevé están destinadas a aplicarse cuando el funcionario se ausente o deba ausentarse de su lugar de trabajo. Así pues, las medidas que establece son la simple consecuencia de la ausencia irregular del funcionario de su lugar de trabajo. Dado que la ausencia se calcula en número de días o medios días, la medida a que se refiere el artículo 60, párrafo primero, del Estatuto adopta la forma de la deducción de un número correspondiente de días o medios días del saldo restante de vacaciones anuales o, en su caso, de la retribución. La finalidad de tal sistema no es, pues, regular y sancionar la conducta adoptada por el funcionario ni el trabajo real y efectivamente realizado por éste durante su "tiempo de trabajo".

En todo caso, de la jurisprudencia desarrollada por el Tribunal de Justicia en el marco de la Directiva 2003/88/CE del Parlamento Europeo y del Consejo, de 4 de noviembre de 2003, relativa a determinados aspectos de la ordenación del tiempo de trabajo, aplicable a las instituciones[130], se desprende que, los conceptos de "tiempo de trabajo" y de "período de descanso" se excluyen mutuamente[131]. Como ha señalado el Tribunal de Justicia, el concepto de "tiempo de trabajo" se define como todo período durante el cual el trabajador se encuentra en el trabajo, a disposición del empresario y en ejercicio de su actividad o de sus funciones, de conformidad con las legislaciones y/o prácticas nacionales[132].

3. DÍAS FERIADOS

El art. 61 del Estatuto señala que, la lista de días feriados se establecerá mediante acuerdo entre las autoridades facultadas para proceder a los nombramientos de las instituciones de la Unión, previa consulta al Comité del Estatuto.

---

130 Sentencia de 19 de septiembre de 2013 en el asunto C-579/12, *Comisión c. Track* EU:C:2013:570, apartado 43 (TOL9.915.561), y el artículo 1 sexies, apartado 2, del Estatuto.

131 Asunto C-518/15, *Matzak* (EU:C:2018:82), apartado 55, y la jurisprudencia allí citada (TOL6.512.488).

132 Asunto C-580/19, *Stadt Offenbach am Main* (Período de guardia de un bombero), EU:C:2021:183, apartado 29, y la jurisprudencia citada (TOL8.341.707).

Capítulo VI.
Régimen retributivo y prestaciones sociales del funcionario

En el siguiente Título del Estatuto de los Funcionarios nos encontramos el "Régimen retributivo y prestaciones sociales del funcionario", lo cual hace referencia a la fijación de un conjunto de normas y regulaciones que establecen las condiciones de pago y prestaciones sociales de los funcionarios de la Unión Europea.

Este régimen incluye el pago de un salario y otros complementos salariales, como el pago de horas extras o de compensación por trabajo nocturno. También reúne prestaciones sociales, como licencias pagadas, seguro médico y pensiones.

El régimen retributivo y las prestaciones sociales del funcionario se basan en principios de igualdad, transparencia y objetividad. Estos principios garantizan que los funcionarios reciban una compensación justa y equitativa por su trabajo y contribuyen a crear y mantener un ambiente laboral saludable y motivador.

Aunque vayamos a profundizar aun bastante más, podemos ya poner de relieve que, en síntesis, el régimen retributivo y las prestaciones sociales del funcionario representan un componente clave del Estatuto de los Funcionarios de la Unión Europea, en el cual se establecen las condiciones laborales y salariales de los funcionarios públicos, al mismo tiempo que se garantiza un trato justo y equitativo a todos los trabajadores.

1. RETRIBUCIONES Y REEMBOLSO DE LOS GASTOS VACACIONES Y LICENCIAS

Los funcionarios públicos de la Unión Europea reciben retribuciones y reembolsos de gastos relacionados con sus vacaciones y licencias, según los términos establecidos por la Regla n.° 7 del Consejo y por el Reglamento n.° 31 (CEE) 11 (CEEA), que establece el Estatuto de los funcionarios y el régimen aplicable a los otros agentes de la Comunidad Económica Europea y de la Comunidad Europea de la Energía Atómica.

a) Retribuciones

En cuanto a las retribuciones (artículos 62 a 70 del Estatuto de los Funcionarios de la Unión Europea), se establece que, los funcionarios públicos reciben un salario mensual y tienen derecho a una serie de prestaciones sociales, incluyendo asistencia sanitaria y seguro de pensiones. También tienen derecho a una serie de días de vacaciones pagadas al año, que se calculan en base a su antigüedad y a otros factores.

Se trata de un derecho irrenunciable que consiste en un sueldo base, complementos e indemnizaciones. Será correspondiente al grado y escalón del funcionario y tendrán derecho a ella por el mero hecho de su nombramiento, (cumpliendo las condiciones del Anexo VII).

Las retribuciones se expresan en euros, y en el caso de que se pague en una moneda diferente al euro se calculará sobre la base de los tipos de cambio utilizados para la ejecución del presupuesto general de la Unión Europea el 1 de julio de ese año.

Las retribuciones están sujetas a coeficientes correctores. Un coeficiente corrector es un factor que emplea la Unión Europea para ajustar la retribución de los funcionarios en función de las condiciones económicas y sociales de los países donde desempeñen sus tareas.

El coeficiente funciona de la siguiente forma: se aplica sobre el salario base y su objetivo es garantizar que los funcionarios que se encuentran desempeñando sus tareas en países con una situación económica y social desfavorable tengan un nivel de retribución adecuado. La excepción a la norma son Bélgica y Luxemburgo, países en los cuales no se aplicará el coeficiente corrector dado que se trata de sedes principales y originales de la mayor parte de las instituciones.

Los coeficientes son el resultado de poner en práctica el principio general de igualdad de trato, siendo en este caso la igualdad de poder adquisitivo entre todos los funcionarios de las instituciones, órganos y organismos de la Unión Europea[133].

En el Estatuto aparecen diferentes tablas que regulan el sueldo base mensual para cada grado y escalón en los diferentes tipos de funcionarios.

---

[133] Comisión Europea. (2018). INFORME DE LA COMISIÓN AL PARLAMENTO EUROPEO Y AL CONSEJO sobre la aplicación del anexo XI del Estatuto de los Funcionarios y su artículo 66 bis. pág. 4. https://eur-lex.europa.eu/legal-content/ES/TXT/PDF/?uri=CELEX:52018DC0830&from=CS

En el artículo 66 aparecen los administradores, los asistentes y el personal de secretaría y oficina.

1/7/2012	ESCALÓN				
GRADO	1	2	3	4	5
16	17 054,40	17 771,05	18 517,81		
15	15 073,24	15 706,64	16 366,65	16 822,00	17 054,40
14	13 322,22	13 882,04	14 465,38	14 867,83	15 073,24
13	11 774,62	12 269,40	12 784,98	13 140,68	13 322,22
12	10 406,80	10 844,10	11 299,79	11 614,16	11 774,62
11	9 197,87	9 584,37	9 987,12	10 264,98	10 406,80
10	8 129,38	8 470,99	8 826,95	9 072,53	9 197,87
9	7 185,01	7 486,94	7 801,55	8 018,60	8 129,38
8	6 350,35	6 617,20	6 895,26	7 087,10	7 185,01
7	5 612,65	5 848,50	6 094,26	6 263,81	6 350,35
6	4 960,64	5 169,10	5 386,31	5 536,16	5 612,65
5	4 384,38	4 568,62	4 760,60	4 893,04	4 960,64
4	3 875,06	4 037,89	4 207,57	4 324,63	4 384,38
3	3 424,90	3 568,82	3 718,79	3 822,25	3 875,06
2	3 027,04	3 154,24	3 286,79	3 378,23	3 424,90
1	2 675,40	2 787,82	2 904,97	2 985,79	3 027,04

	Escalón				
Grado	1	2	3	4	5
SC 6	4 349,59	4 532,36	4 722,82	4 854,21	4 921,28
SC 5	3 844,31	4 005,85	4 174,78	4 290,31	4 349,59
SC 4	3 397,73	3 540,50	3 689,28	3 791,92	3 844,31
SC 3	3 003,02	3 129,21	3 260,71	3 351,42	3 397,73
SC 2	2 654,17	2 765,70	2 881,92	2 962,10	3 003,02
SC 1	2 345,84	2 444,41	2 547,14	2 617,99	2 654,17

El primer cuadro es el que regula el sueldo base de los administradores y de los asistentes, mientras que, el segundo, es el que ordena el del personal de secretaría y oficina[134].

---

[134] Reglamento n.º 31 (CEE) 11 (CEEA) por el que se establece el Estatuto de los Funcionarios y el régimen aplicable a los otros agentes de la Comunidad Económica Europea y de la Comunidad Europea de la Energía Atómica. EUR-Lex.

En el artículo siguiente se habla de las localizaciones familiares, las cuales comprenden la asignación familiar, por hijos a cargo o por tema escolar (artículo 67 del Estatuto).

En el artículo 68 se hace referencia a los casos en que se tenga derecho a una indemnización, así como del derecho a los complementos familiares.

En el artículo 68 bis se estipula que, los funcionarios trabajando a tiempo parcial recibirán una retribución calculada según las condiciones del Anexo IV bis, el cual regula el trabajo a tiempo parcial, la presentación de la solicitud, sus derechos y obligaciones, o el sueldo base[135].

Finalmente, habremos de referirnos al supuesto de posible fallecimiento del funcionario, situación en la que el cónyuge supérstite o los hijos a su cargo serán los titulares de recibir la retribución global del fallecido hasta el fin del tercer mes siguiente al del fallecimiento y lo mismo sucederá en el caso de que fallezca el titular de una pensión o asignación por invalidez.

b) Reembolso de los gastos

Respecto al reembolso de los gastos, los funcionarios podrán recibir el reembolso siempre que sean gastos relacionados con sus vacaciones y licencias, como, por ejemplo, los gastos de un viaje y el alojamiento[136]. Además, también tendrán derecho al reembolso en los casos de incorporación al servicio, traslado de residencia o cese del servicio y sobre cualquier gasto necesario y razonable en los que incurran los funcionarios en el desempeño de sus funciones, siempre y cuando cumplan los requisitos y limitaciones establecidos.

Como hemos dicho, los reembolsos se basan en tarifas y normas establecidas por la Unión Europea y están sujetos a ciertas condiciones y limita-

---

Artículo 66. https://eur-lex.europa.eu/legal-content/ES/TXT/?uri=CELEX:01962R0031-20140501

135 Unión Europea. (1962). Reglamento n.º 31 (CEE) 11 (CEEA) por el que se establece el Estatuto de los funcionarios y el régimen aplicable a los otros agentes de la Comunidad Económica Europea y de la Comunidad Europea de la Energía Atómica. EUR-Lex. Artículo 68 y Anexo IV bis. https://eur-lex.europa.eu/legal-content/ES/TXT/?uri=CELEX:01962R0031-20140501

136 Unión Europea. (1962). Reglamento n.º 31 (CEE) 11 (CEEA) por el que se establece el Estatuto de los funcionarios y el régimen aplicable a los otros agentes de la Comunidad Económica Europea y de la Comunidad Europea de la Energía Atómica. EUR-Lex. Artículo 71. https://eur-lex.europa.eu/legal-content/ES/TXT/?uri=CELEX:01962R0031-20140501

ciones. Algunas de esas condiciones que se deben cumplir para recibir un reembolso de gastos por parte del funcionario son:

- Los gastos deben ser necesarios y razonables y estar relacionados directa o indirectamente con el desempeño de las funciones llevadas a cabo por el funcionario
- Los gastos deben haber sido realmente incurridos y deben ser acreditables mediante la presentación de las correspondientes facturas y recibos.
- El funcionario debe cumplir con los requisitos y procedimientos establecidos para poder realizar la solicitud y obtener el pago de los reembolsos de gastos.

Es importante destacar que, las condiciones y limitaciones específicas del reembolso de gastos pueden variar dependiendo de la institución de la Unión Europea a la que esté afiliado el funcionario y del país en el que se encuentre. Por lo tanto, se recomienda que los funcionarios consulten la legislación y los reglamentos relevantes de su institución y país para conocer las condiciones y las limitaciones específicas del reembolso de los gastos que hubiere efectuado.

2. SEGURIDAD SOCIAL

La seguridad social de los funcionarios públicos de la Unión Europea está regulada por el Estatuto de los Funcionarios y el régimen aplicable a los otros agentes de la Comunidad Económica Europea y de la Comunidad Europea de la Energía Atómica, el reiterado Reglamento n.º 31 (CEE) 11 (CEEA).

Este Estatuto establece que, los funcionarios públicos están cubiertos por un sistema de seguridad social que les brinda protección en caso de enfermedad, accidente, maternidad, jubilación, desempleo, etc. La seguridad social para los funcionarios públicos de la Unión Europea está financiada por la institución europea para la cual respectivamente trabajan, siendo que los funcionarios no tienen que hacer aportes directos a este sistema.

El mencionado sistema de seguridad social para los funcionarios públicos de la Unión está administrado por la Oficina de Seguridad Social de la Unión Europea (OSSU). Esta oficina tiene como objetivo garantizar la protección social y los derechos de los funcionarios públicos de la Unión, así como de sus familiares y beneficiarios.

El régimen de Seguridad Social vigente en la Unión Europea cubre los siguientes porcentajes y supuestos:

- Enfermedad hasta el 80%
- Un 85% para consultas, visitas, intervenciones quirúrgicas, hospitalización, productos farmacéuticos, radiología, análisis, exámenes de laboratorio y prótesis por prescripción médica con excepción de las prótesis dentarias.
- Hasta el 100 % en los casos de tuberculosis, poliomielitis, cáncer, enfermedad mental y otras enfermedades considerades de gravedad comparable por la AFPN, así como en los casos de diagnóstico precoz y parto. Sin embargo, los reembolsos del 100% no se aplicarán en los casos de enfermedad profesional o de accidente.

Cuando la pareja no sea cónyuge debido a la inexistencia de vínculo matrimonial, el Estatuto señala los supuestos en los que existirá equiparación con el cónyuge, pasando a tener los mismos efectos que aquél en lo que se refiere al régimen del seguro de enfermedad aplicable, siempre y cuando se cumplan las condiciones previstas en el Anexo VII, del apartado c) del punto 2, en el cual se establece que: se considerará cónyuge del funcionario, sin que exista vínculo matrimonial, cuando se forme parte de una pareja estable registrada, siempre que:

a) la pareja presente un documento oficial reconocido como tal por un Estado miembro de la Unión Europea, o por cualquier autoridad competente de un Estado miembro, en el que se produzca suficiente constancia de su situación de pareja no casada;
b) ninguna de las personas que compongan la pareja esté casada o forme parte de otra pareja no casada;
c) no exista entre los miembros de la pareja ninguna de las siguientes relaciones de parentesco: padres e hijos, abuelos y nietos, hermanos, tíos y sobrinos, yernos o nueras;
d) la pareja no pueda contraer legalmente matrimonio en un Estado miembro. A los efectos de este epígrafe, se considerará que una pareja puede contraer legalmente matrimonio, únicamente, cuando sus miembros reúnan todas las condiciones que imponga la legislación

de un Estado miembro para autorizar el matrimonio de dicha pareja[137].

¿Qué sucede en los casos en los que el funcionario no siga desempeñando su trabajo? En estos casos, podrá solicitar que se prorrogue el derecho a la seguridad social durante un plazo máximo de 6 meses a contar desde el cese, pero deberá solicitarlo con un plazo de un mes antes del transcurso del mes siguiente a aquél en que cesa de sus funciones (art. 72.1 bis del Estatuto).

Dicha solicitud no se concederá en los casos en que el solicitante padezca de una enfermedad grave o prolongada, contraída antes del cese en sus funciones y comunicada a la institución con anterioridad al fin del plazo de 6 meses previsto, siempre que el interesado se hubiere sometido a la revisión médica organizada por la institución. El rechazo de la solicitud se hará por la AFPN y con previo dictamen del médico asesor de la institución.

En los supuestos en que el funcionario ya no tenga a su cargo o en su unidad doméstica a un familiar que antes sí tenía, como en los casos de separación, hijo que ya no esté al cargo, etc., estas personas tendrán derecho a un año de seguridad social siempre que no ejerzan una actividad profesional retribuida. Podrán disfrutar del máximo de la cobertura contra los riesgos de enfermedad. Todo ello será en concepto de beneficiarios del asegurado. El periodo de un año empezará a contar desde la fecha en la que el hecho causante haya tenido carácter definitivo, es decir, en el caso del cónyuge divorciado, desde el momento en el que el divorcio haya adquirido carácter firme.

En los casos en los que el funcionario llegue a la edad de jubilación o se le conceda alguna asignación por invalidez, tendrá derecho a los beneficios después del cese de sus funciones. La cuota será calculada sobre la base de la pensión o de la asignación de la indemnización. Lo mismo se aplica para los titulares de una pensión de supervivencia por fallecimiento del funcionario en activo o que hubiere alcanzado la edad de jubilación (art. 72.2 del Estatuto).

También tendrán derecho a la seguridad social:

---

137 Unión Europea. (1962). Reglamento n.º 31 (CEE) 11 (CEEA) por el que se establece el Estatuto de los Funcionarios y el régimen aplicable a los otros agentes de la Comunidad Económica Europea y de la Comunidad Europea de la Energía Atómica. EUR-Lex. Anexo VII. https://eur-lex.europa.eu/legal-content/ES/TXT/?uri=CELEX:01962R0031-20140501

- Los antiguos funcionarios titulares de una pensión de jubilación que hayan cesado en el servicio de la Unión Europea, antes de alcanzar la edad de jubilación.
- Los titulares de una pensión de supervivencia causada por el fallecimiento de un antiguo funcionario que hubiese cesado en el servicio de la Unión Europea, antes de alcanzar la edad de jubilación.

En los dos supuestos descritos, es decir, tanto en caso de los titulares de una pensión de jubilación o de supervivencia, la contribución no podrá ser inferior a la calculada en función del sueldo base correspondiente al primer escalón del grado.

Los funcionarios separados del servicio de conformidad con el artículo 51 del Estatuto y que no sean titulares de una pensión de jubilación disfrutarán, igualmente, de las prestaciones establecidas en el apartado 1, siempre que no ejerzan una actividad profesional retribuida y que sufraguen la mitad de la contribución calculada en función de su último sueldo base.

Si el total de los gastos no reembolsados durante un período de un año excediera de la mitad del sueldo base mensual o de la pensión, AFPN concederá un reembolso especial, teniendo en cuenta la situación familiar del interesado.

Para finalizar, poner de manifiesto que, el artículo 72 del Estatuto, regula los supuestos en los que el beneficiario estará obligado a declarar los reembolsos de gastos percibidos o que pueda tener derecho a reclamar con arreglo a otro régimen de seguro de enfermedad, legal o reglamentario, ya sea para sí mismo o para una de las personas protegidas por su seguro. En el caso de que el total de las indemnizaciones a las que pudiere tener derecho llegase a sobrepasar la suma de las indemnizaciones previstas, la diferencia será deducida de la cantidad a percibir, salvo en lo que respecta a las indemnizaciones obtenidas por un seguro de enfermedad complementario privado destinado a resarcir la parte de gastos no indemnizables por el régimen de seguro de enfermedad de la Unión.

Respecto a los riesgos que cubre y que no aparecen cubiertos, encontramos lo siguiente, conforme queda regulado por el artículo 73 del Estatuto. Estarán cubiertos contra los riesgos de enfermedad profesional y de accidente, desde el día de su incorporación y participará obligatoriamente con hasta el 0,1% de su sueldo base, en la cobertura de sus riesgos laborales.

En este sentido indicado, las prestaciones garantizadas serán:

a) En caso de muerte: Entrega de un capital equivalente a cinco anualidades del sueldo base del interesado, calculado según la cuantía de los sueldos mensuales percibidos durante los doce meses anteriores al accidente, a las personas enumeradas a continuación:

   i) al cónyuge y a los hijos del funcionario fallecido, de acuerdo con el derecho de sucesión aplicable al funcionario; la cantidad a entregar al cónyuge no podrá ser inferior al 25 % del capital;
   ii) a falta de personas de la categoría anterior, a los demás descendientes, de acuerdo con el derecho de sucesión aplicable al funcionario;
   iii) a falta de personas de las dos categorías anteriores, a los ascendientes, de acuerdo con el derecho de sucesión aplicable al funcionario;
   iv) a falta de personas de las tres categorías anteriores, a la institución.

b) En caso de invalidez permanente total:

   Entrega al interesado de un capital equivalente a ocho anualidades de su sueldo base, calculadas según la cuantía de los sueldos mensuales percibidos en los doce meses anteriores al accidente.

c) En caso de invalidez permanente parcial:

   Entrega al interesado de una parte de la cantidad prevista en el párrafo b) anterior, calculada según el baremo establecido en la reglamentación prevista en el apartado 1 anterior.

   Las cantidades previstas anteriormente podrán ser sustituidas por una renta vitalicia, en las condiciones que la citada reglamentación establezca.

   Las prestaciones enumeradas anteriormente serán compatibles con las previstas en el Capítulo 3 siguiente.

   Cabe señalar que, este reembolso solo cubrirá la parte de los gastos que no haya sido indemnizada por aplicación del artículo 72.

En los supuestos de nacimientos de hijos de funcionarios, a la persona designada para ejercer la guarda efectiva del niño se le abonará la cantidad de 198,31€. Pero también tendrán derecho a esa bonificación en los supuestos en que el embarazo, contando con más de siete meses, se vea interrumpido. La persona designada con la guarda del niño deberá declarar las asignaciones de la misma naturaleza que reciba por el mismo hijo, deduciéndose de la bonificación mencionada.

En las situaciones en las que estemos haciendo referencia al fallecimiento, tanto del funcionario, como de su cónyuge, de los hijos o de las personas a su cargo, la institución abonará los gastos de transporte del cadáver desde el lugar del fallecimiento hasta el lugar de origen del funcionario.

Para finalizar el ámbito de la seguridad social de los funcionarios públicos de la Unión, habremos de hacer mención del tema de las donaciones, préstamos o anticipos. Estas podrán concederse tanto a un funcionario como a un antiguo funcionario, así como a los causahabientes de un funcionario fallecido en las difíciles situaciones que deriven de una enfermedad grave o prolongada, en los supuestos de discapacidad o por circunstancias familiares. Sin embargo, en caso de los cónyuges supérstites éstos podrán tener acceso a un complemento de su pensión, por los mismos motivos que hemos descrito en el párrafo anterior, pero sujetas a la realización de un examen médico y social del mismo. Este complemento estará sujeto a una consulta del Comité del Estatuto y, posteriormente, será determinado por AFPN de las instituciones (art. 76 bis del Estatuto).

En resumen, el Estatuto de los Funcionarios Públicos de la Unión Europea establece un sistema de seguridad social para los funcionarios públicos que les brinda protección en caso de enfermedad, accidente, maternidad, jubilación, desempleo, etc. Este sistema está financiado por la institución europea para la cual trabajan y es administrado, como ya se estableció más atrás, por la Oficina de Seguridad Social de la Unión Europea.

3. PENSIONES Y ASIGNACIÓN POR INVALIDEZ

El sistema de pensiones de los funcionarios públicos de la Unión Europea se rige por el Estatuto de los Funcionarios (del artículo 77 al 84). Los funcionarios de la Unión Europea tienen derecho a la percepción de una pensión de jubilación siempre y cuando se hayan cumplido ciertas condiciones.

Para tener derecho a obtener una pensión de jubilación, un funcionario público de la Unión debe haber trabajado al menos 10 años en la Unión Europea. La edad de jubilación es de 66 años, aunque los funcionarios pueden optar por jubilarse a partir de los 63 años si cumplen ciertas condiciones. La pensión se calcula en función de la remuneración que el funcionario haya percibido durante su carrera, así como de la duración de su servicio. Se hace referencia extensamente de esta cuestión en el capítulo VII del Anexo VIII del propio Estatuto, ya que el mismo se encarga de reglamentar todo lo concerniente al régimen de las pensiones.

Además, se tiene en cuenta la edad de jubilación y los coeficientes correctores, que pueden reducir la pensión si el funcionario se jubila antes de los 66 años o si no ha trabajado el tiempo suficiente.

El régimen de pensiones de los funcionarios públicos de la Unión también incluye una pensión de supervivencia para los cónyuges o parejas registradas de los funcionarios fallecidos, así como una pensión de orfandad para los hijos menores de los funcionarios fallecidos.

Es importante señalar que, el sistema de pensiones de los funcionarios comunitarios se ha ido reformando en los últimos años para garantizar su sostenibilidad financiera. En este sentido, se han introducido medidas como el aumento de la edad de jubilación y la reducción de los coeficientes correctores[138].

En el caso de la asignación por invalidez debe entenderse que, esta es un tipo de prestación que se ofrece a los funcionarios públicos de la Unión Europea que se encuentran en situación de invalidez permanente y que, como resultado, no pueden continuar trabajando.

Según el Estatuto de los Funcionarios de la Unión Europea, los funcionarios que hayan sufrido una disminución de su capacidad de trabajo superior al 10%, como resultado de una enfermedad o accidente, pueden tener derecho a una asignación por invalidez. La asignación se calcula en función del grado de invalidez y de los años de servicio del funcionario.

El artículo 78 del Estatuto establece que, el grado de invalidez se evalúa en función de la capacidad residual del funcionario para llevar a cabo su trabajo. Si el grado de invalidez es inferior al 33%, el funcionario no tendrá derecho a una asignación. Si el grado de invalidez es del 33% o superior, el funcionario tendrá derecho a una asignación que se calculará sobre la base de su sueldo básico y de los años de servicio que haya acumulado.

La asignación por invalidez se paga mensualmente y se ajusta anualmente en función de las variaciones en el índice de precios al consumo que se haya producido en la Unión Europea. Además, el funcionario también puede tener derecho a un complemento de asignación familiar y a una

---

[138] Unión Europea. (2019). Régimen de pensiones de los funcionarios de la Unión Europea. <https://europa.eu/european-union/about-eu/jobs-in-eu/institutions-bodies/eu-administration/retirement-pension-system_en >

Comisión Europea. (2019). Pensiones de los funcionarios de la Unión Europea. <https://ec.europa.eu/info/publications/pensions-eu-officials_es>

asignación por hijos a cargo, siempre que cumpla los requisitos correspondientes.

Consideramos importante destacar que, la asignación por invalidez es incompatible con la percepción de cualquier otra remuneración. El funcionario no podrá trabajar mientras recibe la asignación por invalidez, aunque, en ciertos casos, se le puede permitir trabajar en una actividad que no afecte su salud. Además, el funcionario también deberá someterse a revisiones médicas regulares para evaluar su grado de invalidez y su capacidad para volver al trabajo.

En resumen, la asignación por invalidez resulta ser una prestación que se ofrece a los funcionarios de la Unión Europea que se encuentran en situación de invalidez permanente y que no pueden continuar trabajando. La asignación se calcula en función del grado de invalidez y de los años de servicio del funcionario, y se paga mensualmente. Además, el funcionario puede tener derecho a complementos de asignación familiar y asignación por hijos a cargo. La asignación es incompatible con cualquier otra remuneración y el funcionario deberá someterse a revisiones médicas regulares.

4. DEVOLUCIÓN DE LAS CANTIDADES PERCIBIDAS EN EXCESO

Regulado en el artículo 85 del Estatuto, el texto recoge y expone que, todas aquellas cantidades percibidas en exceso deberán de devolverse si el beneficiario hubiere tenido conocimiento de la irregularidad del pago o si ésta fuere tan evidente que no hubiere podido dejar de advertirla.

La devolución debe solicitarse en el plazo de 5 años como muy tarde, a contar desde la fecha en la que se abonó la cantidad. El plazo otorgado no será oponible a la AFPN cuando ésta pueda demostrar que el interesado ha inducido deliberadamente a error a la Administración con vistas a obtener el pago de la cantidad considerada.

5. SUBROGACIÓN EN LA UNIÓN

La subrogación es aquella figura por la que una persona, cosa o, en este caso, institución, sustituye a otra persona en el marco del cumplimiento de sus derechos y obligaciones. Esto va a suceder en los casos en los que se produjere un fallecimiento, un accidente o una enfermedad de un funcionario de la Unión, resultando ser que los reseñados supuestos fuesen imputables a un tercero. Así, la Unión Europea, respetando los límites de las obligaciones que le incumben a consecuencia del acontecimiento objeto del daño, se subrogará de pleno derecho con la víctima o con sus causahabientes, en sus derechos y acciones contra el tercero responsable[139].

En concreto, lo que cubrirá o en lo que se subrogará la Unión Europea será en los siguientes aspectos:

- la retribución que continuará siendo abonada al funcionario conforme al artículo 59, durante el período de su incapacidad laboral transitoria;
- los pagos efectuados conforme al artículo 70, como consecuencia del fallecimiento de un funcionario o antiguo funcionario titular de una pensión;
- las prestaciones con arreglo a los artículos 72 y 73 y a las reglamentaciones adoptadas para su aplicación, relativas a la cobertura de los riesgos de enfermedad y accidente;
- el pago de los gastos de transporte del cuerpo, contemplado en el artículo 75;
- el pago de los suplementos que existiesen correspondientes a los complementos familiares efectuados, conforme al apartado 3 del artículo 67 y a los apartados 3 y 5 del artículo 2 del Anexo VII, en caso de enfermedad grave, minusvalía o incapacidad que afecte a un hijo a su cargo;
- el pago de la asignación por invalidez efectuado a partir del accidente o enfermedad cuya consecuencia para el funcionario sea la incapacidad definitiva para ejercer sus funciones;
- el pago de la pensión de supervivencia efectuado a partir del fallecimiento del funcionario o del antiguo funcionario, o del fallecimiento del cónyuge no funcionario ni agente temporal de un funcionario o de un antiguo funcionario titular de una pensión;
- el pago de la pensión como huérfano efectuado, sin limitación de edad, en beneficio del hijo de un funcionario o de un antiguo funcionario, cuando tal hijo esté aquejado de una enfer-

---

[139] Véase la Sentencia del Tribunal de Justicia (Sala Quinta) de 15 de octubre de 2015. *Union Europea c. Axa Belgium SA*. Asunto C-494/14. ECLI:EU:C: 2015:692 (TOL5.506.976).

medad, incapacidad o minusvalía que le impida satisfacer sus necesidades después del fallecimiento de su progenitor.

Sin embargo, se pueden dar ciertas circunstancias en las que la Unión Europea no se subrogará, como sería el caso de los derechos de indemnización sobre perjuicios de carácter puramente personales, tales como el perjuicio moral, el *pretium doloris*, es decir, el precio que tiene el "dolor físico"[140], o los perjuicios de complacencia que sobrepasen la cuantía de la indemnización que hubiera sido concedida.

140 Navarro, S. N.: "Daño moral y producto defectuoso: estado legal y jurisprudencial de la cuestión en España", en la *Revista crítica de Derecho Privado,* (13), año 2016, págs. 525-572.

Capítulo VII.
Régimen disciplinario y sanciones

El régimen disciplinario, aparece recogido en el contenido del Título VI, concretamente, en el artículo 86 del Estatuto, así como todo lo relativo a la imposición de sanciones a los funcionarios de la Unión Europea, que está regulado en el Título VII, del artículo 90 al 91 bis del Estatuto. En todos los preceptos citados podremos encontrar todo cuanto afecta a la reglamentación de las acciones y comportamientos que se consideran inadecuados o contrarios a las normas éticas y profesionales de la Unión Europea. Estos regímenes constituyen una herramienta muy importante para garantizar la integridad y la eficacia de la Unión Europea y de su personal.

Las infracciones que se pueden castigar incluyen la falta de eficiencia en el trabajo, el incumplimiento de las obligaciones, la negligencia en el desempeño de las funciones y el comportamiento inapropiado.

Las sanciones que se pueden imponer incluyen la amonestación, la reducción de salario, la transferencia a otro puesto, la suspensión temporal y la terminación del contrato[141].

Por lo que podemos insistir en la idea -ya explicitada anteriormente- de que, el régimen disciplinario y las sanciones de los funcionarios de la Unión Europea resultan ser esenciales al objeto de poder garantizar la integridad y, también, la eficacia de la Unión Europea y de su personal, así como para proteger los intereses de la Unión y de sus ciudadanos.

A continuación, vamos a proceder a exponer con más en detalle cuanto acabamos de mencionar más arriba.

---

141 Unión Europea. (1962). Reglamento n, º 31 (CEE) 11 (CEEA) por el que se establece el Estatuto de los Funcionarios y el régimen aplicable a los otros agentes de la Comunidad Económica Europea y de la Comunidad Europea de la Energía Atómica. EUR-Lex. Artículo 9. https://eur-lex.europa.eu/legal-content/ES/TXT/?uri=CELEX:01962R0031-20140501

1. RESPONSABILIDAD CIVIL

La responsabilidad civil de los funcionarios de la Unión Europea se rige por el Estatuto de los Funcionarios de la Unión Europea y el régimen general de responsabilidad aplicable a las instituciones de la Unión Europea.

En primer lugar, el Estatuto de los Funcionarios establece las disposiciones relativas a la responsabilidad civil de los funcionarios de la Unión. Según este Estatuto, los funcionarios son responsables de los daños causados en el ejercicio de sus funciones si se demuestra que han actuado de manera negligente o cometido una falta grave. En caso de responsabilidad, los funcionarios pueden estar obligados a compensar los daños sufridos por terceros, ya sea de forma individual o solidaria, según las circunstancias del caso.

Además, el régimen general de responsabilidad aplicable a las instituciones de la Unión Europea se rige por el Tratado de la Unión Europea y la jurisprudencia del Tribunal de Justicia de la Unión Europea. Según este mencionado régimen, las instituciones de la Unión Europea pueden ser consideradas responsables de los daños causados a los particulares, como consecuencia de sus acciones u omisiones. Para que se establezca la responsabilidad de la Unión, se requiere que se cumplan ciertos criterios, como la existencia de un daño efectivo, un vínculo de causalidad entre la acción u omisión de la institución y el daño, así como la existencia de una falta imputable a la institución.

En caso de que un particular considere que ha sufrido un daño como resultado de la actuación de un funcionario de la Unión, puede presentar una reclamación ante la institución en cuestión. Todas las instituciones de la Unión Europea tienen mecanismos internos para examinar y resolver cualquiera de estas reclamaciones que se le puedan interponer. Si la reclamación es rechazada o no se llega a una solución satisfactoria, el particular puede recurrir a los tribunales de la Unión Europea, incluido el Tribunal General, para buscar una compensación por el daño sufrido y reclamado.

Es importante destacar que, la responsabilidad civil de los funcionarios de la Unión y todas las instituciones de la Unión Europea está sujetas a las disposiciones legales y a los procedimientos establecidos en el marco del ordenamiento jurídico de la Unión Europea, los cuales puede variar en función de las circunstancias específicas de cada caso, así como la interpretación que de dichas normas puedan ser llevadas a cabo por parte del Tribunal de Justicia de la Unión Europea.

2. RESPONSABILIDAD PENAL

La responsabilidad penal de los funcionarios de la Unión Europea está regulada por el Derecho penal nacional de los Estados miembros de la Unión. Los funcionarios de la Unión Europea pueden ser sujetos a procesos penales y ser considerados responsables de cometer delitos bajo la jurisdicción de los Estados miembros en los que operan.

En general, puede afirmarse que, los funcionarios de la Unión Europea están sujetos a las leyes penales nacionales de los Estados miembros en los que ejercen sus funciones. Esto significa que, si un funcionario de la Unión comete un delito en el desempeño de sus funciones, tales como, por ejemplo, corrupción, fraude o abuso de poder, podrá ser procesado y sometido a las consecuencias penales establecidas por las leyes nacionales aplicables en el país en el que lleva a cabo sus funciones.

Los Estados miembros de la Unión Europea tienen la responsabilidad de investigar y enjuiciar los delitos cometidos por los funcionarios comunitarios en su territorio. Los procedimientos penales, incluida la recopilación de pruebas, la presentación de cargos y el juicio, siguen las reglas y los métodos, formas y actuaciones establecidos en el sistema legal nacional correspondiente.

Además, existen mecanismos de cooperación entre los Estados miembros y las instituciones de la Unión Europea que tienen por finalidad el abordar casos de delitos cometidos por funcionarios de la Unión Europea. Por ejemplo, el artículo 9 del Convenio relativo a la Protección de los Intereses Financieros de las Comunidades Europeas, permite a los Estados miembros cooperar en la lucha contra el fraude y otros delitos que afectan los intereses financieros de la Unión Europea.

Es importante destacar que, los funcionarios de la Unión también están sujetos a los códigos de conducta y a las normas éticas establecidas por las instituciones de la Unión Europea, en los cuales se regulan diferentes aspectos relativos a su comportamiento en el ejercicio de sus funciones. El incumplimiento de estas normas puede dar lugar a acciones disciplinarias internas por parte de la institución correspondiente, pero no sustituye la responsabilidad penal que pueda derivarse de la comisión de delitos bajo las leyes nacionales.

En resumen, todo lo concerniente a la responsabilidad penal de los funcionarios de la Unión Europea está determinado por las previsiones y contenidos del Derecho penal nacional de los Estados miembros de la Unión, quienes son responsables de investigar y enjuiciar los delitos cometidos por los funcionarios comunitarios dentro de su territorio[142].

3. RESPONSABILIDAD ADMINISTRATIVA

La responsabilidad administrativa de los funcionarios de la Unión Europea se refiere a la responsabilidad que pueden tener en relación con su desempeño y conducta en el ejercicio de las funciones administrativas que le hubieren sido encomendadas dentro de las distintas instituciones de la Unión Europea.

En el marco de la Unión Europea, existen normas y procedimientos específicos que regulan la responsabilidad administrativa de los funcionarios. Estas normas se encuentran, principalmente, establecidas en el Estatuto de los Funcionarios de la Unión Europea y en los correspondientes reglamentos internos de cada una de las instituciones de la Unión.

Según el aludido Estatuto de Funcionarios, los funcionarios de la Unión tienen el deber de cumplir con las obligaciones y deberes que se derivan de su cargo. También se les exige actuar de manera ética, imparcial y en interés del servicio público. Si un funcionario incumple estas obligaciones, puede quedar sujeto a la aplicación de medidas disciplinarias y a la exigencia de responsabilidad administrativa.

Las instituciones de la Unión Europea -como ya se explicó más atrás- poseen sistemas internos de gestión de personal que se encargan de investigar las quejas o denuncias que pudieran ser planteadas en relación con el desempeño normal de las actividades y tareas llevadas a cabo habitualmente por los funcionarios comunitarios. Estos sistemas incluyen procesos de investigación, audiencias y decisiones sobre posibles sanciones disciplinarias.

Las sanciones disciplinarias pueden variar y van desde advertencias o reprimendas hasta la suspensión temporal o, incluso, la terminación del empleo del funcionario. Estas sanciones se imponen después de un proceso justo y en el que han de quedar garantizados, en todo momento, los derechos de defensa del funcionario involucrado.

---

142 Véanse a modo de ejemplo de Sentencias españolas en esta materia, STS 340/2012 (Sala de lo penal) de 30 de Abril de 2012 (Recurso 1257/2011, TOL2.542.574); STS 429/2012 (Sala de lo penal) de 21 de mayo de 2012 (Recurso 1803/2011, TOL2.555.171); STS 625/2015 (Sala de lo penal) de 22 de diciembre de 2015 (Recurso 74/2014, TOL5.641.790).

Es importante destacar que, las decisiones disciplinarias internas de las instituciones de la Unión podían ser objeto de recurso ante el Tribunal General de la Unión Europea y, en la actualidad, Tribunal General. El Tribunal tiene la facultad de revisar la legalidad de las decisiones disciplinarias y puede anularlas o modificarlas si se determina que se han violado los derechos del funcionario o si la decisión no se ajusta al marco jurídico aplicable.

En resumen, como ya ha quedado expresado anteriormente, la responsabilidad administrativa de los funcionarios de la Unión Europea se rige por el Estatuto de los Funcionarios y por los diferentes Reglamentos internos de las instituciones de la Unión Europea. Los funcionarios pueden tener que hacer frente a todo un abanico de sanciones disciplinarias en el caso de quedar demostrado la existencia de algún tipo de incumplimiento en el desarrollo de sus obligaciones y deberes, y tienen, asimismo, el derecho de impugnar las decisiones disciplinarias ante el Tribunal General[143].

4. AUTORIDAD COMPETENTE EN MATERIA SANCIONADORA

La autoridad competente en materia sancionadora para los funcionarios de la Unión Europea varía según la institución de la Unión en la que el funcionario esté empleado y preste sus servicios. Cada institución de la Unión Europea tiene sus propios mecanismos y órganos responsables de llevar a cabo procedimientos disciplinarios y tomar decisiones sobre posibles sanciones.

En general, puede afirmarse que, cada una de las instituciones de la Unión Europea tienen sus propios servicios de recursos humanos y poseen unidades de gestión de personal que se encargan de la gestión administrativa de los funcionarios. Estas unidades pueden llevar a cabo investigaciones internas en respuesta a denuncias o quejas relacionadas con el desempeño del trabajo habitual de los funcionarios.

Sin embargo, en última instancia, la autoridad competente para imponer sanciones disciplinarias, en la mayoría de las instituciones de la Unión, es el órgano de toma de decisiones designado para ese propósito. Por ejemplo, en el caso de la Comisión Europea, la autoridad competente es

---

143 TRAYTER JIMENEZ J.M.: "La responsabilidad administrativa y penal de los empleados públicos: una visión actual". *Revista de Administración Pública,* 213, año 2020, págs. 345-372. DOI: https://doi.org/10.18042/cepc/rap.213.15

el Colegio de Comisarios, que es -como resulta bien conocido- el órgano que detenta el poder ejecutivo de la Unión Europea, encabezado por el Presidenta/e de la Comisión. En el caso del Parlamento Europeo, la autoridad competente es la Mesa del Parlamento, que es el órgano de toma de decisiones de la institución.

Las decisiones disciplinarias tomadas por estas autoridades pueden incluir sanciones que van desde las simples advertencias o amonestaciones hasta las suspensiones temporales, reducciones de salario o, incluso, la terminación o el cese del funcionario en el empleo que ocupaba[144].

También, resulta importante destacar que, las decisiones disciplinarias internas de las instituciones de la Unión Europea, pueden ser objeto de interposición de un recurso ante el Tribunal General[145]. El mencionado Tribunal General tiene la facultad de revisar la legalidad de las decisiones disciplinarias y puede llegar a anularlas o bien a modificarlas si se determina que se han violado los derechos del funcionario o si la decisión no se ajusta al marco jurídico aplicable.

Consecuentemente y en resumen, la autoridad competente en materia sancionadora para los funcionarios de la Unión Europea variará según la institución en la que, en cada supuesto concreto, estuviesen empleados los funcionarios, siendo, además, que, las decisiones disciplinarias serán adoptadas por el órgano de toma de decisiones designado dentro de cada institución.

---

144 Sentencia del Tribunal de la Función Pública de 10 de junio de 2016, *HI c. Comisión Europea,* asunto F-133/15. ECLI:EU: F: 2016:127 (TOL5.743.534); Sentencia del Tribunal de la Función Pública (Sala Primera) de 26 de marzo de 2015, *Ángel Coedo Suárez c. Consejo de la Unión Europea,* asunto F-8/14, ECLI:EU: F:2015:25 (TOL9.742.092)

145 Sentencia del Tribunal General (Sala Cuarta ampliada) de 23 de marzo de 2022, OT c. *Parlamento Europeo.* ECLI:EU: T: 2022:156 (TOL8.877.463); Sentencia del Tribunal General (Sala Cuarta) de 15 de diciembre de 2021 (Extractos), *HG contra Comisión Europea,* Asunto T-693/16 P RENV-RX. ECLI:EU: T: 2021:895 (TOL6.668.524); Sentencia del Tribunal General (Sala Séptima) de 6 de octubre de 2021, *IP contra Comisión Europea,* asunto T-121/20, ECLI:EU: T: 2021:665 (TOL8.604.497).

5. EL PROCEDIMIENTO SANCIONADOR

El procedimiento sancionador para los funcionarios de la Unión Europea sigue un conjunto de normas y disposiciones formales establecidas en el Estatuto de los Funcionarios de la Unión, así como en los Reglamentos internos de funcionamiento de cada institución de la Unión Europea.

El procedimiento sancionador puede iniciarse por diversas razones, como pueden señalarse, por ejemplo, el incumplimiento de las obligaciones del funcionario, el mal desempeño de sus funciones o, la conducta inapropiada. A continuación, se tratará de realizar una descripción dé carácter general acerca del contenido del mencionado proceso sancionador:

1. Investigación preliminar: Se lleva a cabo una investigación preliminar para recopilar pruebas y determinar si existe un motivo razonable para iniciar un procedimiento disciplinario. Esta etapa puede incluir entrevistas, recopilación de documentos y cualquier otra actividad necesaria para establecer los hechos relevantes.
2. Notificación de los cargos: Si se considera que existen suficientes pruebas para justificar un procedimiento disciplinario, se notificarán formalmente los cargos al funcionario. En esta notificación se describirán los hechos y las presuntas infracciones cometidas.
3. Derecho de defensa: Se garantiza al funcionario el derecho de presentar una respuesta por escrito a los cargos formulados en su contra. El funcionario también puede solicitar una audiencia personal para exponer su versión de los hechos y presentar pruebas o testigos en su defensa.
4. Decisión disciplinaria: Una vez que se ha realizado la investigación y se han considerado las respuestas y las pruebas presentadas por el funcionario, la autoridad competente responsable de tomar la decisión (por ejemplo, el Colegio de Comisarios en el caso de la Comisión Europea), evaluará la situación y tomará una decisión disciplinaria.
5. Sanciones disciplinarias: Si se establece la responsabilidad del funcionario, se impondrá una sanción disciplinaria adecuada según lo dispuesto en el Estatuto de los Funcionarios. Las sanciones pueden variar desde las simples advertencias o amonestaciones hasta imponer suspensiones temporales, reducciones de salario o, incluso, la terminación o el cese del empleo del funcionario.

Como se ha explicado más atrás, nos parece importante destacar que, las decisiones disciplinarias internas de las instituciones de la Unión Europea pueden ser objeto de recurso, el cual se interpondrá ante el Tribunal General. Los funcionarios comunitarios tienen el derecho de impugnar las decisiones disciplinarias si consideran que se han violado sus derechos o si la decisión no se ajusta al marco jurídico aplicable.

Asimismo, cabe señalar que, el procedimiento sancionador puede variar ligeramente según la institución de la Unión Europea de que se trate, así como de la apreciación del contenido de los Reglamentos internos específicos de cada una. Los detalles precisos del procedimiento sancionador se encuentran en los diferentes Reglamentos y demás normas internas de cada institución de la Unión Europea.

6. TIPOS DE SANCIONES

La AFPN puede elegir de entre una amplia variedad de sanciones, desde la menos severa o estricta hasta la más inflexible o rigurosa. En este orden de ideas, pueden señalarse las siguientes formas (ver anexo IX, artículo 9 del Estatuto):

- amonestación escrita;
- suspensión de la escalada de uno a veintitrés meses;
- descenso de nivel;
- descenso de grado temporalmente durante un plazo de quince días a un año;
- descenso de escalón
- clasificación en un grupo de funciones inferior, con o sin degradación de grado;
- revocación con reducción *pro tempore* de la pensión o retención en aquellos casos en los que proceda.

La diversidad que posee la institución para establecer una sanción permite al AFPN imponer aquella que considere más proporcional a la gravedad de la falta realizada, teniendo en cuenta que, no se podrá imponer más de una sanción para una misma falta.

Para saber cuál es la sanción más proporcional, el Estatuto de Funcionarios establece diferentes tipos de elementos, los cuales son:

1. Gravedad de la infracción: Se evalúa la naturaleza y la gravedad de la infracción cometida por el funcionario. Algunas infracciones pue-

den ser consideradas más serias o perjudiciales que otras, lo que puede influir en la gravedad de la sanción impuesta.

2. Impacto en el servicio público: Se analiza el impacto de la conducta del funcionario en el desempeño de sus funciones y en el servicio público en general. Si la infracción afecta negativamente la eficiencia, la integridad o la reputación de la institución de la Unión Europea, esto puede tener implicaciones en la sanción.
3. Circunstancias atenuantes o agravantes: Se tienen en cuenta las circunstancias específicas del caso, como la intencionalidad de la conducta, la existencia de arrepentimiento o remediación, y la cooperación durante la investigación disciplinaria. Las circunstancias atenuantes pueden reducir la sanción, mientras que las agravantes pueden aumentarla.
4. Antecedentes disciplinarios: Se considera el historial disciplinario del funcionario. Si el funcionario ha cometido infracciones previas o ha recibido sanciones disciplinarias en el pasado, esto puede influir en la determinación de la sanción más proporcional.
5. Principio de proporcionalidad: Se aplica el principio de proporcionalidad en la evaluación de la sanción. Esto implica que la sanción debe ser adecuada y proporcionada a la gravedad de la infracción y a las circunstancias del caso. Se busca evitar sanciones excesivas o desproporcionadas en relación con la infracción cometida.
6. Es importante destacar que, la determinación de la sanción más proporcional puede ser subjetiva y puede variar en función de la apreciación y el juicio de la autoridad competente encargada de tomar la decisión disciplinaria. Además, cada institución de la Unión Europea puede tener sus propios criterios y pautas para evaluar la proporcionalidad de las sanciones en sus Reglamentos internos y prácticas establecidas.

En resumen, la sanción más proporcional para un funcionario de la Unión se determina considerando la gravedad de la infracción, las circunstancias específicas del caso, los antecedentes disciplinarios y el principio de proporcionalidad.

7. RECURSOS

Los recursos vienen regulados en el Título VII, en los artículos 90 y 91 del Estatuto, estableciéndose que, a las personas a las que se aplique el Estatuto «... *podrán presentar ante la autoridad facultada para proceder a los nombramientos peticiones de que se adopte una determinada decisión con respecto a las mismas. La autoridad notificará su decisión motivada al interesado en un plazo de cuatro meses a partir del día en que se presente la petición. Al término de este plazo, se considerará que se ha producido una decisión denegatoria, que podrá ser objeto de reclamación según lo establecido en el apartado siguiente*»[146].

Dichas personas también podrán presentar reclamaciones dirigidas contra los actos que les sean lesivos, pero para ello cuentan con un plazo de tres meses. No en todos los casos el plazo empieza a contar de la misma forma, sino que dependerá de la clase de medida. Por ejemplo, si se trata de una medida de carácter general, el plazo para la reclamación empezará a contar a partir del día de la publicación del acto. En el caso de que se trate de una medida de carácter individual, el plazo contará a partir del día de la notificación de la decisión al destinatario y, en todo caso, a más tardar, el día en que el interesado tuviera conocimiento de esta. Debemos señalar que, si un acto de carácter individual pudiera producir perjuicio a otra persona distinta del destinatario, el plazo comenzará a contar a partir del día en que tuviera conocimiento del mismo y, en todo caso, a más tardar, del día de la publicación.

A partir de la fecha de expiración del plazo de contestación, cuando la reclamación se dirija contra una decisión denegatoria implícita, según lo establecido en el apartado 1.

La decisión de la autoridad, que será motivada, se notificará en el plazo de cuatro meses al interesado, a contar desde el día en que sea presentada la reclamación. Si al término de estos cuatro meses no se ha adoptado una decisión respecto de la reclamación, se considerará que se ha producido una decisión denegatoria contra la que podrá interponerse recurso a tenor del art. 91.

Nos encontramos ante el contenido de los siguientes artículos 90 al 90 bis, ter y quater, en los que se establece, respectivamente, que «*Cualquier persona a la que sea de aplicación el presente Estatuto podrá presentar al Director de la OLAF una petición, con arreglo a lo previsto en el apartado 1 del artículo 90, en la que le invite a tomar a su favor una decisión relativa a una investigación de la OLAF. Asimismo, podrá presentar al Director de la OLAF una reclamación, con*

---

[146] Unión Europea. (1962, 14 junio). Reglamento n.º 31 (CEE) 11 (CEEA) por el que se establece el Estatuto de los Funcionarios y el régimen aplicable a los otros agentes de la Comunidad Económica Europea y de la Comunidad Europea de la Energía Atómica.

arreglo a lo previsto en el apartado 2 del artículo 90, contra un acto de la OLAF relacionado con una investigación de la misma que le sea lesivo.»

Asimismo, «*Cualquier persona a la que sea de aplicación el presente Estatuto podrá presentar al Supervisor Europeo de Protección de Datos una petición o una reclamación, con arreglo a lo previsto en los apartados 1 y 2 del artículo 90, dentro de su ámbito de competencias.*»

Y, por último, «*Las peticiones y reclamaciones relativas a ámbitos en los que se haya hecho uso de lo dispuesto en el apartado 2 del artículo 2 serán presentadas a la autoridad en la que se haya delegado la facultad para proceder a los nombramientos.*»

El Tribunal de Justicia de la Unión Europea tendrá competencia para resolver sobre los litigios que se susciten en la Unión y alguna de las personas a quienes se aplica el Estatuto, siempre que tengan por objeto la legalidad de un acto que les sea lesivo a tenor del apartado 2, del ya explicado artículo 90. En aquellos litigios que sean de carácter pecuniario, el Tribunal de Justicia tendrá competencia jurisdiccional plena[147].

En este artículo se detallan aquellos supuestos en los que se podrá admitir a trámite un recurso ante el Tribunal de Justicia. Dichos supuestos son:

- Si previamente se hubiera presentado reclamación ante la autoridad facultada para proceder a los nombramientos, a excepción de lo dispuesto en el apartado 2 del art. 90 y estando dentro del plazo que se establece en el mencionado artículo.
- Si respecto de la reclamación se hubiere adoptado una decisión denegatoria, ya sea explícita o implícita.

El plazo establecido será de dos meses a computar desde el día de la notificación de la decisión adoptada respecto de la reclamación y, a partir del día en el que finalice el plazo para resolver cuando el recurso tenga por objeto una decisión denegatoria implícita de una reclamación presentada en aplicación del art. 90.2, aunque se debe tener en cuenta que si se produjere una decisión denegatoria implícita, pero dentro del plazo para interponer el recurso, el plazo comenzará a computarse de nuevo.

A pesar de lo establecido en el apartado 2, el interesado en establecer el recurso, siempre que medie previa presentación ante la autoridad faculta-

---

147 Sentencia del Tribunal de Primera Instancia (Sala Cuarta) de 15 de mayo de 1997, *N c. Comisión de las Comunidades Europeas.* ECLI:EU: T:1997:71; Sentencia del Tribunal General (Sala de Casación) de 14 de febrero de 2017, *Petrus Kerstens c. Comisión Europea,* asunto T-270/16 P. ECLI:EU:T:2017:74 (TOL9.742.630)

da para proceder a los nombramientos de una reclamación en los términos exigidos del art. 90.2, podrá interponer a la vez un recurso ante el Tribunal de Justicia, siempre que se adjunte una demanda solicitando la paralización de la ejecución del acto recurrido o de las medidas provisionales. En este caso, el procedimiento principal se suspenderá hasta que se produzca una decisión, ya sea explícita o implícita, denegatoria de la reclamación.

Los recursos referidos en el art. 91 serán instruidos y juzgados según el Reglamento de procedimiento establecido por el Tribunal de Justicia de la Unión Europea.

Para dar por concluido el apartado de los recursos, debemos hacer mención del art. 91 bis, el cual establece que, los recursos serán interpuestos conta la institución de la que dependa la autoridad en la que se haya delegado la facultad para proceder a los nombramientos.

Capítulo VIII.
Disposiciones especiales

Dentro de este Estatuto, existen disposiciones especiales que abordan ciertos aspectos particulares del contenido de la carrera y el desempeño de las actividades habituales de los funcionarios.

Entre estas disposiciones especiales se encuentran aquellas relacionadas con la selección y contratación de los funcionarios, las normas de conducta y ética que deben seguir, las reglas para la promoción y el ascenso, las políticas de licencias y permisos, y las disposiciones para la protección social y la seguridad en el trabajo.

Estas disposiciones especiales están diseñadas para garantizar que los funcionarios de la Unión Europea cumplan con los más altos estándares de profesionalismo, integridad y eficiencia en su trabajo, y que sean tratados de manera justa y equitativa en todas las etapas de su carrera funcionarial en el ámbito de la Unión Europea.

1. SERVICIO EUROPEO DE ACCIÓN EXTERIOR Y FUNCIONARIOS DESTINADOS EN UN PAÍS TERCERO

El Servicio Europeo de Acción Exterior, o SEAE por sus siglas, es el servicio diplomático de la Unión cuyo objetivo es hacer que la política exterior europea sea más coherente y eficaz, aumentando así la influencia de Europa en el mundo. Esto lo consigue ayudando al Alto Representante de la Unión Europea en su tarea de formular y ejecutar la Política Exterior y de Seguridad Común de la Unión Europea (PESC); gestiona las relaciones diplomáticas y las asociaciones estratégicas con aquellos países que no pertenecen a la Unión Europea; trabaja con los servicios diplomáticos nacionales de los países miembros, con las Naciones Unidas y con las demás potencias[148].

---

148 Web oficial de la Unión Europea. Servicio Europeo de Acción Exterior (SEAE). <https://european-union.europa.eu/institutions-law-budget/institutions-and-bodies/search-all-eu-institutions-and-bodies/eeas_es> Asimismo, vid. MOLINA DEL POZO C.F.: Instituciones, Órganos y Organismos de la Unión Europea, Edita Tirant lo Blanch, Valencia, 2023.

Entre sus distintas labores, podemos observar en tanto que ejemplos prácticos, que el Servicio Exterior orienta sus esfuerzos, entre otros, hacia los siguientes ámbitos materiales de cuestiones: la consolidación de la paz mediante el apoyo político, económico y práctico; garantizar la seguridad mediante la Política Exterior Común de Seguridad y Defensa (PECSD); también, llevan a cabos labores de prestación de ayuda humanitaria, así como se ocupa de proporcionar las oportunas respuestas a las numerosas y variadas situaciones de crisis que surgen y prodigan por diferentes zonas del mundo.

El SEAE cuenta, a la cabeza, con el Alto Representante de la Unión para Asuntos Exteriores y Política de Seguridad, así lo establece también el art. 95 del Estatuto. Además, en Bruselas, ciudad donde reside su sede oficial, cuenta con personal experto procedente del Consejo, de la Comisión Europea y de los servicios diplomáticos de los países miembros de la Unión; y, en el resto del mundo se ve arropado por una red de Delegaciones de la Unión Europea. Dentro de estas Delegaciones, los Jefes de las mismas ejercerán, en materia de nombramientos, el procedimiento de selección exhaustivo que se basa en los méritos, el ámbito geográfico y de género, eligiendo en base a una lista de candidatos que acuerda la Comisión Europea, en el marco de las competencias que le otorgan los Tratados. El mismo procedimiento será de aplicación en aquellos casos de traslado en aras del servicio (apartado 2). Cuando los Jefes de las Delegaciones deban desempeñar tareas para la Comisión Europea, será la AFPN la que inicie las investigaciones administrativas o los procedimientos disciplinarios, con previa autorización por parte de la propia Comisión.

En aquellos casos en los que un funcionario de la Comisión Europea haya sido destinado a una Delegación de la Unión Europea, deberá de seguir las instrucciones del Jefe de la Delegación, de acuerdo con el artículo 5 de la Decisión del Consejo, de 26 de julio de 2010, por la que se establece la organización y el funcionamiento del Servicio Europeo de Acción Exterior.

En los supuestos en los que un funcionario deba desempeñar tareas para la Comisión Europea, será ésta la que le informe sobre las instrucciones necesarias y que deberá desempeñar, tal y como establece el artículo 221.2 del TFUE.

Con relación a aquellos funcionarios transferidos al SEAE con arreglo a la Decisión 2010/427/UE, respecto a los artículos 4 y 29 del Estatuto, así como el artículo 7.1, las AFPN podrán, solamente en casos considerados como excepcionales, actuando de común acuerdo y exclusivamente en interés del servicio, tras escuchar al funcionario interesado, aprobar su traslado del SEAE al Consejo o la Comisión en un puesto con el mismo rango que venía ocupando en el SEAE (art. 97).

2. RÉGIMEN ESPECIAL DE OTROS ÓRGANOS

a) Instituto de Estudios de Seguridad

El Instituto de Estudios de Seguridad de la Unión Europea (IESUE) se encuentra ubicado en París, pero cuenta con una Oficina de Enlace en Bruselas. El Director a cargo de este Instituto es, actualmente, Gustav Lindstrom, quien se encarga de asegurar que la facilitación de análisis sobre cuestiones políticas de exterior, de seguridad y de defensa se realicen de forma coherente y correcta.

Entre los objetivos del IESUE se encuentran, como más destacables, los siguientes: impulsar una cultura de seguridad común en la Unión, contribuir al desarrollo y proyección de la Política Exterior y de Seguridad Común (PESC), apoyar la elaboración y proyección de la Política Exterior de la Unión Europea y contribuir al debate sobre la estrategia de seguridad, tanto dentro como fuera de Europa.

Además del conjunto de todos estos objetivos mencionados, es preciso reseñar, también, el análisis y la organización de foros de debate cuya principal función es ayudar a formular las políticas de la Unión Europea, mientras que, asimismo, actúa como intermediario entre los expertos europeos y los responsables de la toma de decisiones en todos los niveles.

Se encarga, también, de elaborar publicaciones sobre los temas y regiones de mayor interés para la Unión Europea. Sus seminarios mejoran la capacidad analítica de la Unión Europea y contribuyen a definir estrategias comunes. En ellos se dan cita funcionarios de la Unión, académicos, expertos nacionales, y responsables de la toma de decisiones, medios de comunicación y representantes de la sociedad civil de los países miembros de la Unión Europea y del resto del mundo[149].

---

[149] Web Oficial de la Unión Europea. Instituto de Estudios de Seguridad de la Unión Europea (IESUE) <https://european-union.europa.eu/institutions-law-budget/institutions-and-bodies/search-all-eu-institutions-and-bodies/euiss_es.> Asimismo, vid. MOLINA DEL POZO C.F.: Instituciones, Órganos y Organismos de la Unión Europea, Edita Tirant lo Blanch, Valencia, 2023.

b) Agencia Europea de Defensa

La Agencia Europea de Defensa (AED por sus siglas en inglés) apoya proyectos de cooperación en materia de defensa europea y constituye un foro para los ministros de Defensa europeos. Su sede se encuentra en Bruselas y se encarga de ayudar a los 27 Estados miembros en la mejora de sus capacidades de defensa a través de la cooperación europea. Su función es actuar como habilitador y facilitador para los Ministros de Defensa que están dispuestos a participar en proyectos de capacidad de colaboración.

Así, la AED se ha convertido en el centro al que recurrir para poder cooperar en materia de defensa. Consiste en que los Estados miembros pueden decidir caso por caso si desean participar en los proyectos o no, teniendo en cuenta tanto sus necesidades como sus intereses.

Su objetivo principal consiste en ofrecer un nivel de experiencia y actividades que cubren todo el espectro de la cooperación en materia de Defensa[150].

c) Oficina Europea de Policía (EUROPOL)

La Oficina Europea de Policía, más comúnmente conocida por sus siglas EUROPOL, tiene su sede en La Haya, y tiene la misión de asistir a los Estados miembros en la prevención y la lucha contra toda forma grave y organizada de delincuencia, ciberdelincuencia y terrorismo a escala internacional. Europol colabora asimismo con numerosos Estados asociados no pertenecientes a la Unión Europea, así como con distintas organizaciones internacionales.

Las redes delictivas y terroristas a gran escala plantean una amenaza significativa para la seguridad interna de la Unión y para la seguridad y la subsistencia de sus ciudadanos. Las mayores amenazas para la seguridad se derivan de:

- el terrorismo;
- el tráfico de estupefacientes y el blanqueo de capitales a escala internacional;
- el fraude organizado;

---

150 EUROPEAN DEFENCE AGENCY. "What we do". < https://eda.europa.eu/what-we-do. > Asimismo, vid. MOLINA DEL POZO C.F.: Instituciones, Órganos y Organismos de la Unión Europea, Edita Tirant lo Blanch, Valencia, 2023.

– la falsificación de euros; y,
– la trata de seres humanos.

Europol satisface las necesidades de los Estados miembros al analizar las tendencias delictivas dentro del territorio de la Unión Europea. La Agencia colabora en investigaciones iniciadas por los Estados miembros, pero sus funcionarios no tienen la autoridad para detener a ciudadanos ni promover investigaciones. El trabajo de Europol se centra, principalmente, en abordar delitos que requieren un enfoque internacional y la cooperación entre múltiples países, tanto dentro como fuera de la Unión Europea. La plataforma EMPACT es la encargada de determinar qué delitos deben tener prioridad en estas acciones. Dicha plataforma se vertebra en torno a la cooperación multidisciplinar para combatir las formas graves de delincuencia internacional y organizada. Está impulsada por los Estados miembros y cuenta con el respaldo de las instituciones, órganos y organismos de la Unión Europea, en línea con sus respectivos mandatos, así como en plena coordinación con ellos.

A lo largo de su trayectoria, Europol ha acumulado una amplia experiencia en la lucha contra diversos delitos, entre ellos el tráfico de drogas, la inmigración irregular y la trata de seres humanos, el contrabando de vehículos, la ciberdelincuencia, el lavado de dinero y la falsificación de moneda. Asimismo, desempeña un papel crucial en tanto que es la Agencia central europea en la lucha contra la falsificación del euro.

Europol establece sólidos acuerdos de cooperación con autoridades policiales asociadas, tanto en Europa como en el resto del mundo. Además, se enorgullece de contar con mecanismos de rendición de cuentas que son ejemplares en términos de solidez y transparencia.

Las actividades operativas de Europol se centran en una variedad de áreas, entre ellas:

– Combate al tráfico de drogas ilícitas
– Lucha contra la trata de seres humanos
– Prevención y desmantelamiento de redes de inmigración irregular
– Combate a la ciberdelincuencia
– Lucha contra la falsificación del euro
– Investigación y prevención de fraudes en materia de IVA
– Lucha contra el lavado de dinero y seguimiento de activos relacionados

- Combate a grupos delictivos organizados itinerantes
- Prevención y represión de delitos contra la propiedad intelectual
- Combate al contrabando de tabaco
- Desarticulación de bandas ilegales de motociclistas
- Lucha contra el terrorismo[151].

d) Centro de Satélites de la Unión Europea

Este Centro se encarga de apoyar la Política Exterior y de Seguridad Común (PESC). Lo logra mediante servicios basados en recursos espaciales y datos colaterales.

Su sede se localiza en Torrejón de Ardoz, Madrid.

Desempeña un papel fundamental en la adopción de decisiones y acciones de la Unión Europea en el ámbito de la Política Exterior y de Seguridad Común. Su labor consiste en proporcionar productos y servicios basados en la explotación de recursos espaciales, así como datos colaterales, tales como imágenes aéreas y por satélite, y servicios relacionados. Estos recursos y datos son fundamentales para respaldar las operaciones estratégicas y la toma de decisiones de la Unión Europea en materia de Seguridad y Política Exterior.

3. TITULARES DE CARGOS PÚBLICOS DE ALTO NIVEL

Cuando se hace mención a los titulares de cargos públicos en la Unión Europea estamos queriendo referirnos a las personas que ocupan puestos de responsabilidad en las distintas instituciones de la Unión. En efecto, como es bien sabido, la Unión Europea está compuesta por varias instituciones, cada una con su propia estructura y funciones.

A continuación, se presentan algunos de los cargos más destacados de las instituciones de la Unión Europea:

---

151 EUROPOL. "About". Recuperado 16 de enero de 2024, de <https://www.europol.europa.eu/about-europol:es>. Asimismo, vid. MOLINA DEL POZO C.F.: Instituciones, Órganos y Organismos de la Unión Europea, Edita Tirant lo Blanch, Valencia, 2023.

- Comisión Europea: La Comisión Europea es el órgano ejecutivo de la Unión y está compuesta por un presidente y varios comisarios, en total 27, es decir, un comisario por cada Estado miembro. El presidente de la Comisión Europea es elegido por el Consejo Europeo y debe ser aprobado por el Parlamento Europeo. Los comisarios son designados por los Estados miembros y son responsables de diferentes áreas de políticas.
- Parlamento Europeo: El Parlamento Europeo es la institución legislativa de la Unión Europea y representa a los ciudadanos europeos. Los miembros del Parlamento Europeo son elegidos directamente por los ciudadanos en elecciones europeas que se celebran cada cinco años. El Parlamento elige a su propio presidente, así como a los vicepresidentes y miembros de las comisiones parlamentarias.
- Consejo de la Unión Europea o simplemente el Consejo: En efecto, el Consejo es la institución en la que están representados los Gobiernos de los Estados miembros. Los ministros de cada país, dependiendo del tema a tratar, pueden ser titulares de cargos públicos en la Unión Europea. Por ejemplo, el ministro de Asuntos Exteriores de cada país es quien representa a su respectivo Gobierno en el Consejo de Asuntos Exteriores.
- Tribunal de Justicia de la Unión Europea: El Tribunal de Justicia de la Unión Europea es el máximo órgano judicial de la Unión Europea. Está compuesto por Jueces y Abogados Generales que serán nacionales de cada Estado miembro. El presidente del Tribunal de Justicia es elegido por los jueces y ocupa un cargo destacado en la institución.

Estos son solo algunos ejemplos de quienes son los titulares de cargos públicos en la Unión Europea. Además de estas instituciones, también existen otras instituciones, órganos y organismos y agencias de la Unión Europea que cuentan con sus propios responsables designados, como el Consejo Europeo, el Banco Central Europeo, el Tribunal de Cuentas, el Comité Económico y Social Europeo, el Comité de las Regiones, el Banco Europeo de Inversiones, entre otros y que, asimismo, cuentan con nacionales de los distintos estados miembros y que también son titulares de cargos públicos en el contexto de la Unión Europea.

4. RÉGIMEN APLICABLE A LOS EXPERTOS DESTINADOS EN COMISIÓN DE SERVICIOS

El régimen aplicable a los expertos destinados en comisión de servicios puede variar dependiendo de la legislación y las políticas específicas de cada país o institución. Sin embargo, a nivel general, se pueden destacar algunas características comunes:

- Designación y duración: Los expertos destinados en comisión de servicios suelen ser seleccionados y designados por su entidad de origen (como un organismo gubernamental o una institución internacional). La duración de la comisión de servicios puede variar, desde unos pocos meses hasta varios años, dependiendo de las necesidades y acuerdos establecidos.
- Relación laboral: Durante la comisión de servicios, los expertos suelen mantener su relación laboral con su entidad de origen. Esto significa que siguen siendo empleados de su entidad original y pueden mantener su salario y beneficios, aunque en algunos casos pueden recibir compensaciones adicionales o prestaciones específicas por la comisión de servicios.
- Tareas y funciones: Los expertos destinados en comisión de servicios son enviados a una entidad o país específico para proporcionar su experiencia y conocimientos en un área determinada. Sus tareas y funciones pueden variar según el propósito de la comisión de servicios, que puede incluir asesoramiento técnico, investigación, capacitación, participación en proyectos específicos, entre otros.
- Derechos y obligaciones: Durante la comisión de servicios, los expertos suelen tener derechos y obligaciones establecidos por su entidad de origen y la entidad de acogida. Esto puede incluir derechos laborales, como la protección social y la seguridad en el trabajo, así como obligaciones relacionadas con el desempeño de sus funciones y el cumplimiento de las normas y regulaciones aplicables.

Es importante tener en cuenta que, las disposiciones específicas y los detalles del régimen aplicable a los expertos destinados en comisión de servicios pueden variar significativamente entre diferentes países y organizaciones. Por lo tanto, es recomendable consultar las regulaciones y políticas correspondientes de la entidad de origen y la entidad de acogida para obtener información más precisa y detallada en cada caso particular.

5. AGENTES TEMPORALES

Son aquellos agentes que realizan funciones análogas a las de los funcionarios y tienen su misma carrera administrativa. En todo caso, su vínculo es temporal y, con carácter general, se recurre a ellos para ámbitos altamente especializados o de apoyo a altos cargos.

De acuerdo con la normativa vigente aplicable al menos en el caso de la Unión Europea, la contratación como Agente temporal no puede exceder de un periodo acumulado de seis años.

Estos contratos temporales se utilizan para cubrir necesidades específicas de personal, como proyectos a corto plazo, períodos de aumento de trabajo, o bien para reemplazar a empleados ausentes por motivo de licencia o de baja temporal.

En el ámbito de los agentes temporales, se pueden destacar las siguientes cuestiones:

- Contrato de duración determinada: Los agentes temporales son contratados por un período de tiempo específico, generalmente, por un máximo de seis años, y su contrato se rige por las regulaciones de empleo de la Unión Europea. A diferencia de los funcionarios permanentes de la Unión Europea, los agentes temporales no gozan de la misma estabilidad laboral y su empleo está sujeto a la finalización del contrato.
- Funciones y responsabilidades: Los agentes temporales pueden desempeñar una variedad de funciones en las instituciones de la Unión, tales como, por ejemplo, asesoramiento técnico, apoyo administrativo, investigación, análisis de políticas, traducción, entre otros. Sus responsabilidades y tareas dependerán de la posición específica y de las necesidades de la institución que los emplea.
- Selección y requisitos: La selección de agentes temporales en la Unión Europea se lleva a cabo a través de la convocatoria de procesos de reclutamiento y selección competitivos. Los candidatos deben cumplir con los requisitos establecidos para el puesto, que pueden incluir experiencia profesional relevante, habilidades lingüísticas, educación específica, entre otras cosas.
- Condiciones laborales: Los agentes temporales de la Unión Europea tienen derecho a ciertos beneficios y condiciones laborales, como, por ejemplo, un salario competitivo, seguro de

salud, licencia remunerada, protección social y derechos laborales básicos. Sin embargo, es importante tener en cuenta que, sus condiciones pueden ser diferentes a las de los funcionarios permanentes de la Unión.

- Oportunidades de carrera: Para algunos agentes temporales, trabajar en la Unión Europea puede ser una oportunidad para adquirir experiencia y conocimientos en asuntos europeos, y puede servir como trampolín para futuras oportunidades de empleo en la propia Unión o en otros sectores y organizaciones.

Es importante destacar que, los agentes temporales de la Unión no deben confundirse con los funcionarios permanentes de la Unión Europea, que son empleados de carrera y que están sujetos a un régimen laboral y contractual diferente.

6. AGENTES CONTRACTUALES

Son aquellos agentes que prestan servicios de acuerdo con una contratación administrativa, generalmente temporal o de duración determinada. Este colectivo realiza tareas manuales o administrativas para suplir la falta de funcionarios con las cualificaciones requeridas en determinados sectores especializados.

De acuerdo con la normativa vigente aplicable al menos en el caso de la Unión Europea, la contratación como Agente contractual no puede exceder de un periodo acumulado de seis años. Con carácter general existe una contratación inicial por un año, una primera posibilidad de prórroga por un periodo de dos años y una segunda y última posibilidad de prórroga por tres años. Las prórrogas dependen de la valoración del trabajo desarrollado y de la existencia de dotación presupuestaria. Excepcionalmente, algunos agentes contractuales pueden mantener una relación indefinida

Existen 4 niveles de cualificación o grupos de funciones atendiendo a las tareas a realizar. El grupo de funciones IV se podría entender equivalente a la categoría de Administradores AD y los de grupos de funciones inferiores equivalentes a las de Asistentes AST y asistentes de secretariado ASTSC

GFI – tareas auxiliares manuales y administrativas

GFII – tareas de oficina y secretaría, gestión administrativa y equivalentes

GFIII – tareas de ejecución, redacción, contabilidad y tareas técnicas equivalentes

GFIV – tareas de administración, asesoramiento o lingüísticas y tareas técnicas equivalentes.

7. AGENTES LOCALES

Se trata de una red integrada por corresponsales locales de la Unión Europea que trabajan en cooperación para fomentar la comunicación sobre distintos temas relacionados con la Unión Europea[152].

Los Agentes locales son aquellas personas contratadas en las Delegaciones de la Unión Europea establecidas en países no pertenecientes a la Unión Europea. Estos Agentes son ciudadanos del país donde se encuentra la Delegación y son contratados localmente para brindar apoyo y asistencia en el funcionamiento de las actividades y programas de la Unión Europea en ese país. Algunas de las cuestiones que se deben destacar de los agentes locales, serían las siguientes:

- Contratación local: Los Agentes locales son empleados contratados directamente por la Delegación de la Unión Europea en el país en cuestión, siguiendo las regulaciones y prácticas laborales locales. Estos empleados son ciudadanos del país de la Delegación y son contratados en base a su experiencia, habilidades y cualificaciones.
- Funciones y responsabilidades: Los Agentes locales desempeñan una variedad de funciones de apoyo en la Delegación de la Unión Europea. Esto puede incluir, entre otras, alguna de las siguientes actuaciones: actividades administrativas, logísticas y de coordinación, asistencia en la implementación de programas y proyectos de la Unión, apoyo en comunicaciones y relaciones públicas, o también, proporcionar información y orientación sobre asuntos relacionados con la Unión Europea a las partes interesadas locales.

---

152 UNIÓN EUROPEA. “Construir Europa con las autoridades locales”. <https://building-europe-with-local-councillors.europa.eu/index_es >

- Conocimiento local y cultura: Los Agentes locales son una parte importante del equipo de la Delegación de la Unión Europea, ya que aportan un profundo conocimiento del país de acogida, su cultura, idioma y contexto. Esto les permite facilitar la comunicación y el entendimiento entre la Unión Europea y las autoridades locales, organizaciones de la sociedad civil y otros actores relevantes.
- Relación con las instituciones de la Unión Europea: Aunque los Agentes locales trabajan en las Delegaciones de la Unión Europea y contribuyen a la implementación de las políticas y programas de la Unión en el país de acogida, es importante destacar que, no son funcionarios de las instituciones de la Unión. Su relación laboral es directamente con la Delegación y su contrato se rige por las leyes laborales locales.
- Beneficios y condiciones laborales: Los Agentes locales de la Unión Europea, generalmente, tienen derechos y beneficios laborales establecidos según las normas y regulaciones del país de acogida. Estos pueden incluir beneficios de seguridad social, vacaciones pagadas, seguro de salud y otras prestaciones proporcionadas por la legislación laboral local.

En conclusión, puede afirmarse que, los Agentes locales de la Unión Europea desempeñan un papel esencial en las Delegaciones de la Unión, ya que contribuyen muy activamente al trabajo diario y a las relaciones con el país de acogida. Su conocimiento y experiencia local son enormemente valiosos para asegurar una cooperación efectiva entre la Unión Europea y el país en cuestión.

8. CONSEJEROS ESPECIALES

Los Consejeros especiales de la Unión Europea son personas designadas para proporcionar asesoramiento y apoyo especializado a las instituciones de la Unión Europea en áreas específicas. Aunque el término "Consejero especial" puede variar en su uso dependiendo del contexto, generalmente, se refiere a individuos que brindan orientación estratégica y conocimientos técnicos en un campo determinado. Entre sus funciones se destacan las siguientes:

- Asesoramiento especializado: Los Consejeros especiales son seleccionados debido a su experiencia y conocimientos en un área específica relevante para la Unión Europea. Pueden ser expertos reconocidos en campos tales como: política exterior, economía, asuntos jurídicos, seguridad, desarrollo, medio ambiente, entre otros. Su función principal es proporcionar asesoramiento y orientación especializada en sus áreas de experiencia.
- Relación con las instituciones de la Unión Europea: Los Consejeros especiales trabajan en estrecha colaboración con las instituciones de la Unión, como la Comisión Europea, el Parlamento Europeo o el Servicio Europeo de Acción Exterior. Pueden ser contratados directamente por una institución de la Unión Europea o, también, pueden actuar como asesores externos independientes.
- Independencia y neutralidad: Los Consejeros especiales deben ser imparciales y no tener afiliaciones políticas o intereses personales que puedan influir en su asesoramiento. Se espera que ofrezcan perspectivas objetivas y basadas en evidencia para ayudar a la adopción de decisiones de la Unión Europea.
- Papel consultivo: Los Consejeros especiales no tienen poder de toma de decisiones en sí mismos o como tales, sino que desempeñan un papel consultivo. Proporcionan recomendaciones y análisis basados en su experiencia y conocimientos especializados, pero son las instituciones de la Unión las que tomarán las decisiones finales.

El período de servicio de un Consejero especial puede variar. Algunos pueden ser contratados por un tiempo limitado para proyectos o tareas específicas, mientras que otros pueden tener contratos a más largo plazo. Los términos y condiciones de su cargo, incluyendo la remuneración y los derechos y responsabilidades, son acordados entre el Consejero especial y la institución de la Unión Europea que, en concreto, lo contrata.

Es importante tener en cuenta que, los Consejeros especiales de la Unión Europea cumplen y llevan a cabo una función específica y, por tanto, no deben confundirse con los cargos más comunes de las instituciones de la Unión, como, por ejemplo, puedan ser los comisarios de la Comisión Europea o los miembros del Parlamento Europeo. Su rol principal es brindar asesoramiento especializado y contribuir a la toma de decisiones informada en áreas específicas de la política y gobernanza de la Unión Europea.

9. EL PERSONAL AL SERVICIO DEL PARLAMENTO EUROPEO

El personal al servicio del Parlamento Europeo se refiere a los empleados que trabajan para apoyar las actividades y funciones del Parlamento Europeo, la institución legislativa de la Unión Europea. Ciertamente, el Parlamento Europeo emplea a un amplio ámbito de profesionales que cubren y cumplimentan sus tareas en diversas áreas, siempre con el fin de para llevar a cabo su trabajo con el mayor rigor y eficacia.

En este mismo sentido, a continuación, se citarán algunos aspectos clave sobre el personal al servicio del Parlamento Europeo:

- Funciones y responsabilidades: El personal del Parlamento Europeo desempeña una variedad de funciones para apoyar el trabajo de los miembros del Parlamento Europeo y de la administración de la institución. Esto reseñado incluye, entre otras cuestiones: el asesoramiento técnico, la investigación, la redacción y traducción de documentos, la asistencia en comisiones y grupos de trabajo, la coordinación de eventos, la comunicación y las relaciones públicas, o también, los servicios administrativos.
- Categorías de personal: El personal del Parlamento Europeo se divide en diferentes categorías. Algunas de las categorías principales incluyen funcionarios permanentes (empleados de carrera del Parlamento Europeo), agentes contractuales (contratados en base a contratos temporales), asistentes parlamentarios (que apoyan a los MEPs en su trabajo), personal auxiliar (que proporciona apoyo en tareas administrativas) y personal local (empleados contratados en las Oficinas del Parlamento Europeo en los Estados miembros).
- Selección y condiciones laborales: El proceso de selección para el personal del Parlamento Europeo varía según la categoría. Los funcionarios permanentes suelen ser seleccionados a través de concursos y pruebas de selección competitivas, mientras que, otros empleados, pueden ser contratados a través de procesos de selección más flexibles. El personal del Parlamento Europeo disfruta de condiciones laborales y beneficios establecidos, tales como salarios competitivos, seguro de salud, licencia remunerada y protección social.
- Independencia e imparcialidad: El personal del Parlamento Europeo debe trabajar de manera independiente e imparcial, sirviendo al interés general de la Unión Europea y respetando

la diversidad política y cultural. Se espera que cumplan con altos estándares éticos y profesionales, manteniendo la confidencialidad y evitando conflictos de interés.

– Organización y estructura: El Parlamento Europeo cuenta con una administración propia encargada de gestionar los asuntos internos y garantizar el funcionamiento eficiente de la institución. La administración está liderada por un Secretario General, quien supervisa a los diferentes servicios y departamentos que conforman la estructura del Parlamento Europeo.

El personal al servicio del Parlamento Europeo desempeña un papel fundamental en el funcionamiento de la institución y en el apoyo a los MEPs en su labor legislativa y política. Su experiencia y conocimientos contribuyen al proceso de toma de decisiones y al desarrollo efectivo y eficaz de las diferentes políticas de la Unión Europea.

10. EXPERTOS NACIONALES

Los expertos nacionales de la Unión Europea son profesionales y funcionarios de los Estados miembros de la Unión Europea, los cuales son nombrados o designados para brindar asesoramiento técnico y conocimientos especializados en áreas específicas a las distintas instituciones de la Unión Europea. Estos expertos nacionales colaboran estrechamente con las instituciones de la Unión con la finalidad de contribuir al proceso de adopción de decisiones y al desarrollo de políticas europeas[153].

En este mismo orden de ideas, a continuación, se reseñarán algunos puntos importantes sobre los expertos nacionales de la Unión Europea:

– Nombramiento y designación: Los Estados miembros de la Unión Europea nombran o designan a expertos nacionales para trabajar en estrecha colaboración con las distintas instituciones de la Unión. Estos expertos pueden ser, entre otros, profesionales o funcionarios con experiencia en campos tales

[153] Orden PCI/614/2019, de 21 de mayo, por la que se publica el Acuerdo del Consejo de Ministros de 26 de abril de 2019, por el que se recoge el ámbito de aplicación y los requisitos de acceso, y el régimen de los empleados públicos españoles que participen en los programas de expertos nacionales en las Instituciones Europeas y se define un procedimiento común para la preselección de expertos

como la economía, el derecho, la ciencia, el medio ambiente, la seguridad, etc.

- Asesoramiento técnico: Los expertos nacionales brindan asesoramiento técnico y conocimientos especializados a las instituciones de la Unión Europea en áreas específicas. Esto puede incluir participar en reuniones, grupos de trabajo y comités temáticos, proporcionar análisis y evaluaciones, informar sobre las políticas y regulaciones nacionales relevantes, y contribuir a la elaboración y revisión de propuestas legislativas y políticas europeas.
- Colaboración con las instituciones de la Unión Europea: Los expertos nacionales trabajan en estrecha colaboración con las instituciones de la Unión, como, por ejemplo, la Comisión Europea, el Parlamento Europeo o el Consejo. Participan en reuniones y debates, presentan informes y opiniones técnicas, y proporcionan información detallada sobre las prácticas y regulaciones nacionales relacionadas con los temas en cuestión.
- Representación de los intereses nacionales: Los expertos nacionales también se consideran una vía para asegurar que los intereses y preocupaciones de los Estados miembros se tengan en cuenta en la toma de decisiones de la Unión. Representan los conocimientos y perspectivas de sus respectivos países y contribuyen a la búsqueda de soluciones equilibradas y consensuadas en el contexto europeo.
- Organización y coordinación: La participación de expertos nacionales se organiza y coordina a través de los canales establecidos entre las distintas instituciones de la Unión Europea y los Estados miembros. Existen mecanismos de cooperación y comunicación, tales como: redes de expertos, grupos de trabajo y contactos regulares, que con su tarea coadyuban a facilitar la colaboración efectiva y la transferencia de conocimientos entre los expertos nacionales y las diferentes instituciones de la Unión Europea.

11. BECARIOS

Las instituciones, órganos y organismos y agencias de la Unión Europea disponen de diversos programas de prácticas dirigidos a titulados superiores y a estudiantes universitarios con el objetivo de que se familiaricen con la Administración comunitaria, aumenten su cualificación profesional o, en su caso, complementen los correspondientes estudios académicos.

Los programas de prácticas, en su mayoría, son de carácter retribuido con una duración aproximada de cinco meses a realizar, principalmente, en Bruselas y Luxemburgo, aunque también hay posibilidades de llevarlas a cabo en las Agencias descentralizadas con sedes en los distintos Estados miembros e, incluso, en las Delegaciones de la Unión Europea en terceros países.

Existen convocatorias independientes para cada institución y Agencia y, por ello, procede la consulta de la información que cada una de ellas publica en sus páginas web. Así pues, los becarios en la Unión Europea participan en programas de prácticas o pasantías en las distintas instituciones, órganos y organismos de la Unión. Estos programas ofrecen a los becarios la oportunidad de adquirir experiencia práctica, desarrollar habilidades profesionales y familiarizarse con el funcionamiento de las instituciones europeas. A continuación, se ofrece más información de interés acerca de la figura de los becarios en la Unión Europea:

- Programas de prácticas: Las instituciones de la Unión Europea, tales como la Comisión Europea, el Parlamento Europeo y el Consejo, ofrecen programas de prácticas estructurados y remunerados. Estos programas están abiertos a personas de diferentes perfiles académicos y profesionales, y su duración puede variar desde unos pocos meses hasta un año.
- Requisitos y selección: Los requisitos y el proceso de selección para las becas que ofrece la Unión pueden variar según el programa y la institución específica que realice la convocatoria. Por lo general, se busca a candidatos con formación académica relevante, habilidades lingüísticas, conocimientos sobre la Unión Europea y motivación para aprender y contribuir al trabajo de la institución convocante.
- Funciones y responsabilidades: Los becarios en la Unión Europea participan en diversas tareas y proyectos, según el programa y la unidad en la que se les asigne y realicen sus tareas. Pueden involucrarse en llevar a cabo, entre otras varias, diferentes actividades en los campos temáticos siguientes: investigación, análisis de políticas, redacción de informes, asistencia administrativa, organización de eventos, apoyo en comunicación y relaciones públicas.

– Beneficios y condiciones: Los becarios de la Unión Europea suelen recibir una remuneración para cubrir sus gastos durante el período de prácticas. Además, pueden beneficiarse de alojamiento, seguro de salud y ayuda para el transporte, según las condiciones específicas de cada programa. Los becarios también tienen acceso a actividades de formación y eventos organizados por la propia institución en la que desempeñen sus estancias con el fin de enriquecer su experiencia.
– Oportunidades de carrera: Participar en un programa de prácticas en la Unión Europea puede ser una puerta de entrada a futuras oportunidades de empleo en las instituciones europeas o en otros ámbitos relacionados con la Unión. Los becarios tienen la oportunidad de establecer contactos profesionales, adquirir conocimientos sobre la toma de decisiones europea y desarrollar habilidades transferibles que pueden serles muy valiosas en su carrera profesional.

Es importante tener en cuenta que, los programas de becas en la Unión Europea están sujetos a plazos de solicitud y a una competencia significativa debido a la alta demanda. Los detalles específicos de los distintos programas de prácticas, incluidos los requisitos, las fechas límite y los procedimientos de solicitud, se pueden encontrar en los sitios web oficiales de las instituciones, órganos y organismos de la Unión Europea[154].

12. PERSONAL EXTERNO

Al hablar del personal externo de la Unión Europea se pretende hacer referencia a las personas que son contratadas o que colaboran con las diferentes instituciones, órganos y organismos de la Unión, pero que no

---

154 Es de destacar que, El Parlamento Europeo ha expresado su urgencia por establecer normas mínimas de calidad para los períodos de prácticas, lo cual incluiría una compensación justa para los participantes. Esto surge en anticipación a la próxima propuesta que la Comisión Europea tiene previsto presentar sobre esta cuestión.

"Mejoras en las prácticas y una remuneración más justa para los becarios", *Parlamento Europeo Noticias* de 05-02-2024 <https://www.europarl.europa.eu/news/es/agenda/briefing/2024-02-05/9/mejoras-en-las-practicas-y-una-remuneracion-mas-justa-para-los-becarios>

son empleados permanentes ni, consecuentemente, tampoco son funcionarios de la Unión Europea. Estas personas pueden ser contratadas como consultores, expertos, asesores, investigadores o proveedores de servicios externos para apoyar el trabajo de la Unión en diversas áreas. Se ofrece, a continuación, mayor información sobre este señalado personal externo de la Unión Europea:

- Contratos y colaboraciones: El personal externo de la Unión Europea puede ser contratado o colaborar con las instituciones, órganos y organismos de la Unión en función de sus necesidades específicas. Esto puede implicar la firma de contratos de trabajo temporales, acuerdos de prestación de servicios o contratos de consultoría para llevar a cabo tareas o proyectos específicos.
- Experiencia y conocimientos especializados: El personal externo es seleccionado por su experiencia y conocimientos especializados en áreas relevantes para la Unión Europea. Pueden ser expertos reconocidos, entre otros campos, en los siguiente: el Derecho, la Economía, la Política, la tecnología, el medio ambiente, la seguridad, o el desarrollo. Su función principal es brindar asesoramiento, apoyo técnico o realizar investigaciones en su área de experiencia.
- Independencia y neutralidad: Se espera que el personal externo de la Unión Europea actúe de manera independiente y neutral en el desempeño de sus funciones. Deben brindar asesoramiento objetivo y basado en evidencia, evitando conflictos de interés y manteniendo la confidencialidad cuando sea necesario.
- Duración y términos del contrato: La duración y los términos del contrato del personal externo pueden variar según las necesidades específicas del proyecto o tarea en cuestión. Algunos contratos pueden ser a corto plazo para proyectos específicos, mientras que otros podrán ser más prolongados. Los términos y condiciones, incluyendo la remuneración y los derechos y responsabilidades, se acuerdan entre la institución de la Unión Europea y el personal externo contratado.
- Papel consultivo o de apoyo: Dependiendo de su función y área de especialización, el personal externo puede desempeñar un papel consultivo, brindando recomendaciones y análisis en el desarrollo de las distintas políticas y decisiones que deban ser

adoptadas en el seno de la Unión Europea. También pueden llevar a cabo un papel de apoyo, proporcionando servicios técnicos, investigaciones o análisis en áreas específicas.

Asimismo, es importante resaltar que, el referido personal externo no tiene el mismo estatus ni los mismos derechos y responsabilidades que los empleados permanentes o que los funcionarios de la Unión Europea. Sin embargo, su contribución y experiencia son valiosas para el trabajo que se realiza en el contexto de la Unión y pueden desempeñar un papel importante en el logro de los objetivos que persigue cumplimentar la Unión Europea en sus diversas áreas de competencias.

13. CANDIDATOS A UN CONCURSO GENERAL

Son individuos que participan en un proceso de selección para optar a un empleo como funcionario en una de las instituciones de la Unión Europea. Estos concursos generales son organizados por la Oficina Europea de Selección de Personal (EPSO), que es la agencia responsable de la selección de personal para las diferentes instituciones de la Unión Europea.

Como requisitos y/o aspectos clave de un proceso de selección se puede destacar los siguientes:

- Ciudadanía de un Estado miembro de la Unión Europea: Para poder participar en un concurso general convocado por la Unión Europea, los candidatos deben ser ciudadanos de alguno de los Estados miembros de la Unión. Los concursos generales están abiertos a ciudadanos de todos los Estados miembros, sin restricciones basadas en la nacionalidad.
- Educación y experiencia: Los candidatos deben cumplir con los requisitos educativos y de experiencia específicos establecidos para el puesto al que se presentan. Estos requisitos pueden variar según la naturaleza y el nivel del puesto, y se especifican en las convocatorias de los concursos.
- Proceso de selección: Los concursos generales de la Unión Europea suelen constar de varias etapas de selección. Estas pueden incluir pruebas de conocimientos específicos, ejercicios de razonamiento verbal y numérico, evaluación de competencias, entrevistas y evaluaciones basadas en casos prácticos. El proceso de selección tiene como objetivo identificar a los candidatos

más adecuados para el puesto en función de sus habilidades, conocimientos y competencias.

- Igualdad de oportunidades: La Unión Europea promueve la igualdad de oportunidades en los concursos generales, asegurando que todos los candidatos sean tratados de manera justa y equitativa durante el proceso de selección. Se adoptan una gran variedad de medidas con la finalidad de evitar la discriminación y garantizar la transparencia y la imparcialidad en todo el proceso.
- Listas de reserva: Los candidatos exitosos que superan todas las etapas del concurso general y obtienen las mejores puntuaciones son incluidos en una lista de reserva. Las instituciones de la Unión Europea pueden seleccionar candidatos de esta lista para ir cubriendo las distintas vacantes que existan o que se vayan produciendo, en función de sus propias necesidades, en sus respectivos puestos de trabajo, dentro del ámbito del concurso general en base al cual se elaboró la mencionada lista de reserva.

También, es importante tener en cuenta que, los concursos generales convocados por la Unión Europea son altamente competitivos debido al gran número de solicitantes y a los rigurosos criterios de selección. Los detalles específicos de los concursos, incluyendo los requisitos, las etapas de selección y los procedimientos, se anuncian y gestionan a través del sitio web de EPSO y de las distintas instituciones de la Unión Europea convocantes de los concursos.

Capítulo IX.
La influencia de la Función pública

1. EL CONSEJO DE EUROPA

Según su página oficial, el Consejo de Europa es la principal organización del continente europeo dedicada a la defensa de los derechos humanos*155*.

El Consejo de Europa, con sede en Estrasburgo (Francia), es una organización intergubernamental de la que forman parte 46 Estados miembros, de los cuales, 27 son miembros de la Unión Europea. Cabe destacar que, tras los últimos acontecimientos históricos, la Federación de Rusia ya no forma parte del Consejo de Europa[156]. Fue fundada por el Tratado de Londres de 5 de mayo de 1949 que establece que:

> *"La finalidad del Consejo de Europa consiste en realizar una unión más estrecha entre sus miembros para salvaguardar y promover los ideales y los principios que constituyen su patrimonio común y favorecer su progreso económico y social".*

El Consejo de Europa aboga por la defensa de la libertad de expresión y de los medios de comunicación, el derecho a la reunión pacífica, la promoción de la igualdad y la protección de las minorías. Además, realiza campañas en temas importantes como la protección de los derechos de los niños, la lucha contra el discurso de odio en Internet y la defensa de los derechos de la comunidad gitana, que constituye la minoría más numerosa de Europa.

También, brinda apoyo a los Estados miembros en la lucha contra la corrupción y el terrorismo, así como en la implementación de reformas judiciales. A través de su órgano consultivo de expertos constitucionales,

---

155 CONSEJO DE EUROPA. "El Consejo de Europa, en síntesis". https://www.coe.int/es/web/about-us

156 CONSEJO DE EUROPA. "Conséquences of the agression of the Russian Féderation against Ukraine". https://search.coe.int/cm/pages/result_details.aspx?objectid=0900001680a5d7d9

conocido como la Comisión de Venecia, proporciona asesoramiento legal a nivel mundial a los países que lo solicitan.

Estos ideales y principios se estructuran en los pilares de Derechos Humanos, Democracia y Estado de derecho, que son el eje principal del trabajo de la Organización. La cumbre de Jefes de Estado y de Gobierno de Varsovia reforzó en 2005 esta orientación para la actividad del Consejo de Europa.

Los medios contemplados en el Estatuto de Londres para lograr estos fines son:

> "el examen de los asuntos de interés común, la conclusión de acuerdos y la adopción de una acción conjunta en los campos económico, social, cultural, científico, jurídico y administrativo, así como la salvaguarda y la mayor efectividad de los derechos humanos y las libertades fundamentales".

La Organización ha desarrollado ampliamente la cooperación intergubernamental sistemática, un vasto cuerpo de tratados internacionales y todo un conjunto de mecanismos orientados a la supervisión y asistencia para el respeto de los Derechos Humanos, la Democracia y el Estado de Derecho.

El Consejo de Europa impulsa los derechos humanos mediante tratados internacionales, como el Convenio para la Prevención y la Lucha contra la Violencia contra las Mujeres y la Violencia Doméstica, y el Convenio sobre Ciberdelincuencia. Realiza un seguimiento de los avances logrados por los Estados miembros en estas áreas y emite recomendaciones a través de organismos de control especializados e independientes. Además, los Estados miembros del Consejo de Europa han abolido por completo la pena de muerte en sus jurisdicciones.

2. LA JURISPRUDENCIA DEL TRIBUNAL EUROPEO DE DERECHOS HUMANOS

La jurisprudencia del Tribunal Europeo de Derechos Humanos (TEDH) se refiere a las decisiones y razonamientos legales desarrollados por este tribunal con respecto a los casos presentados ante él. El TEDH es un Tribunal internacional con sede en Estrasburgo, encargado de interpretar y aplicar el Convenio Europeo para la protección de los Derechos Humanos y de las Libertades Fundamentales, firmado en Roma el 4 de noviembre de

1950, en el cual se protegen los derechos y las libertades fundamentales en Europa.

La jurisprudencia del TEDH desempeña un papel crucial en el desarrollo y la evolución del Derecho de los derechos humanos en Europa. A través de sus decisiones, el Tribunal establece precedentes legales que son vinculantes para los Estados miembros del Consejo de Europa que han ratificado el mencionado Convenio de Roma. Estas decisiones abarcan una amplia gama de temas, como la libertad de expresión, el derecho a un juicio justo, la prohibición de la tortura y los tratos inhumanos o degradantes, el derecho a la vida privada y familiar, entre otros.

La jurisprudencia del TEDH se basa en el principio de interpretación evolutiva, lo que significa que, el Tribunal adapta la interpretación de los derechos protegidos por el Convenio citado para responder a los desafíos y cambios sociales en curso. Además, el TEDH tiene en cuenta los estándares internacionales relativos a los derechos humanos y las tendencias emergentes en otros sistemas jurídicos.

Las decisiones del TEDH tienen un impacto significativo en los Estados miembros, ya que estos están obligados a acatar y aplicar las sentencias emitidas por el Tribunal. Las decisiones también influyen en la legislación y las políticas nacionales, ya que los Estados miembros deben ajustar sus normativas para garantizar la protección efectiva de los derechos y libertades establecidos en el reiterado Convenio de Roma.

La jurisprudencia del TEDH se ha convertido en una referencia importante para los tribunales nacionales, los abogados, los académicos y otros actores involucrados en la protección de los Derechos humanos en Europa. A través de sus decisiones, el TEDH contribuye a la consolidación y el desarrollo continuo de los estándares de derechos humanos en el continente.

Capítulo X.
Los retos y reformas de la Función Pública de la Unión Europea

La función pública de la Unión Europea se enfrenta a una serie de retos y reformas para garantizar su eficiencia, transparencia, la capacidad de respuesta y la calidad del servicio al público en el ámbito de la Unión. Seguidamente, pasaremos a exponer algunos de los retos y áreas de reforma que, en la actualidad, se consideran esenciales en la modernización y puesta al día de la función pública en el ámbito de la Unión Europea:

a) **Digitalización y transformación digital**: La digitalización está transformando la forma en que se prestan los servicios públicos en la Unión Europea. En este sentido, se constata como la función pública de la Unión Europea se enfrenta al desafío de adoptar nuevas tecnologías, promover la innovación y mejorar la entrega de servicios digitales a los ciudadanos y las empresas.

b) **Adquisición y retención de talento**: La competencia por el talento es intensa a nivel internacional, y la Unión Europea debe atraer y retener profesionales altamente cualificados para cubrir puestos clave. Esto implica revisar y adaptar los procesos de selección y contratación, así como ofrecer condiciones laborales atractivas y oportunidades de desarrollo profesional.

c) **Transparencia y rendición de cuentas**: La Unión Europea está trabajando para fortalecer la transparencia y la rendición de cuentas en la función pública. Esto incluye medidas para prevenir y abordar conflictos de intereses, garantizar la integridad y la ética en el servicio público, y promover una cultura de responsabilidad y apertura.

d) **Simplificación administrativa**: La Unión Europea se esfuerza por simplificar los procedimientos administrativos y reducir la burocracia, lo que permitirá una toma de decisiones más eficiente y una prestación de servicios más ágil. Esto implica la digitalización de los procesos, la estandarización de los procedimientos y la eliminación de trámites innecesarios.

e) **Diversidad e inclusión**: La Unión Europea busca promover la diversidad y la inclusión en la función pública, reflejando la diversidad de la sociedad europea. Esto supone la adopción de medidas orientadas a garantizar una representación equitativa de género, promover la igualdad de oportunidades y fomentar la inclusión de personas con discapacidades y grupos minoritarios.

f) **Mejora de la eficiencia y la agilidad**: La Unión Europea busca mejorar la eficiencia y la agilidad en la toma de decisiones y la ejecución de políticas. Esto significa la necesidad de revisar y simplificar los procesos de toma de decisiones, promover la cooperación interinstitucional y fomentar la innovación en la gestión pública.

g) **Desarrollo de habilidades y aprendizaje continuo**: La función pública de la Unión Europea debe estar preparada para abordar los desafíos en constante evolución. Esto exige fomentar el desarrollo de habilidades y competencias relevantes, promover el aprendizaje continuo y proporcionar oportunidades de formación y desarrollo profesional.

En conclusión, observamos que, la función pública de la Unión Europea se enfrenta a diversos retos y ha implementado importantes reformas para mejorar su eficiencia, transparencia y calidad. La modernización y adaptación a los cambios en el entorno político, económico y tecnológico son aspectos clave que se han abordado mediante la simplificación de los procedimientos administrativos y la digitalización de los servicios. Además, la atracción y retención del talento han sido prioridades para garantizar que la Unión Europea cuente con funcionarios altamente cualificados y motivados.

La ética y la transparencia son principios fundamentales que la Unión Europea ha promovido para su aplicación en el régimen de su función pública, mediante la implementación de códigos de conducta, la divulgación de intereses financieros y la protección de los denunciantes. Asimismo, la evaluación del desempeño y el mérito se han fortalecido con la finalidad de garantizar la selección y promoción de los funcionarios en base a criterios objetivos.

La gestión del cambio es esencial para adaptarse a los desafíos políticos y legislativos cambiantes, y la cooperación y colaboración entre instituciones y Estados miembros se han fomentado para mejorar la coordinación y el intercambio de conocimientos.

En resumen, las reformas de la función pública de la Unión Europea reseñadas tienen como objetivo abordar los retos actuales y futuros, fortaleciendo la eficiencia, la transparencia y la calidad del servicio público. Estas medidas contribuyen a garantizar una Administración efectiva y confiable en el ámbito de la Unión Europea, fortaleciendo así su capacidad para enfrentar los desafíos y promover el bienestar de los ciudadanos europeos.

Bibliografía

BASTID, S. : "La nature réglementaire ou contractuelle du lien des fonctionnaires et des Institutions des Communautés Européennes" en Rivista di diritto europeo, IV (2), 1964.

BERNAD Y ALVAREZ DE EULATE M. : Observations sur l´exonération d`impôt national des traitements et émoluments versés aux fonctionnaires internationaux par les Organisations internationales. Consejo de Europa, Estrasburgo, doc. CJ-PI (80).

Carta de los Derechos Fundamentales de la Unión Europea, *DOUE C 202* de 7.6.2016, p. 389/40

CASADO GARCIA-HIRSCHFELD M.: Función pública de la Unión Europea: (auto) regulación institucional: Las DGA de las instituciones europeas, Instituto Nacional de Administración Pública (INAP), Madrid, 2014.

Comisión Europea. (2018). INFORME DE LA COMISIÓN AL PARLAMENTO EUROPEO Y AL CONSEJO sobre la aplicación del anexo XI del Estatuto de los funcionarios y su artículo 66 bis. Pág. 4. https://eur-lex.europa.eu/legal-content/ES/TXT/PDF/?uri=CELEX:52018DC0830&from=CS

Comisión Europea. (2019). Pensiones de los funcionarios de la Unión Europea. https://ec.europa.eu/info/publications/pensions-eu-officials_es.

Comisión Europea (2023). Personal de la Comisión. https://commission.europa.eu/about-european-commission/organisational-structure/commission-staff_en

Comisión Europea (2019). Dirección General de Recursos Humanos y Seguridad: Estudio sobre el coste de vida del personal destinado en Luxemburgo

CONSEJO DE EUROPA. "Conséquences of the aggression of the Russian Fédération against Ukraine". https://search.coe.int/cm/pages/result_details.aspx?objectid=0900001680a5d7d9

CONSEJO DE EUROPA. "El Consejo de Europa, en síntesis". https://www.coe.int/es/web/about-us

DEBBASCH Ch. : La fonction publique en Europe, CNRS, Paris, 1981.

Directiva 92/85/CEE del Consejo, de 19 de octubre de 1992, relativa a la aplicación de medidas para promover la mejora de la seguridad y de la salud en el trabajo de la trabajadora embarazada, que haya dado a luz o en período de lactancia (décima Directiva específica con arreglo al apartado 1 del artículo 16 de la Directiva 89/391/CEE) (TOL971.987).

ELIAS MENDEZ C.: "La Administración de la Comisión Europea como ejemplo de la reforma de la Administración Pública Europea: Análisis en clave constitucional en el contexto de la crisis económica", en ReDCE núm. 20. Julio-Diciembre de 2013"

EUROPEAN DEFENCE AGENCY. "What we do".https://eda.europa.eu/what-we-do

EUROPOL. "About". https://www.europol.europa.eu/about-europol:es

HENRY : La fonction publique européenne, Lausana, 1961.

LANGROD: La función pública internacional, Madrid, 1964.

LEVI, L.: La función pública europea. Revista catalana de dret públic. n. ° 45, año 2012,

MANGENOT M. : La revendication d'une paternité : Les hauts fonctionnaires français et le "style" administratif de la Commission européenne (1958-1988), *Pôle Sud*, 2001, vol. 15, nº. 1.

MOLINA DEL POZO C. F.: Régime juridique des fonctionnaires publiques dans les pays de la Communauté Européenne, Memoria final del Máster en Altos Estudios Europeos Comunitarios, presentada por el autor en el Colegio de Europa (Brujas), año 1978.

MOLINA DEL POZO C.F.: Manual de Derecho de la Comunidad Europea, 4ª edición, Dijusa, Madrid, 2002.

MOLINA DEL POZO C.F.: Diversos aspectos de la función pública en las Comunidades Europeas, en Revista Documentación Administrativa, n.º 185.

MOLINA DEL POZO C.F.: Acceso a la Función Pública en los países de la C.E.E. Ponencia presentada en el III Congreso Nacional de la Asociación Nacional de Academias Privadas. Madrid, marzo, 1987.

MOLINA DEL POZO C.F.: Europa y los Funcionarios, Fundación Universidad-Empresa, Madrid, 1988.

MOLINA DEL POZO C.F. y MOLINA DEL POZO MARTÍN P.C.: "Legal status of EU Representative to a Third Country", en la obra de Bartolini A. – Cippitani R.- Colcelli V. (Editors): "Diccionary of Statuses within EU Law", Edita Springer, Perugia, 2019, págs. 227 a 235.

MOLINA DEL POZO C.F. y MOLINA DEL POZO MARTÍN P.C.: "The legal status of EU Officials", en la obra de Bartolini A.- Cippitani R.- Colcelli V. (Editors): "Diccionary of Statuses within EU Law", Edita Springer, Perugia, 2019, págs. 235 a 243.

NAVARRO, S. N.: "Daño moral y producto defectuoso: estado legal y jurisprudencial de la cuestión en España". Revista crítica de derecho privado, (13), año 2016, págs. 525-572.

PARLAMENTO EUROPEO. DIRECCIÓN GENERAL DE POLÍTICAS INTERIORES DEPARTAMENTO TEMÁTICO C: DERECHOS DE LOS CIUDADANOS Y ASUNTOS CONSTITUCIONALES ASUNTOS JURÍDICOS: El derecho de la función pública de la Unión Europea. http://www.europarl.europa.eu/studies

PIQUEMAL M. : Le fonctionnaire, Berger-Lerrault, París, 1973.

PLANTEY A.: Derecho y Práctica de la Función Pública Internacional y Europea, INAP, Madrid, 1981.

Protocolo anejo al Tratado constitutivo de la Comunidad Europea y al Tratado constitutivo de la Comunidad Europea de la Energía Atómica - Protocolo (no 36) sobre los privilegios y las inmunidades de las Comunidades Europeas (1965), *DOUE C 321 E de 29/12/2006, p. 0318 – 0324*

RASTROLLO SUAREZ J.J.(Coord.): Retos y perspectivas de la Función Pública del futuro: una revisión en Europa e Iberoamérica, INAP, 2023.

Reglamento (CE, EURATOM) n.º 723/2004 del Consejo, de 22 de marzo de 2004, por el que se modifica el Estatuto de los funcionarios de las Comunidades Europeas y el régimen aplicable a otros agentes de las Comunidades Europeas, *DOUE L 124*, de 27 de abril de 2004, p. 1

Reglamento (CEE, EURATOM, CECA) n.º 259/68 del Consejo, de 29 de febrero de 1968, por el que se establece el Estatuto de los funcionarios de las Comunidades Europeas y el régimen aplicable a los otros agentes de estas Comunidades y por el que se establecen medidas específicas aplicables temporalmente a los funcionarios de la Comisión, *DOUE L 56* de 4.3.1968, p. 1/7.

Reglamento (UE, EURATOM) n.º 1023/2013 del Parlamento Europeo y del Consejo, de 22 de octubre de 2013, por el que se modifica el Estatuto de los funcionarios de la Unión Europea y el régimen aplicable a los otros agentes de la Unión Europea.

ROGALLA D. : Fonction Publique Européen, Labor-Nathan, Bruselas, 1982.

SANTAOLALLA GADEA F.: Estatuto fe funcionarios de las Comunidades Europeas, Revista Documentación Administrativa, n.º 195.

Tratado Constitutivo de la Comunidad Económica Europea, de 25 de marzo de 1957.

Tratado constitutivo de la Comunidad Europea del Carbón y del Acero, de 18 de abril de 1951.

Tratado Constitutivo de la Comunidad Europea para la Energía Atómica, de 25 de marzo de 1957.

Tratado por el que se constituye un Consejo único y una Comisión única de las Comunidades Europeas, de 8 de abril de 1965, *DOUE 152* de 13.7.1967, p. 2/17.

UC3M:

OPOSICIONES DE LA UNIÓN EUROPEA. Función Pública de la UE. https://www.uc3m.es › archivo › oposiciones-ue

UNIÓN EUROPEA (1962). Reglamento n.º 31 (CEE) 11 (CEEA) por el que se establece el Estatuto de los Funcionarios y el régimen aplicable a los otros agentes de la Comunidad Económica Europea y de la Comunidad Europea de la Energía Atómica. EUR-Lex. https://eur-lex.europa.eu/legal-content/ES/ TXT/ ?uri=CELEX :01962R0031-20140501

UNIÓN EUROPEA: Guía completa de oposiciones Guía completa de las oposiciones generales publicada en el Diario Oficial de la Unión Europea (DOUE). Guía: http://eur-lex.europa.eu/LexUriServ/LexUriServ.do?uri=OJ:C:2010:184A:0001:0014: ES:PDF

UNIÓN EUROPEA (2019). Régimen de pensiones de los funcionarios de la Unión Europea. https://europa.eu/european-union/about-eu/jobs-in-eu/institutions-bodies/eu-administration/retirement-pension-system_en

UNIÓN EUROPEA. "Construir Europa con las autoridades locales" https://building-europe-with-local-councillors.europa.eu/index_es

USEROS J.C.: Algunas consideraciones sobre el Estatuto privilegiado de los funcionarios internacionales, Revista Internacional de Ciencias Administrativas, 1985.

Versión consolidada del Tratado de Funcionamiento de la Unión Europea, *DOUE C 326*, de 26 de octubre de 2012, p. 47/390 (TOL3.711.558).

Web Oficial de la Unión Europea. Instituto de Estudios de Seguridad de la Unión Europea (IESUE) https://european-union.europa.eu/institutions-law-budget/institutions-and-bodies/search-all-eu-institutions-and-bodies/euiss_es

Web oficial de la Unión Europea. Servicio Europeo de Acción Exterior (SEAE). https://european-union.europa.eu/institutions-law-budget/institutions-and-bodies/search-all-eu-institutions-and-bodies/eeas_es

Jurisprudencia relevante:

- Asunto C-518/15, *Matzak*, EU:C:2018:82, (TOL6.512.488)
- Asunto C-580/19, *Stadt Offenbach am Main*, EU:C:2021:183 (TOL8.341.707).
- Asunto *Fonzi c. Comisión CEEA*, 8 julio 1965 (27,30/64)
- Auto de 25 de febrero de 2014, *García Domínguez c. Comisión*, F-155/12, EU: F:2014:24, apartado 34 (TOL4.132.571).
- Auto *Klar y Fernández c. Comisión*, F-114/13, EU: F:2014:192, apartado 66.
- Conclusiones de los Abogados Generales Capotorti en *Guglielmi c. Parlamento*, 1 octubre 1981 (C-268/80),
- Conclusiones del Abogado General Warner en *Dautzenber c. Tribunal de Justicia*, 28 octubre 1980 (C-2/80),
- de 1996, *Maurissen c. Tribunal de Cuentas*, T-192/94, EU : T :1996:133,
- Sentencia *Chew c. Comisión*, T-28/96, EU: T:1997:97, apartado 20
- Sentencia *Chomel c. Comisión*, 27 marzo 1990 (T-123/89).
- Sentencia de 11 de julio de 2007, *Centeno Mediavilla y otros c. Comisión*, T-58/05, EEU: T2007:218 (TOL9.930.050),
- Sentencia de 13 de noviembre de 2014, *Vital Pérez*, C-416/13, EU:C:2014:2371, apartado 24 y jurisprudencia citada (TOL9.914.275).
- Sentencia de 14 de diciembre de 2016, *Todorova c. Consejo* y otros, T-366/15 P, no publicada, EU: T:2016:729, apartado 34 (TOL5.907.122).
- Sentencia de 15 de septiembre de 2016, *U4U y otros c. Parlamento y Consejo*, T-17/14, inédito, EU: T:2016:489 (TOL5.813.761).
- Sentencia de 16 de diciembre de 2008, *Arcelor Atlantique et Lorraine y otros*, C-127/07, EU:C:2008:728, apartado 39 y jurisprudencia citada (TOL9.920.241).
- Sentencia de 17 de julio de 2012, *BG c. Defensor del Pueblo*, F-54/11, ECLI:EU: F:2012:114 (TOL9.917.246).
- Sentencia de 17 de marzo de 2015, *AX c. ECB*, F-73/13, EU: F:2015:9, apartado 232 (TOL4.765.360).

- Sentencia de 18 de enero de 1990, *Maurissen y Union Syndicale c. Tribunal de Cuentas,* C-193/87 y C-194/87, Rec. p. I-95.
- Sentencia de 19 de septiembre de 2013 en el asunto C-579/12, *Comisión c. Track,* EU:C:2013:570, apartado 43 (TOL9.915.561)
- Sentencia de 22 de noviembre de 2005, Vanhellemont c. Comisión, T-396/03, Rec. SC, págs. I-A-355 y II-1587, apartado 29 (TOL4.626.499).
- Sentencia de 23 de octubre de 2013, *Gomes Moreira c. ECDC,* F-80/11, EU: F:2013: 159 (TOL9.917.477).
- Sentencia de 26 de noviembre de 1981, *Michel c. Parlamento,* 195/80, EU:C:1981:284, apartado 27;
- Sentencia de 28 de febrero de 1989, *Basch y otros c. Comisión,* 100/87, 146/87 y 153/87, EU:C:1989:97, apartado 10).
- Sentencia de 28 de febrero de 2008, *Neirinck c. Comisión,* C-17/07 P, EU:C:2008:134 (TOL4.626.941), y de 31 de enero de 2007, *Aldershoff c. Comisión,* T-236/05, EU: T:2007:27, (TOL4.628.584).
- Sentencia de 5 de julio de 2017, *Fries,* C-190/16, EU:C:2017:513, apartado 33 (TOL6.198.325).
- Sentencia de 8 de julio de 1998, *Aquilino c. Consejo* (T-130/96, EU: T:1998:159), apartado 71 (TOL4.624.387).
- Sentencia de 8 de noviembre 2007, *Andreasen c. Comisión,* F-40/05, EU: F:2007:189 (TOL9.930.519),
- Sentencia de 9 de junio de 1983, *Verzyck c. Comisión,* 225/82, EU:C:1983:165, apartado 16; de 8 de marzo de 1988, *Sergio y otros c. Comisión,* 64/86, 71/86 a 73/86 y 78/86, EU:C:1988:119, apartado 50,
- Sentencia del Tribunal de Función Pública de 16 de mayo de 2012, *Skareby c. Comisión,* F-42/10 (TOL9.917.321).
- Sentencia del Tribunal de Justicia de 10 de noviembre de 1992, Hansa Fleisch Ernst Mundt GmbH & Co. KG contra Landrat des Kreises Schleswig-Flensburg.
- Sentencia del Tribunal de Justicia de 11 de julio de 1989, *Schräder HS Kraftfutter,* 265/87, Rec. p. 2237, apartado 15,
- Sentencia del Tribunal de Justicia de 12 de noviembre de 1969, *Erich Stauder c. Stadt Ulm Sozialamt,* C-29/69, ECLI:EU:C:1969:57.
- Sentencia del Tribunal de Justicia de 13 de diciembre de 1989, *Grimaldi,* en el asunto C 322/88.

- Sentencia del Tribunal de Justicia de 26 de noviembre de 1981, *Michel c. Parlamento* (195/80, Rec. p. 2861),
- Sentencia del Tribunal de Justicia de 29 de abril de 2004, *Parlamento c. Reynolds*, C-111/02 P, Rec. p. I-5475, apartados 54 a 56 (TOL4.625.893).
- Sentencia del Tribunal de Justicia de 3 de septiembre de 2008, *Kadi c. Consejo y Comisión*, asuntos acumulados C-402/05 P y C-415/05 P, ECLI:EU:C:2008:461.
- Sentencia del Tribunal de Justicia de 4 de febrero de 1987, *Bouteiller c. Comisión*, 324/85, EU:C:1987:59, apartado 11;
- Sentencia del Tribunal de Justicia en el asunto C-25/02, Rinke, Rec. 2003, p. I-8349
- Sentencia del Tribunal de Justicia *Schräder HS Kraftfutter*, apartado 15,
- Sentencia del Tribunal de la Función Pública de 11 de mayo de 2010, *Nanopoulos c. Comisión*, F-30/08, EU: F:2010:43, apartado 108 y jurisprudencia citada (TOL9.919.458).
- Sentencia del Tribunal de la Función Pública *De Bruin c. Parlamento*, EU: F:2014:236, apartados 43 y 44 (TOL4.631.271),
- Sentencia del Tribunal de la Función Pública *DH c. Parlamento*, EU: F:2014:241, apartados 55 y 56 (TOL4.631.358).
- Sentencia del Tribunal de la Función Pública *Doktor c. Consejo*, F-73/07, EU: F:2008:42, apartados 31 y 33 a 36 (TOL9.930.383);
- Sentencia del Tribunal de la Función Pública *Krcova c. Tribunal de Justicia*, F-112/06, EU: F:2007:178, apartado 48;
- Sentencia del Tribunal de la Función Pública *Sapara c. Eurojust*, F-61/06, EU: F:2008:98, apartados 149 y 150 (TOL9.930.506).
- Sentencia del Tribunal de Primera Instancia de 13 de julio de 1995, *K c. Comisión*, T-176/94, RecFP p. II-621, apartado 33).
- Sentencia del Tribunal de Primera Instancia de 13 de septiembre de 2001, *Svantesson y otros c. Consejo*, T-160/99, RecFP pp. I-A-175 y II-799, apartado 32 (TOL4.689.051).
- Sentencia del Tribunal de Primera Instancia de 15 de mayo de 1997, *N. c. Comisión*, T-273/94, ECR-SC pp. I-A-97 y II-289, apartados 126 a 129,
- Sentencia del Tribunal de Primera Instancia de 16 de julio de 1998, *Forcheri c. Comisión*, T-162/96, RecFP pp. I-A-421 y II-1203, apartado 65.

- Sentencia del Tribunal de Primera Instancia de 19 de mayo de 1999, *Connolly c. Comisión*, T-34/96 y T-163/96, Rec. SC pp. I-A-87 y II-463, apartados 123 y 124.
- Sentencia del Tribunal de Primera Instancia de 19 de octubre de 2006, *Buendía Sierra c. Comisión*, T-311/04, EU: T:2006:329, apartado 143 (TOL9.931.866);
- Sentencia del Tribunal de Primera Instancia de 26 de noviembre de 1991, *Williams c. Tribunal de Cuentas*, T-146/89, Rec. p. II-1293, apartado 76,
- Sentencia del Tribunal de Primera Instancia de 3 de julio de 2001, *E c. Comisión*, asuntos acumulados T-24/98 y T-241/99, RecFP p. I-A-149 y II-681, apartado 76 (TOL4.689.038).
- Sentencia del Tribunal de Primera Instancia de 3 de marzo de 1993, *Delloye y otros c. Comisión* (T-44/92, Rec. p. II-221);
- Sentencia del Tribunal de Primera Instancia de 30 de noviembre de 1993, *Tsirimokos c. Parlamento*, T-76/92, EU: T:1993:106, apartado 17;
- Sentencia del Tribunal de Primera Instancia de 9 de enero 1996, Blanchard c. Comisión, T-368/94, Rec. II-41, apartado 35, de 14 de julio de 1998,
- Sentencia del Tribunal de Primera Instancia de 9 de julio de 2002, *Zavvos c. Comisión*, T-21/01, RecFP p. II-483 (TOL4.688.770).
- Sentencia del Tribunal de Primera Instancia de 9 de noviembre de 1999, *Papadeas c. Comité de las Regiones* (T-102/98, RecFP pp. I-A-211 y II-1091), apartado 68 (TOL4.624.217)
- Sentencia del Tribunal de Primera Instancia *Konstantopoulou c. Tribunal de Justicia* (T-19/03, RecFP pp. I-A-25 y II-107), apartados 27, 32 y 33.
- Sentencia del Tribunal de Primera Instancia *Lebedef c. Comisión*, T-326/01, EU: T:2003:291, apartado 49 (TOL4.688.696);
- Sentencia del Tribunal de Primera Instancia *Rozand-Lambiotte c. Comisión*, T-96/95, EU: T:1997:25, apartado 95;
- Sentencia del Tribunal de Primera Instancia, *Konstantopoulou c. Tribunal de Justicia*, antes citada, apartado 34.
- Sentencia *EH c. Comisión*, F-42/14, EU: F:2014 :250, apartado 123 (TOL4.631.421).
- Sentencia *Hectors c. Parlamento*, de 23 enero de 2003 (T-181/01), RecFP., p. II-103
- Sentencia *Krcova c. Tribunal de Justicia*, apartado 77,

- Sentencia *Maindiaux y otros c. CES*, EU: T:1990:18,
- Sentencia *Mancini c. Comisión*, de 3 febrero de 2005 (T-137/03), RecFP., p. II-27;
- Sentencia *Marx Esser y del Amo Martinez c. Parlamento*, T-182/94, EU: T:1996:130
- Sentencia *Milella y Campanella c. Comisión*, EU: F:2007:184, (TOL9.930.474)
- Sentencia *Müller y otros* de 24 de mayo de 1988, serie A n. 133,
- Sentencia *Tzirani c. Comisión*, de 22 octubre de 2008 (F-46/07).
- Sentencia *Vogt c. Alemania* de 26 de septiembre de 1995, serie A n. 323.
- Sentencias de 12 de julio de 2005, *De Bry c. Comisión*, T-157/04, EU: T:2005:281, apartado 35 (TOL4.626.458),
- Sentencias de 26 de noviembre de 1981, *Michel c. Parlamento*, 195/80, EU: C:1981:284, apartado 22;
- Sentencias de 3 de febrero de 2005, *Mancini c. Comisión*, T-137/03, EU: T:2005:33, apartado 33 (TOL4.626.592),
- Sentencias de 6 de marzo de 2001, *Connolly c. Comisión*, C-274/99 P, EU:C:2001:127 (TOL4.626.178),
- Sentencias de *Dapper y otros c. Parlamento*, EU:C:1976:127,
- Sentencias del Tribunal de Justicia de 10 de julio de 1994, *X c. Comisión*, C-404/92 P, Rec. p. I-4737, apartado 15
- Sentencias del Tribunal de Justicia de 4 de julio de 1996, *Parlamento c. Innamorati* (C-254/95 P, Rec. p. I-3423), apartados 23 y 24.
- Sentencias del Tribunal de Justicia de 5 de octubre de 1994, *X c. Comisión*, C-404/92 P, Rec. p. I-4737, apartado 18;
- Sentencias del Tribunal de la Función Pública de 15 de diciembre de 2015, *Bonazzi c. Comisión*, F-88/15, EU: F:2015:150, apartados 83 y 89 y jurisprudencia citada (TOL5.584.879).
- Sentencias del Tribunal de la Función Pública de 22 de septiembre de 2015, *Silvan c. Comisión*, F-83/14, EU: F:2015:106, (TOL5.431.869).
- Sentencias del Tribunal de Primera Instancia de 23 de enero de 2003, *Angioli c. Comisión* (T-53/00, RecFP pp. I-A-13 y II-73), apartado 67 (TOL4.689.014);
- Sentencias del Tribunal de Primera Instancia *Martínez Páramo y otros c. Comisión* (T-33/00, RecFP pp. I-A-105 y II-541, TOL4.689.019).

- Sentencias del Tribunal Europeo de Derechos Humanos *Handyside* de 7 de diciembre de 1976, serie A n. 24
- Sentencias *Maindiaux y otros c. CES*, T-28/89, EU : T:1990:18,
- STEDH de 13 marzo de 1989, n.º 12348/86.
- STEDH de 22 de noviembre de 2001, n.° 42358/98.
- STEDH de 26 de marzo de 1987, n.º 9248/81, apartado 81.
- Sentencia del Tribunal de la Función Pública (Sala Primera) de 18 de junio de 2015, CX/Comisión, Asunto F-27/13, 2015/C 245/57 (TOL5.170.620)
- Sentencia del Tribunal General de 21 de junio de 2023, de UG c. Comisión, T-571/17 RENV. 2023/C 271/31 (TOL7.855.412)
- Sentencia de 21 de octubre de 1980, Vecchioli c. Comisión, 101/79, EU:C:1980:243,
- Sentencia de 8 de julio de 2015, DP c. ACER, F-34/14, EU: F:2015:82, apartado 51, (TOL5.192.945)
- Sentencia de 13 de noviembre de 2014, De Loecker c. EEAE, F-78/13, EU: F:2014:246 (TOL4.631.399)
- Sentencia del Tribunal de Justicia (Sala Segunda) de 11 de abril de 2019, Syndicat des cadres de la sécurité intérieure vs Premier ministre, Ministre de l'Intérieur, Ministre de l'Action et des Comptes publics, Asunto C-254/18, 2019/C 206/16 (TOL7.174.824)
- Auto del Tribunal de la Función Pública (Sala Primera) de 23 de abril de 2015, Bensai c. Comisión, Asunto F-131/14, 2015/C 190/38;
- Sentencia del Tribunal de la Función Pública de 10 de junio de 2016, HI c. Comisión Europea, asunto F-133/15. ECLI:EU: F: 2016:127 (TOL5.743.534)
- Sentencia del Tribunal de la Función Pública (Sala Primera) de 26 de marzo de 2015, Ángel Coedo Suárez c. Consejo de la Unión Europea, asunto F-8/14.ECLI:EU: F:2015:25 (TOL9.742.092)
- Sentencia del Tribunal General (Sala Cuarta ampliada) de 23 de marzo de 2022, OT c. Parlamento Europeo. ECLI:EU: T: 2022:156; (TOL8.877.463)
- Sentencia del Tribunal General (Sala Cuarta) de 15 de diciembre de 2021 (Extractos), HG contra Comisión Europea, Asunto T-693/16 P RENV-RX. ECLI:EU: T: 2021:895; (TOL6.668.524)

- Sentencia del Tribunal General (Sala Séptima) de 6 de octubre de 2021, IP contra Comisión Europea, asunto T-121/20, ECLI:EU: T:2021:665
- Sentencia del Tribunal de Primera Instancia (Sala Cuarta) de 15 de mayo de 1997, N c. Comisión de las Comunidades Europeas. ECLI:EU: T: 1997:71
- Sentencia del Tribunal General (Sala de Casación) de 14 de febrero de 2017, Petrus Kerstens c. Comisión Europea, asunto T-270/16 P. ECLI:EU: T:2017:74